历史知识经典读物

中华历史故事

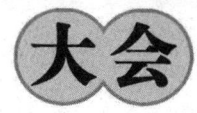
大会

赵文彤◎编著

中国华侨出版社
·北京·

图书在版编目（CIP）数据

中华历史故事大会 / 赵文彤编著． — 北京：中国
华侨出版社，2018.5

ISBN 978-7-5113-7706-7

Ⅰ．①中… Ⅱ．①赵… Ⅲ．①中国历史－青少年读物
Ⅳ．①K209

中国版本图书馆 CIP 数据核字（2018）第 089660 号

● 中华历史故事大会

编　　著 / 赵文彤

责任编辑 / 高文喆　王　嘉

装帧设计 / 环球互动

经　　销 / 新华书店

开　　本 / 710 毫米×1000 毫米　1/16　印张 /18　字数 /249 千字

印　　刷 / 香河利华文化发展有限公司

版　　次 / 2018 年 9 月第 1 版　2018 年 9 月第 1 次印刷

书　　号 / ISBN 978-7-5113-7706-7

定　　价 / 39.80 元

中国华侨出版社　北京市朝阳区静安里 26 号通成达大厦 3 层　邮编：100028

法律顾问：陈鹰律师事务所　　　　编辑部：（010）64443056　　　64443979

发行部：（010）64443051　　　　传　真：（010）64439708

网　址：www.oveaschin.com　　　E - mail：oveaschin@sina.com

前言

　　中华民族拥有悠久的历史与灿烂的文明，其在不断向前推进的过程中，留下了数不尽的智慧与经典故事，它们犹如中国历史长河中的璀璨明珠，给后代留下无尽的启迪。从大的方面来说，历史故事在人类的文化长河中，一直占据着举足轻重的地位。在人类还未发明文字之前，就以口口相传的形式传播着自己的文化。即便在人类拥有了文字以后，故事对人类文化生活的影响，也没有因此而逊色。与此相反，故事以其独有的魅力，成为了传播文化的一股重要力量。

　　在中国漫长的历史中，那些数不尽的故事已经成为中华文明极为重要的一部分。一个个鲜活的人物，一桩桩真实的故事，都成为故事中的素材。历史事实、成语及寓言典故等这些耳熟能详的典故都是故事留给我们的宝贵的文化财富，常读一些有教育意义的故事可以使人有一定的文化传统和价值观念，某些故事是人类对自身历史的一种记忆行为，他对于研究历史上文化的传播与分布具有很大作用。为此，我们特意编写了这本《中华历史故事大会》，精选了中国古代经典的历史故事，这些故事中既有用智慧战胜敌人的智勇之士，也有虚心纳谏、彪炳千秋的古代帝王，还有不畏强暴、勇敢起义的英雄人物。通过阅读这些生动活泼、脍炙人口、动人心弦的历史故事，使读者能了解历史，增长才干，领悟故事中所蕴含的道理，从故事中得到启迪，进而不断提高自己的道德修养，培养出高尚的人格品质。

　　另外，我们站在还原历史真实的情况下，尽量避免冗长的叙述，采用富有启发性的故事来传达历史，展现智慧与哲理，力争做到内容丰富、有趣，易于广大历史爱好者阅读和理解。

从文人的处世态度到贤者的交友准则，无论是君子的自我修养还是统治者的治国用人，怎样拥有正确的学习方法，提升学习效率？如何处事让人喜欢？古时谏臣怎么巧妙进谏？一代霸主如何兴国安邦？世间百态里有怎样的经典故事？处世谋略中告诉我们什么样的深刻道理？一则又一则的历史小故事，涵盖一个又一个的育人大道理。读者在阅读时，除了可以感受到中国传统文化的精髓，还会感受到一份国学带给我们的古典魅力。

为了方便读者阅读，本书的历史故事都是用通俗精简的语言去表述，从而达到轻松阅读又可受益匪浅的效果。

目 录

上篇 历史故事

黄帝战蚩尤 ……………… 2

尧舜禅让 ………………… 3

大禹治水 ………………… 5

神箭手后羿 ……………… 7

商汤见伊尹 ……………… 8

姜太公钓鱼 ……………… 10

烽火戏诸侯 ……………… 12

曹刿抗击齐军 …………… 15

九合诸侯 ………………… 17

崤山大战 ………………… 20

三家分晋 ………………… 23

商鞅南门立木 …………… 26

孙庞斗智 ………………… 28

燕昭王求贤 ……………… 31

屈原沉江 ………………… 33

蔺相如完璧归赵 ………… 35

廉颇负荆请罪 …………… 38

纸上谈兵的赵括 ………… 40

信陵君救赵 ……………… 43

李斯谏逐客 ……………… 45

荆轲刺秦王 ……………… 47

第一个皇帝——秦始皇 … 50

博浪沙的铁锤 …………… 53

巨鹿大战 ………………… 56

刘邦进咸阳 ……………… 58

鸿门宴 …………………… 61

萧何追韩信 ……………… 64

楚汉相争 ………………… 67

霸王乌江自刎 …………… 70

大风歌 …………………… 72

苏武牧羊 ………………… 75

王允计除董卓 …………… 78

衣带里的密诏 …………… 81

官渡大战 ………………… 84

诸葛亮隆中对策 ………… 87

周瑜火攻赤壁 …………… 90

1

蔡文姬归汉 ………………… 94

吕蒙白衣渡江 ……………… 97

七擒孟获 …………………… 100

马谡失街亭 ………………… 103

诸葛亮病逝五丈原 ………… 106

邓艾偷渡剑阁 ……………… 109

石崇和王恺比富 …………… 112

周处除"三害" ……………… 114

王马共天下 ………………… 116

石勒读汉书 ………………… 119

陶侃运砖头 ………………… 121

王羲之写字换鹅 …………… 123

桓温北伐 …………………… 125

陶渊明不折腰 ……………… 128

玄武门之变 ………………… 130

魏征直言敢谏 ……………… 133

杯酒释兵权 ………………… 136

李后主亡国 ………………… 138

赵普收礼 …………………… 141

杨业英勇抗敌 ……………… 143

狄青不怕出身低 …………… 146

花石纲 ……………………… 149

李纲守东京 ………………… 151

两个皇帝当俘虏 …………… 154

文天祥起兵 ………………… 157

刘伯温求雨 ………………… 160

康熙帝平定三藩 …………… 162

三征噶尔丹 ………………… 165

顾炎武著书立说 …………… 168

文字狱 ……………………… 171

乾隆帝禁书修书 …………… 174

下篇　历史成语与历史典故

因人成事，三寸之舌 ……… 178

贫贱之交，知人未易 ……… 179

胡服骑射 …………………… 181

奇货可居 …………………… 182

邯郸学步 …………………… 185

鹬蚌相争 …………………… 188

奉公守法 …………………… 189

旷日持久 …………………… 190

利令智昏 …………………… 192

不遗余力 …………………… 194

退避三舍 …………………… 196

破釜沉舟 …………………… 198

背水一战 …………………… 200

围魏救赵 …………………… 201

智者千虑 …………………… 203

攻难守易 …………………… 205

犹豫不决 …………………… 206

一狐之腋 …………………… 207

前倨后卑 …………………… 208

鹿死谁手 …………………… 209

市道之交 …………………… 210

坐怀不乱 …………………… 212

成败萧何 …………………… 213

坐山观虎斗 ………………… 214

坐观成败 …………………… 215

调虎离山 …………………… 216

好逸恶劳 …………………… 217

杨布打狗 …………………… 218

讳疾忌医 …………………… 218

玄石好酒 …………………… 220

趾高气扬 …………………… 220

拾人牙慧 …………………… 221

悬梁刺股 …………………… 222

造父学御 …………………… 223

奴子傅显 …………………… 224

董狐之笔 …………………… 225

圆木警枕 …………………… 226

洛阳纸贵 …………………… 227

开卷有益 …………………… 228

愚公移山 …………………… 229

胸有成竹 …………………… 230

投笔从戎 …………………… 231

闻一知十 …………………… 232

生吞活剥 …………………… 232

歧路亡羊 …………………… 233

纪昌学射 …………………… 234

孺子可教 …………………… 235

囫囵吞枣 …………………… 237

以人为鉴 …………………… 238

近悦远来 …………………… 238

楚庄忧亡 …………………… 239

愚公之谷 …………………… 240

取道杀马 …………………… 241

安居乐业 …………………… 241

道不拾遗 …………………… 242

克己奉公 …………………… 243

远交近攻 …………………… 244

与民偕乐 …………………… 245

为虎作伥 …………………… 246

苛政猛于虎 ………………… 247

邴吉问牛 …………………… 247

亡国怨祝 …………………… 249

兼听则明，偏听则暗 ……… 250

广开言路 …………………… 250

约法三章 …………………… 251

穷兵黩武 …………………… 252

疾首蹙额 …………………… 253

生灵涂炭 …………………… 254

剖腹藏珠 …………………… 255

狗咬吕洞宾 ………………… 256

一丘之貉 …………………… 257

林回弃璧 …………………… 257

东道主 ················ 258

牛衣对泣 ············ 259

管鲍之交 ············ 260

对牛弹琴 ············ 261

忘年交 ················ 262

急不相弃 ············ 262

一字之师 ············ 263

狼心狗肺 ············ 264

债台高筑 ············ 264

一诺千金 ············ 265

涸辙之鲋 ············ 266

引狼入室 ············ 267

包藏祸心 ············ 268

四海之内皆兄弟 ···· 269

掣肘难书 ············ 270

天无二日 ············ 271

朝令暮改 ············ 272

虎兕出柙 ············ 273

网开三面 ············ 274

玩火自焚 ············ 275

任人唯贤 ············ 276

韦编三绝 ············ 277

上篇
历史故事

　　历史学是一门以事实为出发点的科学，在我国五千年的文明史中，每个时期都涌现出许多优秀的历史学家，他们著书立说，带着客观公正的心态来记述历史事件。本章就是以古代史学著作为基础，从中选取一些精彩的历史故事，呈现给大家。大江东去，浪淘尽，有些历史虽然距我们极为遥远，但其中的经验和教训都是值得我们借鉴的。

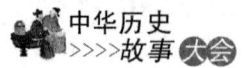
黄帝战蚩尤

本故事出自上古奇书《山海经》，中国神话学者将这场黄帝战蚩尤的大战神化，双方都动用了神仙法力、风伯、雨师都来参战。最后黄帝击败九黎部落，杀死蚩尤。

大约在四千多年以前，我国黄河、长江流域一带住着许多氏族和部落。黄帝是传说中最有名的一个部落首领。

以黄帝为首领的部落，最早住在我国西北方的姬水附近，后来搬到涿鹿（今河北省涿鹿、怀来一带），开始发展畜牧业和农业并定居下来。

跟黄帝同时的另一个部落首领叫作炎帝，最早住在我国西北方姜水附近。据说跟黄帝族是近亲。炎帝族渐渐衰落，而黄帝族正在兴盛起来。

这时候，有一个九黎族的首领名叫蚩尤，十分强悍。传说蚩尤有八十一个兄弟，他们全是猛兽的身体，铜头铁额，吃的是沙石，凶猛无比。他们还制造刀戟弓弩等各种各样的兵器，常常带领他的部落，侵略别的部落。

有一次，蚩尤侵占了炎帝的地方，炎帝起兵抵抗，但他不是蚩尤的对手，被蚩尤杀得一败涂地。炎帝没法子，逃到涿鹿请求黄帝帮助。黄帝早就想除去这个部落的祸害，就联合各部落，准备人马，在涿鹿的田野上和蚩尤展开了一场大决战。

关于这次大战，有许多神话式的传说。据说黄帝平时驯养了熊、罴、貔、貅、貙、虎六种野兽，在打仗的时候，就把这些猛兽放出来助战（有人认为，传说中的六种野兽实际上是以野兽命名的六个氏族）。蚩尤的兵士虽然凶猛，但是遇到黄帝的军队，加上有这一群猛虎凶兽，也抵挡不住，纷纷败逃。

黄帝带领兵士乘胜追杀，忽然天昏地黑，浓雾迷漫，狂风大作，雷电交加，使黄帝的兵士无法追赶。原来蚩尤请来了"风伯雨师"助战。黄帝也不甘示弱，请天女帮助，驱散了风雨。一刹那之间，风止雨停，晴空万里，终于把蚩尤打败了。也有一种传说，说是蚩尤用妖术制造了一场大雾，使黄帝的兵士迷失了方向。黄帝用"指南车"来指引，带领兵士，依着蚩尤逃跑的方向追击，结果把蚩尤捉住杀了。

各部落看到黄帝打败了蚩尤，都非常高兴。黄帝受到了许多部落的拥护。但是，炎帝族和黄帝族也发生了冲突，双方在阪泉（今河北涿鹿县东南）地方打了一仗，炎帝失败。从此，黄帝成了中原地区的部落联盟首领。

故事心得

中国古代的故事都十分推崇黄帝，后代的人都认为黄帝是华夏族的始祖，自己是黄帝的子孙。因为炎帝族和黄帝族原来是近亲，后来又融合在一起，所以我们也常常把自己称为"炎黄子孙"。为了纪念这位传说中的共同祖先，后代的人还在现在陕西黄陵县北面的桥山上造了一座"黄帝陵"。

尧舜禅让

最早记录"禅让"的是被儒家列为十三经之一的《尚书》，它描述的是上古时期关于推选部落联盟首领的传说故事。

传说黄帝之后，先后出了三个很出名的部落联盟首领，名叫尧、舜和禹。他们原来都是一个部落的首领，后来被推选为部落联盟的首领。

那时候，做部落联盟首领的，有什么大事，都要找各部落首领一起商量。

尧年纪老了，想找一个继承他职位的人。有一次，他召集四方部落首领来商议。

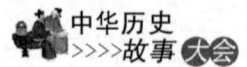
尧说出他的打算后，有个名叫放齐的说："你的儿子丹朱是个开明的人，继承你的位子很合适。"

尧严肃地说："不行，我最了解，这小子品德不好，专爱跟人争吵。"另一个叫兜的说："管水利的共工，工作倒做得挺不错。"

尧摇摇头说："共工能说会道，表面恭谨，心里其实另有一套。用这等人，我不放心。"

这次讨论没有结果，尧继续物色他的继承人。有一次，他又把四方部落首领找来商量，要大家推荐。到会的一致推荐舜。

尧点点头说："哦！我也听到这个人挺好。你们能不能把他的事迹详细说说？"

大家便把舜的情况说开了：舜的父亲是个糊涂透顶的人，人们叫他瞽叟（瞎老头儿）。舜的生母早死了，后母很坏。后母生的弟弟名叫象，傲慢得没法说，瞽叟却很宠他。舜生活在这样一个家庭里，待他的父母、弟弟都挺好。所以，大家认为舜是个德行不错的人。

尧听了挺高兴，决定先把舜考察一下。他把自己两个女儿娥皇、女英嫁给舜，还替舜筑了粮仓，分给他很多牛羊。那后母和弟弟见了，又是羡慕，又是妒忌，和瞽叟一起用计，几次三番想暗害舜。

有一回，瞽叟叫舜修补粮仓的顶。当舜用梯子爬上仓顶的时候，瞽叟就在下面放起火来，想把舜烧死。舜在仓顶上一见起火，想找梯子，谁知梯子已经不知去向。幸好舜随身带着两顶遮太阳用的笠帽。他双手拿着笠帽，像鸟张翅膀一样跳下来。笠帽随风飘荡，舜轻轻地落在地上，一点也没受伤。

瞽叟和象并不甘心，他们又叫舜去淘井。舜跳下井去后，瞽叟和象就在地面上把一块块土石丢下去，准备把井填没，想把舜活活埋在里面，没想到舜下井后，在井边掘了一个孔道，钻了出来，又安全地回家了。

象不知道舜早已脱险，得意扬扬地回到家里，跟瞽叟说："这一回哥哥准死了，这个妙计是我想出来的。现在我们可以把哥哥的财产分一分了。"说完，他向舜住的屋子走去，哪知道，他一进屋子，舜正坐在床边弹琴呢。象心里暗暗吃惊，很不好意思地说："你怎么在屋里啊，我多么想念你呀！"

舜也装作若无其事，说："你来得正好，我的事情多，正需要你帮助我来料理呢。"

以后，舜还是像过去一样和和气气地对待他的父母和弟弟，瞽叟和象也不敢再暗害舜了。

尧听了大家介绍的舜的事迹，又经过考察，认为舜的确是个品德好又能干的人，就把首领的位子让给了舜。这种让位，历史上称作"禅让"。其实，在氏族公社时期，部落首领老了，用选举的办法推选新的首领，并不是什么稀罕事儿。

舜继任后，又勤劳，又俭朴，跟老百姓一样劳动，受到大家的信任。过了几年，尧死了，舜还想把部落联盟首领的位子让给尧的儿子丹朱，可是大家都不赞成。舜才正式当上了首领。

故事心得

尧舜在选拔接班人的时候注重德才兼备，对于今天仍具有很强的启迪意义。

大禹治水

本故事最早记载于《山海经》中，叙述了大禹率领民众，与自然灾害中的供水斗争，并最终取得胜利的故事。

尧在位的时候，黄河流域发生了很大的水灾，庄稼被淹没，房子被毁了，老百姓只好往高处搬。不少地方还有毒蛇猛兽，伤害人和牲口，叫人们过不了日子。

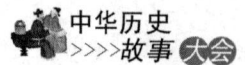
尧召开部落联盟会议，商量治水的问题。他征求四方部落首领的意见：派谁去治理洪水呢？首领们都推荐鲧。

尧对鲧不大信任。首领们说："现在没有比鲧更强的人才啦，你试一下吧！"尧才勉强同意。

鲧花了九年的时间治水，没有把洪水制服。因为他只懂得水来土掩，造堤筑坝，结果洪水冲塌了堤坝，水灾反而闹得更凶了。

舜接替尧当部落联盟首领以后，亲自到治水的地方去考察。他发现鲧办事不力，就把鲧杀了，又让鲧的儿子禹去治水。

禹改变了他父亲的做法，用开渠排水、疏通河道的办法，把洪水引到大海中去。他和老百姓一起劳动，戴着箬帽，拿着锹子，带头挖土、挑土，累得磨光了小腿上的毛。

经过十三年的努力，终于成功地把洪水引到大海里去了，地面上又可以供人种庄稼了。

禹新婚不久，为了治水，到处奔波，多次经过自己的家门，都没有进去。有一次，他妻子涂山氏生下了儿子启，婴儿正在哇哇地哭，禹在门外经过，听见哭声，竟也狠下心没进去探望。

当时，黄河中游有一座大山，叫龙门山（在今山西河津市西北）。它堵塞了河水的去路，把河水挤得十分狭窄。奔腾东下的河水受到龙门山的阻挡，常常溢出河道，闹起水灾来。禹到了那里，观察好地形，带领人们开凿龙门，把这座大山凿开了一个大口子。这样，河水就畅通无阻了。

后代的人都称颂禹治水的功绩，尊称他是大禹。

故事心得

大禹治水之所以被传为佳话，是因为大禹治水体现出一种自强不息的精神和敬业精神，这是中华民族的宝贵精神财富。

神箭手后羿

本故事最早记载在《山海经》上，描述了一个神箭手与自然相抗争的故事。

夏启当上国王以后，有一个部落有扈氏不服，起兵反抗。启和有扈氏的部落发生了一场战争，最后启把有扈氏灭了，把俘虏来的人罚做牧奴。其他部落看到有扈氏的样子，没有人再反抗了。

夏启死后，他的儿子太康即位。太康是个十分昏庸的君主。他不管政事，专爱打猎。有一次，太康带着随从到洛水南岸去打猎。他越打越起劲，去了一百天还没有回家。

那时候，黄河下游的夷族，有个部落首领名叫后羿，野心勃勃，想夺取夏王的权力。他看到太康出去打猎，觉得是个机会，就亲自带兵守住洛水北岸。等到太康带着一大批猎得的野兽，兴高采烈地回来的时候，走到洛水边，对岸全是后羿的军队，拦住他的归路。太康没法，只好在洛水南面过着流亡生活。后羿还不敢自立为王，另立太康的兄弟仲康当夏王，把实权抓在自己手里。

后羿是一个著名的弓箭手，他的射箭是百发百中的。有一个神话：说古时候天空里本来有十个太阳，地面上热得像烤焦似的，给庄稼带来严重的灾害。大家请后羿想法子，后羿拈弓搭箭，"嗖嗖"地几下，把天上的九个太阳都射了下来，只留下一个太阳。这样，地面上气候适宜，不再闹干旱了。又说，古时候大河里有许多怪兽，经常兴风作浪，造成水灾，把禾苗淹没，人畜淹死，也是后羿用箭把这些怪兽都射死了，人们的生活才恢复了正常。这些神话说明后羿的箭术很高明，是大家公认的。

故事心得

后羿的故事反映了原始人类的艰难生存状态，他们面临着自然灾害和部落战争的双重挑战。

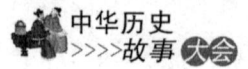
商汤见伊尹

本故事最早记载在《墨子》上，讲述的是一位贤能的臣子辅佐一位英明的君王成就伟业的故事。

黄河下游有个部落叫商。传说商的祖先契在尧舜时期，跟禹一起治过洪水，是个有功的人。后来，商部落因为畜牧业发展得快，到了夏朝末年，汤做首领的时候，已经成为一个强大的部落了。

夏王朝统治了大约四百多年，到了公元前十六世纪，夏朝最后的一个王——夏桀在位。夏桀是个出名的暴君，他和奴隶主贵族残酷压迫人民，对奴隶镇压更重。夏桀还大兴土木，建造宫殿，过着荒淫奢侈的生活。

大臣关龙逢劝说夏桀，认为这样下去会丧失人心。夏桀勃然大怒，就把关龙逢杀了。百姓恨透了夏桀，诅咒说："这个太阳什么时候才会灭亡，我们宁愿跟你同归于尽。"

商汤看到夏桀十分腐败，决心消灭夏朝。他表面上对桀顺从，暗地里不断扩大自己的势力。

那时候，部落的贵族都是迷信鬼神的，把祭祀天地祖宗看作最要紧的事。商部落附近有一个部落叫葛，那儿的首领葛伯不按时祭祀。汤派人去责问葛伯。葛伯回答说："我们这儿穷，没有牲口作祭品。"

汤送了一批牛羊给葛伯作祭品。葛伯把牛羊杀掉吃了，还是不祭祀。汤又派人去责问，葛伯说："我没有粮食，拿什么来祭呢？"

汤又派人帮助葛伯耕田，还派一些老弱的人给耕作的人送酒送饭，不料在半路上，葛伯把那些酒饭都抢走，还杀了一个送饭的小孩。

葛伯这样做，激起了大家的公愤。汤抓住这件事，就出兵把葛先消灭了。接着，又连续攻取了附近几个部落。商汤的势力渐渐发展了，但是并没引起昏庸的夏桀注意。商汤妻子带来的陪嫁奴隶中，有一个名叫伊尹。

传说伊尹开始到商汤家的时候，做厨司，服侍商汤的饮食。后来，商汤渐渐发现伊尹跟一般奴隶不一样，商汤和他交谈以后，才知道他是有心装扮作陪嫁奴隶来找汤的。伊尹向汤谈了许多治国的道理，汤马上把伊尹提拔做他的助手。

商汤和伊尹商量讨伐夏桀的事。伊尹说："现在夏桀还有力量，我们先不去朝贡，试探一下，看他怎么样。"

商汤按照伊尹的计策，停止了对夏桀的进贡。夏桀果然大怒，命令九夷发兵攻打商汤。伊尹一看夷族还服从夏桀的指挥，赶快向夏桀请罪，恢复了进贡。

过了一年，九夷中一些部落忍受不了夏朝的压榨勒索，逐渐叛离夏朝，汤和伊尹才决定大举进攻。

自从夏启以来，同姓相传已经四百多年，要把夏王朝推翻，也不是一件简单的事。汤和伊尹商量了一番，决定召集商军将士，由汤亲自向大家誓师。

汤说："我不是敢进行叛乱，实在是夏桀作恶多端，上帝的意旨要我消灭他，我不敢不听从天命啊！"他接着又宣布了赏罚的纪律。

商汤借上帝的意旨来动员将士，再加上将士恨不得夏桀早早灭亡，因此，作战非常勇敢。夏、商两军在鸣条（今山西运城安邑镇北）打了一仗，夏桀的军队被打败了。

最后，夏桀逃到南巢（今安徽巢县西南），汤追到那里，把桀流放在南巢，一直到他死去。

这样，夏朝就被新建立的商朝代替了。

故事心得

历史上把商汤伐夏称为"商汤革命"，因为古代统治阶级把改朝换代说成是天命的变革，并非现当代语境下的"革命"。

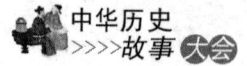

姜太公钓鱼

本故事出自《武王伐纣平话》，主要说的是姜太公在渭河边求明主施展抱负的事情。

商朝盘庚死后又传了十一个王，最后一个王叫作纣。纣原来是一个相当聪敏，又有勇力的人。他早年曾经亲自带兵和东夷进行一场长期的战争。他很有军事才能，在作战中百战百胜，最后平定了东夷，把商朝的文化传播到淮水和长江流域一带。在这件事上，商纣是起了一定作用的。但是在长期战争中，消耗也大，加重了商朝人民的负担，人民的痛苦越来越深了。

纣和夏桀一样，只知道自己享乐，根本不管人民的死活。他没完没了地建造宫殿，他在他的别都朝歌（今河南淇县）造了一个富丽堂皇的"鹿台"，把搜刮得来的金银珍宝都贮藏在里面；他又造了一个极大的仓库，叫作"钜桥"，把剥削来的粮食都堆积起来。他把酒倒在池里，把肉挂得像树林一样。他和宠姬妲己过着穷奢极欲的生活。他还用各种残酷的刑罚来镇压人民。凡是诸侯背叛他或者百姓反对他，他就把人捉起来放在烧红的铜柱上烤死。这样的刑罚叫作"炮烙"。

纣的残暴行为，加速了商朝的灭亡。这时候，在西部的一个部落却正在一天天兴盛起来，这就是周。

周本是一个古老的部落。夏朝末年，这个部落在现在陕西、甘肃一带活动。后来，因为遭到戎、狄等游牧部落的侵扰，周部落的首领古公父率领周人迁移到岐山（今陕西岐山县东北）下的平原定居下来。

到了古公父的孙子姬昌（后来称为周文王）继位的时候，周部落已经很强大了。周文王是一个能干的政治家。他的生活跟纣王正相反。纣王喜欢喝酒、打猎，对人民滥施刑罚。周文王禁止喝酒，不准贵族打猎，糟蹋庄稼。他鼓励人民多养牛羊，多种粮食。他还虚心接纳一些有才能的人，因此，一些有才能的人都来投奔他。

周部落强大起来，对商朝是个很大的威胁。有个大臣崇侯虎在纣王面前说周文王的坏话，说周文王的影响太大了，这样下去，会对商朝不利。

纣王下了一道命令，把周文王拿住，关在羑里（在今河南汤阴县一带）。周部落的贵族把许多美女、骏马和各色珍宝，献给纣王，又送了许多礼物给纣王的亲信大臣。

纣王见了美女和珍宝，高兴得眉开眼笑，说："光是一样就可以赎姬昌了。"立刻便把周文王释放了。

周文王见纣王昏庸残暴，丧失民心，就决定讨伐商朝。可是他身边缺少一个有军事才能的人来帮助他指挥作战。他暗暗想办法物色这种人才。

有一天，周文王坐着车，带着他儿子和兵士到渭水北岸去打猎。在渭水边，他看见一个老头儿在河岸上坐着钓鱼。大队人马过去，那个老头儿只当没看见，还是安安静静钓他的鱼。文王看了很奇怪，就下了车，走到老头儿跟前，跟他聊起来。

经过一番谈话，知道他叫姜尚（又叫吕尚，"吕"是他祖先的封地），是一个精通兵法的能人。

文王非常高兴地说："我祖父在世时曾经对我说过，将来会有个了不起的能人帮助我把周族兴盛起来。您正是这样的人。我的祖父盼望您已经很久了。"说罢，就请姜尚一起回宫。

那老人家理了理胡子，就跟着文王上了车。

因为姜尚是文王的祖父所盼望的人，所以后来叫他太公望；在民间传说中，叫他姜太公。

太公望是周文王的好帮手。他一面提倡生产；一面训练兵马。周族的势力越来越大。有一次，文王问太公望："我要征伐暴君，您看咱们应当先去征伐哪一个国？"

太公望说："先去征伐密须。"

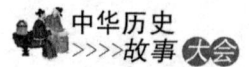
有人反对他，说："密须国君厉害得很，恐怕打不过他。"

太公望说："密须国君虐待老百姓，早已失去民心，他就是再厉害十倍，也用不着怕。"

周文王发兵到了密须，还没开战，密须的老百姓先暴动了。他们绑着密须的国君归附了文王。

过了三年，文王又发兵征伐崇国（在今陕西省沣水县），它是商朝西边最大的一个属国。文王灭了崇国，就在那里筑起城墙，建立了都城，叫作丰邑。没过几年，周族逐渐占领了大部分商朝统治的地区，归附文王的部落也越来越多了。

但是，最后周文王并没有完成灭商的事业。在他打算征伐纣王的时候，生了一场病便死了。

故事心得

姜太公有雄才大略，周文王是开明君主，两人的相遇恰如千里马遇到了伯乐。

烽火戏诸侯

本故事选自《史记·周本记》，说的是暴君周幽王为逗爱妃一笑而在烽火台上戏弄诸侯的故事。

周宣王死后，儿子姬宫涅即位，就是周幽王。周幽王不管国家政事，只知道吃喝玩乐，打发人到处找美女。有个大臣名褒，劝谏幽王，周幽王不但不听，反而把褒下了监狱。

褒在监狱里被关了三年。褒家的人千方百计要把褒救出来。他们在乡下买了一个挺漂亮的姑娘，教会她唱歌跳舞，把她打扮起来，献给幽王，替褒赎罪。这个姑娘算是褒家人，叫褒姒。

幽王得了褒姒，高兴的不得了，就把褒释放了。他十分宠爱褒姒，可是褒姒自从进宫以后，心情总是闷闷不乐，没有出现过一次笑脸。幽王想尽办法叫她笑，她却怎么也笑不出来。

周幽王出了一个赏格：有谁能让王妃娘娘笑一下，就赏他一千两金子。

有个马屁鬼叫虢石父，替周幽王想了一个鬼主意。原来，周王朝为了防备犬戎的进攻，在骊山（在今陕西临潼东南）一带造了二十多座烽火台，每隔几里地就是一座。如果犬戎打过来，把守第一道关的兵士就把烽火烧起来；第二道关上的兵士见到烟火，也把烽火烧起来。这样一个接一个烧着烽火，附近的诸侯见到了，就会发兵来救。虢石父对周幽王说："现在天下太平，烽火台长久没有使用了。我想请大王跟娘娘上骊山去玩几天。到了晚上，咱们把烽火点起来，让附近的诸侯见了赶来，上个大当。娘娘见了这许多兵马扑了个空，保准会笑起来。"

周幽王拍着手说："好极了，就这么办吧！"

他们上了骊山，真的在骊山上把烽火点了起来。临近的诸侯得了这个警报，以为犬戎打过来了，赶快带领兵马来救。没想到赶到那儿，连一个犬戎兵的影儿也没有，只听到山上一阵阵奏乐和唱歌的声音，大伙儿都愣了。

幽王派人告诉他们说，辛苦了大家，这儿没什么事，不过是大王和王妃放烟火玩儿，你们回去吧！

诸侯知道上了当，憋了一肚子气回去了。

褒姒不知道他们闹的是什么玩意，看见骊山脚下来了好几路兵马，乱哄哄的样子，就问幽王是怎么回事。幽王一五一十告诉了她。褒姒真的笑了一下。

幽王见褒姒笑了，就赏给虢石父一千两金子。

幽王宠着褒姒，后来干脆把王后和太子废了，立褒姒为王后，立褒姒生的儿子伯服为太子。原来王后的父亲是申国的诸侯，得到这个消息，就

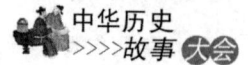
联结犬戎进攻镐京。

幽王听到犬戎进攻的消息，惊慌失措，连忙下命令把骊山的烽火点起来。烽火倒是烧起来了，可是诸侯因为上次上了当，这次便没有再赶来。

烽火台上白天冒着浓烟，夜里火光烛天，可就是没有一个救兵到来。

犬戎兵一到，镐京的兵马不多，勉强抵挡了一阵，便被犬戎兵打得落花流水。犬戎的人马像潮水一样涌进城来，把周幽王、虢石父和褒姒生的伯服杀了。那个不露笑脸的褒姒，也被抢走了。

到这时候，诸侯们知道犬戎真的打进了镐京，这才联合起来，带着大队人马来救。犬戎的首领看到诸侯的大军到了，就命令手下的人把周朝多少年聚敛起来的宝贝财物一抢而空，放了一把火才退走。

中原诸侯打退了犬戎，立原来的太子姬宜臼为天子，就是周平王。诸侯也回到各自的封地去了。

没想到诸侯一走，犬戎又打过来，周朝西边大多土地都被犬戎占了去。平王恐怕镐京保不住，打定主意，把国都搬到洛邑。

公元前770年，周平王迁都洛邑。因为镐京在西边，洛邑在东边，所以历史上把周朝在镐京做国都的时期，称为西周；迁都洛邑以后，称为东周。

故事心得

周幽王为了博美人一笑，不惜烽火戏诸侯，使自己丧失威信，其昏聩无能可见一斑。

曹刿抗击齐军

本故事出自《左传·庄公十年》，讲述了曹刿在长勺之战中对此次战争的一番评论，并在战时活用"一鼓作气，再而衰，三而竭"的原理击退了强大的齐军的史实。

齐桓公即位后，依靠管仲的帮助，争取霸主的地位。但是，在他对鲁国的战争中，却遭到一次不小的挫折。

在齐桓公即位的第二年，也就是公元前 684 年，齐桓公派兵进攻鲁国。鲁庄公认为齐国一再欺负他们，忍无可忍，决心跟齐国拼一死战。

齐国进攻鲁国，也激起鲁国人民的愤慨。有个鲁国人叫曹刿，准备去见鲁庄公，要求参加抗齐的战争。有人劝曹刿说："国家大事，有当大官的操心，您何必去插手呢？"

曹刿说："当大官的目光没有那么长远，未必有好办法。眼看国家危急，哪能不管呢？"说完，他一直到宫门前求见鲁庄公。鲁庄公正在为没有个谋士发愁，听说曹刿求见，连忙把他请进来。

曹刿见了鲁庄公提出了自己的要求，并且问："请问主公凭什么去抵抗齐军？"

鲁庄公说："平时有什么好吃好穿的，我没敢独占，总是分给大家一起享用。凭这一点，我想大家会支持我。"

曹刿听了直摇头，说："这种小恩小惠，得到好处的人不多，百姓不会为这个支持您。"

鲁庄公说："我在祭祀的时候，是非常虔诚的。"

曹刿笑笑说："这种虔诚也算不了什么，神帮不了您的忙。"

鲁庄公想了一下，说："遇到百姓吃官司的时候，我虽然不能一件件查得很清楚，但是尽可能处理得合情合理。"

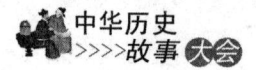
曹刿才点头说："这倒是件得民心的事，我看凭这一点可以和齐国打上一仗。"

曹刿请求跟鲁庄公一起上阵，鲁庄公看曹刿这胸有成竹的样子，也巴不得他一起去。两个人坐着一辆兵车，带领人马出发。

齐鲁两军在长勺（今山东莱芜东北）摆开阵势。齐军仗人多，一开始就擂响了战鼓，发动进攻。鲁庄公也准备下令反击，曹刿连忙阻止，说："且慢，还不到时候呢！"

当齐军擂响第二通战鼓的时候，曹刿还是叫鲁庄公按兵不动。鲁军将士看到齐军张牙舞爪的样子，气得摩拳擦掌，但是没有主帅的命令，只好憋着气等待。

齐军主帅看鲁军毫无动静，又下令打第三通鼓。齐军兵士以为鲁军胆怯怕战，耀武扬威地杀过来。

曹刿这才对鲁庄公说："现在可以下令反攻了。"

鲁军阵地上响起了进军鼓，兵士士气高涨，像猛虎下山般扑了过去。齐军兵士没防到这一着，招架不住鲁军的凌厉攻势，败下阵来。

鲁庄公看到齐军败退，忙不迭要下令追击，曹刿又拉住他说："别着急！"说着，他跳下战车，低下头观察齐军战车留下的车辙；接着，又上车爬到车杆子上，望了望敌方撤退的队形，才说："请主公下令追击吧！"

鲁军兵士听到追击的命令，个个奋勇当先，乘胜追击，终于把齐军赶出鲁国国境。

鲁军取得反攻的胜利，鲁庄公对曹刿镇静自若的指挥，暗暗佩服，但是心里总还有个疑团没有解开。回到宫里，他先向曹刿慰劳了几句，就问："头两回齐军击鼓，你为什么不让我反击？"

曹刿说："打仗这件事，全凭士气。对方擂第一通鼓的时候，士气最足；第二通鼓，气就松了一些，到第三通鼓，气已经泄了。对方泄气的时候，我们的兵士却鼓足士气，哪有打不赢的道理？"

鲁庄公接着又问为什么不立刻追击。曹刿说："齐军虽然败退，但它是个大国，兵力强大，说不定他们假装败退，在什么地方设下埋伏，我们不能不防着点儿。后来我看到他们的旗帜东倒西歪，车辙也乱七八糟，才相信他们的阵势全乱了，所以才请您下令追击。"

鲁庄公这才恍然大悟，称赞曹刿想得周到。

在曹刿的指挥下，鲁国击退了齐军，局势才稳定了下来。

故事心得

曹刿洞悉了战争的规律，镇定自若地指挥鲁军打败了来犯的齐军，创造了中国历史上以弱胜强的辉煌战例。

九合诸侯

最早提及此历史事件的是《论语·宪问》，里面说齐桓公：九合诸侯，不以兵车，即说的是齐桓公联合诸侯，成为霸主的故事。

齐国虽然在长勺打了一次败仗，但是这并没有影响齐桓公后来的霸主地位。过了十多年，北方的燕国（都城在今北京）派使者来讨救兵，说燕国被附近的一个部落山戎侵犯，打了败仗。齐桓公就决定率领大军去救燕国。

公元前663年，齐国大军到了燕国，山戎已经抢了一批百姓和财宝逃回去了。

齐国和燕国的军队联合起来，一直向北追去。没想到他们被敌人引进了一个迷谷。那迷谷就像大海一样，怎么也找不到原先的道儿。

还是管仲想出一个主意来。他对齐桓公说："马也许能认得路，不如找几匹当地的老马，让它们在前面走，也许能走出这个地方。"

齐桓公叫人挑了几匹老马，让它们领路。这几匹老马果然领着人马出了迷谷。

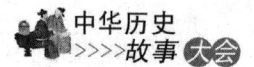

　　齐桓公帮助燕国打败山戎以后，邢国也遭到另一个部落狄人的侵犯。齐桓公又带着人马去赶跑了狄人，帮助邢国重筑了城墙。接着，狄人又侵犯卫国，齐桓公帮助卫国在黄河南岸重建国都。就因为这几件事，齐桓公的威望就提高了。只有南方的楚国（都城在今湖北江陵西北），不但不服齐国，还跟齐国对立起来。

　　楚国在中国南部，向来不和中原诸侯来往。那时候，中原诸侯把楚国当作"蛮子"看待。但是，楚国人开垦南方的土地，逐步收服了附近的一些部落，慢慢地变成了大国。于是，楚国便不把周朝的天子放在眼里。

　　公元前656年，齐桓公联合了宋、鲁、陈、卫、郑、曹、许七国军队，进攻楚国。

　　楚成王得知消息，也集合了人马准备抵抗。他派了使者去见齐桓公，说："我们大王叫我来请问，齐国在北面，楚国在南面，两国素不往来，真叫作风马牛不相及。为什么你们的兵马要跑到这儿来呢？"

　　管仲责问说："我们两国虽然相隔很远，但都是周天子封的。当初齐国太公受封的时候，曾经接受一个命令：谁要是不服从天子，齐国有权征讨。你们楚国本来每年应向天子进贡苞茅（用来滤酒的一种青茅），为什么现在不进贡呢？"使者说："没进贡苞茅，这是我们的不是，以后一定进贡。"

　　使者走后，齐国和诸侯联军又拔营前进，一直到达召陵（今河南省郾城县）。

　　楚成王又派屈完去探问。齐桓公为了显示自己的军威，请屈完一起坐上车去看中原来的各路兵马。屈完一看，果然军容整齐，兵强马壮。

　　齐桓公趾高气扬地对屈完说："你瞧瞧，这样强大的兵马，谁能抵挡得了？"

　　屈完淡淡地笑了笑，说："君侯协助天子，讲道义，扶助弱小，人家才佩服你。要是光凭武力的话，那么，咱们国力虽不强，但是用方城（楚国所筑的长城，在今河南方城北至泌阳东北）作城墙，用汉水作壕沟。您就是再多带些人马来，也未必能打得进去。"

齐桓公听屈完说得挺强硬，估计也未必能轻易打败楚国，而且楚国既然已经认了错，答应进贡苞茅，也算有了面子。就这样，中原八国诸侯和楚国一起在召陵订立了盟约，各自回国去了。

后来，周王室发生纠纷，齐桓公又帮助太子姬郑巩固了地位。太子即位后，为了报答齐桓公，特地派使者把祭祀太庙的祭肉送给齐桓公，算是一份厚礼。

齐桓公趁此机会，又在宋国的葵丘（今河南省商丘市民权县林七乡西村）会合诸侯，招待天子使者。并且订立了一个盟约，主要内容是：修水利，防水患，不准把邻国作为水坑；邻国有灾荒来买粮食，不应该禁止；凡是同盟的诸侯，在订立盟约以后，都要友好相待。

这是齐桓公最后一次会合诸侯。像这样大的会合，一共有许多次，历史上称作"九合诸侯"。

公元前645年，管仲病死。过了两年，齐桓公也死去。齐桓公一死，他的五个儿子抢夺君位，齐国发生了内乱，公子昭逃到宋国。齐国的霸主地位也就结束了。

故事心得

齐桓公"九合诸侯"是齐国霸主地位的体现。

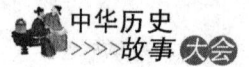

崤山大战

本故事出自《左传》，讲的是春秋时期发生在晋秦争霸战争中的一场决定性战役。

秦国的大军想偷袭郑国，晋国那边早就得到情报。晋国的大将先轸认为这是打击秦国的好机会，劝说新即位的晋襄公在崤山（今河南洛宁县北）地方拦击。

晋襄公亲自率领大军开到崤山。崤山本是形势十分险要的地方，晋军在那里布下了天罗地网，只等秦军到来。秦军一进入崤山，就中了埋伏，被晋军团团围住，进退两难。秦国的士卒死的死，降的降。孟明视、西乞术、白乙丙三员大将全都被活捉了。

晋襄公得胜回朝。他的母亲文嬴原是秦国人，不愿同秦国结仇，对襄公说："秦国和晋国原是亲戚，一向彼此帮助。孟明视这帮武人为了自己要争功，闹得两国伤了和气。要是把这三个人杀了，恐怕两国的冤仇越结越深，不如把他们放了，让秦君自己去惩办他们。"

晋襄公听母亲说得有道理，就把孟明视等三个俘虏释放了。

大将先轸一听让孟明视跑了，立刻去见晋襄公，说："将士们拼死拼活才把他们捉住，怎么能轻易把他们放走呢？"一面说，一面气得向地上吐唾沫。

晋襄公听了，也感到后悔，立刻派将军阳处父带领一队人马飞快地追上去。

孟明视三人被释放之后，使劲地逃跑。到了黄河边，他们发现后面已经有晋兵追上来。在这紧急的关头，幸好有一只小船停在河边，他们就跳了下去。

等阳处父赶到，船已经离了岸。阳处父在岸边大声喊叫："请你们回来！我们主公忘了给你们准备车马，特地叫我赶来送几匹好马，请你们收下！"

孟明视哪里肯上这个当。他站在船头上行了礼，说："承蒙晋君宽恕了我们，已经万分感激，哪里还敢再收受礼物。要是我们回去还能保全性命，那么，三年后再来报答贵国吧。"

阳处父还想说什么，那只小船哗啦哗啦地已经越划越远了。

阳处父回去向晋襄公汇报了孟明视的话，晋襄公懊悔不及，但也无可奈何了。

孟明视三人回到秦国。秦穆公听到全军覆没，便穿了素服，亲自到城外去迎接他们。

孟明视三人跪在地上请罪。秦穆公说："这是我的不是，没有听你们父亲的劝告，害得你们打了败仗，哪儿能怪你们呢？再说，我也不能因为一个人犯了一点小过失，就抹杀他的大功啊。"

三个人感激得直淌眼泪，打这以后，他们认真操练兵马，一心一意要为秦国报仇。

公元前625年，孟明视要求秦穆公发兵去报崤山的仇，秦穆公答应了。孟明视等三员大将率领四百辆兵车打到晋国。没想到晋襄公早有防备，孟明视又打了败仗。

秦穆公仍旧没有办他的罪，但孟明视实在过意不去，好像对国家欠下了一笔债。他把自己的财产和俸禄全拿出来，送给在战争中死亡将士的家属。他跟兵士一块儿过苦日子，兵士吃粗粮，他也吃粗粮；兵士啃菜根，他也啃菜根；他天天苦练兵马，一心要报仇雪耻。

这年冬天，晋国联合了宋、陈、郑三国打到秦国的边界上来了。孟明视嘱咐将士守住城，不准随便跟晋国人交战，结果又让晋国夺去了两座城。

这一来，秦国就有人说孟明视的坏话，说他不该这么胆小。附近的小国和西戎瞧着秦国一连打了三个败仗，纷纷脱离了秦国。

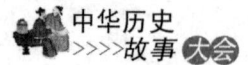
公元前 624 年，也就是崤山交战以后第三年的夏天。孟明视做好一切准备，挑选了国内精兵，出发了五百辆兵车。秦穆公拿出大量的粮食和财帛，把将士的家属安顿好。将士的斗志旺盛，整装出发。

大军渡黄河的时候，孟明视对将士说："咱们这回出来，可是有进没退，我想把船烧了，大家看怎么样？"大伙说："烧吧！打胜了还怕没有船吗？打败了，也别回来了。"兵士们憋了几年的气闷和仇恨，全在这时候迸发出来，没有几天工夫，就一举夺回了上次丢了的两个城，接着又攻下晋国的几座大城。

晋国这才感到秦国攻势的厉害，上上下下都很紧张。晋襄公跟大臣商量以后，下了命令：只许守城，不许跟秦国人开战。秦国的大军在晋国的地面上来回挑战，没有一个晋国人敢出来。

有人对秦穆公说："晋国已经认输了。他们不敢出来交战。主公不如埋了崤山的尸骨回去，也可以洗刷以前的耻辱了。"

秦穆公就率领大军到崤山，把三年前作战死亡将士留下的尸骨收拾起来，埋在山坡里。秦穆公带领孟明视等将士，祭奠了一番，才班师回国。

西部小国和西戎部落，一听到秦国打败了中原的霸主晋国，争先恐后地向秦国进贡。秦国从此就做了中原的霸主。

故事心得

秦晋两国的一系列战争说明，在当时的历史条件下，士气对战争的成败起主导作用。而晋襄公听信母亲建议，释放孟明视等人，无异于放虎归山，为自己留下了后患。

三家分晋

本故事出自《资治通鉴》，讲的是春秋末年，晋国被韩、赵、魏三家瓜分的事情。

经过春秋时期长期的争霸战争，许多小的诸侯国被大国吞并了。有的国家内部发生了变革，大权渐渐落在几个大夫手里。这些大夫原来也是奴隶主贵族，后来他们采用了封建的剥削方式，转变为地主阶级。有的为了扩大自己的势力，还用减轻赋税的办法来笼络人心，这样，他们的势力就越来越大了。

一向称为中原霸主的晋国，到了那个时候，国君的权力也衰落了，实权由六家大夫把持。他们各有各的地盘和武装，互相攻打。后来有两家被打散了，还剩下智家、赵家、韩家、魏家。这四家中，又以智家的势力最大。

智家的大夫智伯瑶想侵占其他三家的土地，对三家大夫赵襄子、魏桓子、韩康子说："晋国本来是中原霸主，后来被吴、越夺去了霸主地位。为了使晋国强大起来，我主张每家都拿出一百里土地和一万家户口来归给公家。"

三家大夫都知道智伯瑶存心不良，想以公家的名义来压他们交出土地。可是三家心不齐，韩康子首先把土地和一万家户口割让给智家；魏桓子不愿得罪智伯瑶，也把土地、户口让了。

智伯瑶又向赵襄子要土地，赵襄子可不答应，说："土地是上代留下来的产业，说什么也不能送人。"

智伯瑶气得火冒三丈，马上命令韩、魏两家一起发兵攻打赵家。

公元前455年，智伯瑶自己率领中军，韩家的军队担任右路，魏家的军队担任左路，三队人马直奔赵家。

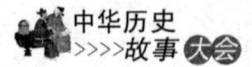
赵襄子自知寡不敌众，就带着赵家兵马退守晋阳（今山西太原市）。

没过多久，智伯瑶率领的三家人马已经把晋阳城团团围住。赵襄子吩咐将士们坚决守城，不许交战。逢到三家兵士攻城的时候，城头上箭好像飞蝗似的落下来，使三家人马没法前进一步。

晋阳城凭着弓箭死守了两年多。三家兵马始终没能把它攻下来。

有一天，智伯瑶到城外察看地形，看到晋阳城东北的那条晋水，忽然想出了一个主意：晋水绕过晋阳城往下流去，要是把晋水引到西南边来，晋阳城不就淹了吗？他就吩咐兵士在晋水旁边另外挖一条河，一直通到晋阳，又在上游筑起坝，拦住上游的水。

这时候正赶上雨季，水坝上的水满了。智伯瑶命令兵士在水坝上开了个豁口。这样，大水就直冲晋阳，灌到城里去了。

城里的房子被淹了，老百姓不得不跑到房顶上去避难，灶头也被淹没在水里，人们不得不把锅子挂起来做饭。晋阳城的老百姓恨透了智伯瑶，宁可淹死，也不肯投降。

智伯瑶约韩康子、魏桓子一起去察看水势。他指着晋阳城得意地对他们两人说："你们看，晋阳不是就快完了吗？早先我还以为晋水像城墙一样能拦住敌人，现在才知道大水同样能灭掉一个国家呢。"

韩康子和魏桓子表面上顺从地答应，心里暗暗吃惊。原来魏家的封邑安邑（今山西夏县西北）、韩家的封邑平阳（今山西临汾县西南）旁边各有一条河道。智伯瑶的话正好提醒了他们，晋水既能淹晋阳，说不定哪一天安邑和平阳也会遭到晋阳同样的命运呢。

晋阳被大水淹了之后，城里的情况越来越困难了。赵襄子非常着急，对他的门客张孟谈说："民心固然没变，可是要是水势再涨起来，全城也就保不住了。"

张孟谈说："我看韩家和魏家把土地割让给智伯瑶，是不会心甘情愿的，我想办法找他们两家说说去。"

当天晚上，赵襄子就派张孟谈偷偷地出城，先找到了韩康子，再找到魏桓子，约他们反过来一起攻打智伯瑶。韩、魏两家正在犹豫，让张孟谈一说，自然都同意了。

第二天夜里，过了三更，智伯瑶正在自己的营里睡着，猛然间听见一片喊杀的声音。他连忙从卧榻上爬起来，发现衣裳和被子全湿了，再定睛一看，兵营里全是水。他开始还以为大概是堤坝决口，大水灌到自己营里来了，赶紧叫兵士们去抢修。但是不一会儿，水势越来越大，把兵营全淹了。智伯瑶正在惊慌不定，一霎时，四面八方响起了战鼓。赵、韩、魏三家的士兵驾着小船、木筏一齐冲杀过来。智家的兵士，被砍死的和淹死在水里的不计其数。智伯瑶全军覆没，他自己也被三家的人马逮住杀了。

赵、韩、魏三家灭了智家，不但把智伯瑶侵占两家的土地收了回来，连智家的土地也由三家平分。以后，他们又把晋国留下的其他土地也瓜分了。

公元前403年，韩、赵、魏三家打发使者上洛邑去见周威烈王，要求周天子把他们三家封为诸侯。周威烈王想，不承认也没有用，不如做个顺水人情，就把三家正式封为诸侯。打那以后，韩（都城在今河南禹县，后迁至今河南新郑）、赵（都城在今山西太原东南，后迁至今河北邯郸）、魏（都城在今山西夏县西北，后迁至今河南开封）都成为中原大国，加上秦、齐、楚、燕四个大国，历史上称为"战国七雄"。

故事心得

韩、赵、魏本是一家，即晋国，晋国本是春秋时期最强大的诸侯国，一分为三后，渐渐削弱了力量，后来被秦国各个击破。

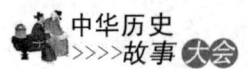
商鞅南门立木

本故事出自《史记》，讲的是秦国商鞅准备施行新政，为了取信于民，派人在城中竖立一木的故事。

在战国七雄中，秦国在政治、经济、文化各方面都比中原各诸侯国落后。贴邻的魏国就比秦国强，还从秦国夺去了河西一大片地方。

公元前361年，秦国的新君秦孝公即位。他下决心发奋图强，决定要搜罗人才。他下了一道命令，说："不论是秦国人或者是外来的客人，谁要是能想办法使秦国富强起来的，就封他做官。"

秦孝公这样一号召，果然吸引了不少有才干的人。有一个卫国的贵族公孙鞅（就是后来的商鞅），在卫国得不到重用，跑到秦国，托人引见，得到了秦孝公的接见。

商鞅对秦孝公说："一个国家要富强，必须注重农业，奖励将士；打算把国家治好，必须有赏有罚。有赏有罚，朝廷有了威信，一切改革也就容易进行了。"

秦孝公完全同意商鞅的主张。可是秦国的一些贵族和大臣却竭力反对。秦孝公一看反对的人这么多，自己刚刚即位，怕闹出乱子来，就把改革的事暂时搁了下来。

两年后，秦孝公的君位坐稳了，就拜商鞅为左庶长（秦国的官名），说："从今天起，改革制度的事全由左庶长拿主意。"

商鞅起草了一个改革的法令，但是怕老百姓不信任他，不按照新法令去做。就先叫人在都城的南门竖了一根三丈高的木头，下命令说："谁能把这根木头扛到北门去，就赏十两金子。"

不一会儿，南门口围了一大堆人，大家议论纷纷。有的说："这根木头谁都拿得动，哪儿用得着十两赏金？"有的说："这大概是左庶长成心开玩笑吧。"

大伙儿你瞧我，我瞧你，就是没有一个敢上去扛木头的。

商鞅知道老百姓还不相信他下的命令，就把赏金提到五十两。没有想到赏金越高，看热闹的人越觉得不近情理，仍旧没人敢去扛。

正在大伙儿议论纷纷的时候，人群中有一个人跑出来，说："我来试试。"他说着，真的把木头扛起来就走，一直扛到北门。

商鞅立刻派人传出话来，赏给扛木头的人五十两黄澄澄的金子，一分也没少。

这件事立即传了开去，一下子轰动了秦国。老百姓说："左庶长的命令不含糊。"

商鞅知道，他的命令已经起了作用，就把他起草的新法令公布了出去。新法令赏罚分明，规定官职的大小和爵位的高低以打仗立功为标准。贵族没有军功的就没有爵位；多生产粮食和布帛的，免除官差；凡是为了做买卖和因为懒惰而贫穷的，连同妻子儿女都罚做官府的奴婢。

秦国自从商鞅变法以后，农业生产增加了，军事力量也强大了。不久，秦国进攻魏国的西部，从河西打到河东，把魏国的都城安邑也打了下来。

公元前350年，商鞅又实行了第二次改革，改革的主要内容是：

一、废井田，开阡陌（阡陌就是田间的大路）。秦国把这些宽阔的阡陌铲平，也种上庄稼，还把以前作为划分疆界用的土堆、荒地、树林、沟地等，也开垦起来。谁开垦荒地，就归谁所有。土地可以买卖。

二、建立县的组织，把市镇和乡村合并起来，组织成县，由国家派官吏直接管理。这样，中央政权的权力就更集中了。

三、迁都咸阳。为了便于向东发展，把国都从原来的雍城（今陕西凤翔县）迁移到渭河北面的咸阳（今陕西咸阳市东北）。

这样大规模的改革，当然要引起激烈的斗争。许多贵族、大臣都反对新法。有一次，秦国的太子犯了法。商鞅对秦孝公说："国家的法令必须

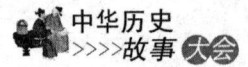
上下一律遵守。要是上头的人不能遵守，下面的人就更不信任朝廷了。太子犯法，他的师傅应当受罚。"

结果，商鞅把太子的两个师傅公子虚和公孙贾都办了罪，一个割掉了鼻子，一个在脸上刺了字。这一来，一些贵族、大臣都不敢触犯新法了。

这样过了十年，秦国果然越来越富强，周天子打发使者送祭肉来给秦孝公，封他为"方伯"（一方诸侯的首领），中原的诸侯国也纷纷向秦国道贺。魏国不得不割让河西土地，把国都迁到大梁（今河南开封）。

故事心得

商鞅南门立木的故事表明，政府只有取信于民才能政通人和，国家才能走向强盛。

孙庞斗智

本故事出自《东周列国志》，说的是战国时期魏国大将庞涓与齐国军师孙膑斗智斗勇的故事。

魏惠王也想像秦孝公那样，找到一个商鞅式的人才。他花了好些金钱招揽天下豪杰。当时有个魏国人叫庞涓的来求见，向他讲了些富国强兵的道理。魏惠王听了挺高兴，就拜庞涓为大将。

庞涓真有点本领。他天天操练兵马，先从附近几个小国下手，一连打了几个胜仗，后来连齐国也被他打败了。打那时候起，魏惠王越来越信任庞涓。

庞涓自以为是了不起的能人。可是他知道，他有一个同学是齐国人孙膑，本领比他强。据说孙膑是吴国大将孙武的后代，只有他知道祖传的《孙子兵法》。

魏惠王也听到过孙膑的名声，有一次跟庞涓说起孙膑。庞涓派人把孙膑请来，跟他一起在魏国共事。哪儿知道庞涓存心不良，背后在魏惠王面前诬陷孙膑私通齐国。魏惠王十分恼怒，把孙膑办了罪，在孙膑的脸上刺了字，还剜掉了他的两块膝盖骨。

幸好齐国有一个使臣到魏国访问，偷偷地把孙膑救了出来，带回齐国。

齐国大将田忌听说孙膑是个将才，把他推荐给齐威王。齐威王也正在改革图强。他跟孙膑谈论兵法后，大为赏识，只恨没早点见面。

公元前354年，魏惠王派庞涓进攻赵国，围了赵国的国都邯郸（今河北邯郸西南）。第二年，赵国向齐威王求救。齐威王想拜孙膑为大将，孙膑忙推辞说："不行。我是个受过刑的残废人，当了大将，会给人笑话。大王还是请拜田大夫为大将吧。"

齐威王就拜田忌为大将，孙膑为军师，发兵去救赵国。孙膑坐在一辆有篷帐的车子里，帮助田忌出谋划策。

孙膑对田忌说："现在魏国把精锐的兵力都拿去攻赵国，国内大多是些老弱残兵，十分空虚。咱们不如去攻魏国大梁。庞涓听到了，一定会放弃邯郸，往回跑。我们在半道上等着，迎头痛击他一顿，准能把他打败。"

田忌就按照这个计策去做。庞涓的军队已经攻下邯郸，忽然听说齐国打大梁去了，立刻吩咐退兵。刚退到桂陵（今河南长垣西北）地方，正碰上齐国兵马。两下里一开仗，庞涓大败。

齐国大军得胜而归，邯郸之围也解除了。

公元前341年，魏国又派兵攻打韩国。韩国也向齐国求救。那时候，齐威王已经死了。他的儿子齐宣王派田忌、孙膑带兵救韩国。孙膑又使出他的老方法，不去救韩国，却直接去攻魏国。

庞涓得到本国的告急文书，只好退兵赶回去，齐国的兵马已经进魏国了。

魏国发动大量兵力，由太子申率领，抵抗齐军。这时候，齐军已经退了。庞涓察看齐军扎过营的地方，发现齐军的营盘占了很大的地方。他叫人数了数做饭的炉灶，足够十万人吃饭用的。庞涓吓得说不出话来。

第二天，庞涓带领大军赶到齐国军队第二回扎营的地方，数了数炉灶，只有能够供五万人用的了。

第三天，他们追到齐国军队第三回扎营的地方，仔细数了数炉灶，只剩了两万人用的了。庞涓这才放了心，笑着说："我早知道齐军都是胆小鬼。十万大军到了魏国，才三天工夫，就逃散了一大半。"他吩咐魏军没日没夜地按着齐国军队走过的路线追上去。

一直追到马陵（今河北大名县东南），正是天快黑的时候。马陵道路十分狭窄，路旁边都是障碍物。庞涓恨不得一步赶上齐国的军队，就吩咐大军摸黑往前赶去。忽然前面的兵士回来报告说："前面的路被木头堵住啦！"

庞涓上前一看，果然见道旁的树全被砍倒了，只留下一棵最大的没砍，细细瞧去，那棵树的一面还刮去了树皮，露出一条树瓣来，上面影影绰绰还写着几个大字，因为天色昏暗，看不清楚。

庞涓叫兵士拿火来照。有几个兵士点起火把来。趁着火光一瞧，那树瓣上面写的是："庞涓死于此树下。"

庞涓大吃一惊，连忙吩咐将士撤退，已经晚了。四周不知道有多少箭，像飞蝗似的冲魏军射来。一时间，马陵道两旁杀声震天，到处是齐国的兵士。

原来这是孙膑设下的计策，他故意天天减少炉灶的数目，引诱庞涓追上来。他算准魏兵在这时辰到达马陵，预先埋伏着一批弓箭手，吩咐他们只等树下有火光，就一齐放箭。庞涓走投无路，只得拔剑自杀。

齐军乘胜大破魏军，把魏国的太子申也俘虏了。

打这以后，孙膑的名气传遍了各诸侯国。

故事心得

孙膑是战国时期著名的军事家，他策划了著名的"围魏救赵"战例，并在马陵之战中逼死庞涓。他写的《孙膑兵法》也是军事史上的名著。

燕昭王求贤

本故事出自《战国策》，说的是燕昭王以重金求贤的故事。

打从孟尝君被撤了相位以后，齐王又和楚、魏两国灭了宋国，更加骄横起来。他一心想兼并列国，自己来当天子。这一来，列国诸侯对他都不满意，特别是齐国北面的燕国，受到齐国的欺负，更想找机会报仇。

燕国本来也是个大国。后来传到燕王哙手里，他听信了坏人的主意，竟学起传说中尧舜让位的办法来，把王位让给了相国子之。燕国将军和太子平进攻子之，燕国发生大乱。齐国借平定燕国内乱的名义，打进燕国，燕国差点被灭掉。后来燕国军民把太子平立为国君，奋起反抗，把齐国军队赶了出去。

太子平即位，就是燕昭王。他立志使燕国强大起来，下决心物色治国的人才，可是没找到合适的人。有人提醒他，老臣郭隗挺有见识，不如去找他商量一下。

燕昭王亲自登门拜访郭隗，对郭隗说："齐国趁我们国家内乱侵略我们，这个耻辱我是忘不了的。但是现在燕国国力弱小，还不能报这个仇。要是有个贤人来帮助我报仇雪耻，我宁愿伺候他。您能不能推荐这样的人才呢？"

郭隗摸了摸自己的胡子，沉思了一下说："要推荐现成的人才，我也说不上，请允许我先说个故事吧。"接着，他就说了个故事：

古时候，有个国君，最爱千里马。他派人到处寻找，找了三年都没找到。有个侍臣打听到远处某个地方有一匹名贵的千里马，就跟国君说，只要给他一千两金子，准能把千里马买回来。那个国君挺高兴，就派侍臣带了一千两金子去买。没料到侍臣到了那里，千里马已经害病死了。侍臣想，空着双手回去不好交代，就把带去的金子拿出一半，把马骨买了

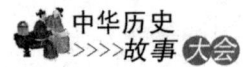

回来。

侍臣把马骨献给国君，国君大发雷霆，说："我要你买的是活马，谁叫你花钱把没用的马骨买回来？"侍臣不慌不忙地说："人家听说你肯花钱买死马，还怕没有人把活马送上来？"

国君将信将疑，也不再责备侍臣。这个消息一传开，大家都认为那位国君是真的真爱惜千里马。不出一年，果然从四面八方送来了好几匹千里马。

郭隗说完这个故事后说："大王一定要征求贤才，就不妨把我当马骨来试一试吧。"

燕昭王听了大受启发，回去以后，马上派人造了一座很精致的房子给郭隗住，还拜郭隗做老师。各国有才干的人听到燕昭王这样真心实意招请人才，纷纷赶到燕国来求见。其中最出名的是赵国人乐毅。燕昭王拜乐毅为亚卿，请他整顿国政，训练兵马，燕国果然一天天强大起来。

这时候，燕昭王看到齐王骄横自大，不得人心，就对乐毅说："现在齐王无道，正是我们雪耻的时候，我打算发动全国人马去打齐国，你看怎么样？"

乐毅说："齐国地广人多，只有我们一个国家去打，恐怕不行。大王要攻打齐国，一定要跟别的国家联合起来。"

燕昭王就派乐毅到赵国跟赵惠文王接上了头，另派人跟韩、魏两国取得联络，还叫赵国去联络秦国。这些国家看不惯齐国的霸道，都愿意跟燕国一起发兵。

公元前284年，燕昭王拜乐毅为上将军，统率五国兵马，浩浩荡荡杀奔齐国。

齐王听说五国联军打过来了，便把全国兵马集中起来抵抗联军，在济水的西面打了一仗。由于乐毅善于指挥，五国人马士气旺盛，把齐国军队打得一败涂地，齐王逃回临淄去了。

赵、韩、秦、魏的将士打了胜仗，各自占领了齐国的几座城，不想再打下去了。只有乐毅不肯罢休，他亲自率领燕国军队，长驱直入，一直打到了齐国都城临淄。齐王不得不走，最后在莒城被人杀死。

燕昭王认为乐毅立了大功，亲自到济水边劳军，论功行赏，封乐毅为昌国君。

故事心得

有时候，善于重用人才，对于国家的强大起着决定性作用。

屈原沉江

本故事出自《史记》，讲的是爱国忠臣屈原由于抱负得不到施展，抑郁而投江自尽，以身殉国的故事。

楚国自从被秦国打败以后，一直受秦国欺负，楚怀王又想重新和齐国联合。秦昭襄王即位以后，很客气地给楚怀王写信，请他到武关（在陕西丹凤县东南）相会，当面订立盟约。

楚怀王接到秦昭襄王的信，心想不去呢，怕得罪秦国；去呢，又怕出危险。于是，他便和大臣们商量。

大夫屈原对楚怀王说："秦国强暴得像豺狼一样，咱们受秦国的欺负不止一次了。大王一去，准上他们的圈套。"

可是怀王的儿子公子子兰却一个劲儿劝楚怀王去，说："咱们为了把秦国当作敌人，结果死了好多人，又丢了土地。如今秦国愿意跟咱们和好，怎么能推辞人家呢。"

楚怀王听信了公子子兰的话，就上秦国去了。

果然不出屈原所料，楚怀王刚踏进秦国的武关，立刻被秦国预先埋伏下的人马截断了后路。在会见时，秦昭襄王逼迫楚怀王把黔中的土地割让给秦国，楚怀王没答应。秦昭襄王就把楚怀王押到咸阳软禁起来，要楚国大臣拿土地来赎他。

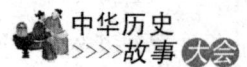
楚国的大臣们听到国君被押，把太子立为新的国君，拒绝割让土地。这个国君就是楚顷襄王。公子子兰当了楚国的令尹。

楚怀王在秦国被押了一年多，吃尽苦头。他冒险逃出咸阳，又被秦国派兵追捕了回去。他连气带病，没有多久就死在了秦国。

楚国人因为楚怀王受秦国欺负，死在外头，心里很不平。特别是大夫屈原，更是气愤。他劝楚顷襄王搜罗人才，远离小人，鼓励将士，操练兵马，为国家和怀王报仇雪耻。

可是他这种劝告不但没什么用，反倒招来了令尹子兰和靳尚等人的仇视。他们天天在顷襄王面前说屈原的坏话。

他们对楚顷襄王说："大王没听说屈原数落您吗？他老跟人家说：大王忘了秦国的仇恨，就是不孝；大臣们不主张抗秦，就是不忠。楚国出了这种不忠不孝的君臣，哪儿能不亡国呢？大王，您想想这叫什么话！"

楚顷襄王听了大怒，就把屈原革了职，放逐到湘南去了。

屈原抱着救国救民的志向，富国强民的打算，反倒被奸臣排挤出去，内心非常气愤。他到了湘南以后，经常在汨罗江（在今湖南省东北部）一带一边走，一边唱着伤心的诗歌。

附近的庄稼人知道他是一个爱国的大臣，都挺同情他。这时候，有一个经常在汨罗江上打鱼的渔父，很佩服屈原的为人，但就是不赞成他那愁闷的样子。

有一天，屈原在江边遇见渔父。渔父对屈原说："您不是楚国的大夫吗？怎么会弄到这等地步呢？"

屈原说："许多人都是肮脏的，只有我是个干净人；许多人都喝醉了，只有我还醒着。所以我被赶到这儿来了。"

渔父不以为然地说："既然您觉得别人都是肮脏的，就不该自命清高；既然别人喝醉了，那么您何必独自清醒呢！"

屈原反对说："我听人说过，刚洗完头的总要把帽子弹弹，刚洗完澡的人总是喜欢掸掸衣上的灰尘。我宁愿跳进江心，埋在鱼肚子里去，也不能拿自己干净的身子跳到污泥里，去染得一身脏。"

由于屈原不愿意随波逐流地活着，到了公元前 278 年五月初五那天，他终于抱着一块大石头，跳到汨罗江里自杀了。

附近的庄稼人，得到这个信儿，都划着小船去救屈原。可是一片汪洋大水，哪儿还有屈原的影儿。大伙儿在汨罗江上捞了半天，也没有找到屈原的尸体。

渔父很难受，他对着江面，把竹筒子里的米撒了下去，算是献给屈原的。

到了第二年五月初五那一天，当地的百姓想起这是屈原投江一周年的日子，又划了船把竹筒子盛了米撒到水里去祭祀他。后来，他们又把盛着米饭的竹筒子改为粽子，划小船改为赛龙船。这种纪念屈原的活动渐渐成为一种风俗。

故事心得

屈原死后，留下了一些优秀的诗歌，其中最有名的就是《离骚》。他在诗歌里，痛斥卖国的小人，表达了他忧国忧民的心情，对楚国的一草一木，都寄托了无限的深情。屈原也是中国历史上第一位伟大的爱国诗人，中国浪漫主义文学的奠基人，"楚辞"的创立者和代表作者，开辟了"香草美人"的传统，被誉为"中华诗祖""辞赋之组"。

蔺相如完璧归赵

本故事出自《史记》，讲的是蔺相如将完美无瑕的和氏璧，完好地从秦国带回赵国首都邯郸的故事。

公元前 283 年，秦昭襄王派使者带着国书去见赵惠文王，说秦王情愿让出十五座城来换赵国收藏的一块珍贵的"和氏璧"，希望赵王答应。

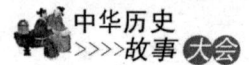

　　赵惠文王就跟大臣们商量，要不要答应。想答应，怕上秦国的当，丢了和氏璧，也拿不到城；要不答应，又怕得罪秦国。议论了半天，还不能决定该怎么办。

　　当时有人推荐蔺相如，说他是个挺有见识的人。

　　赵惠文王就把蔺相如召来，要他出个主意。

　　蔺相如说："秦国强，赵国弱，不答应不行。"

　　赵惠文王说："要是把和氏璧送了去，秦国取了璧，不给城，怎么办呢？"

　　蔺相如说："秦国拿出十五座城来换一块璧玉，这个价值是够高的了。要是赵国不答应，错在赵国。大王把和氏璧送了去，要是秦国不交出城来，那么错在秦国。宁可答应，叫秦国担这个错儿。"

　　赵惠文王说："那么就请先生上秦国去一趟吧。可是万一秦国不守信用，怎么办呢？"

　　蔺相如说："秦国交了城，我就把和氏璧留在秦国；要不然，我一定把璧完好地带回赵国。"

　　就这样蔺相如带着和氏璧到了咸阳，秦昭襄王得意地在别宫里接见了他，蔺相如把和氏璧献了上去。

　　秦昭襄王接过璧，看了看，挺高兴。他把璧递给美人和左右侍臣，让大伙儿传着看，大臣们都向秦昭襄王庆贺。

　　蔺相如站在朝堂上等了半天，也不见秦王提换城的事。他知道秦昭襄王不是真心拿城来换璧，可是璧已落到别人手里，怎样才能拿回来呢？

　　他急中生智，上前对秦昭襄王说："这块璧虽说挺名贵，可是也有点小毛病，不容易瞧出来，让我来指给大王看。"

　　秦昭襄王信以为真，就吩咐侍从把和氏璧递给蔺相如。

　　蔺相如一拿到璧，往后退了几步，靠着宫殿上的一根大柱子，瞪着眼睛，怒气冲冲地说："大王派使者到赵国来，说是愿用十五座城来换赵国的璧。赵王诚心诚意派我把璧送来，可是，大王并没有交换的诚意。如今璧在我手里，大王要是逼我的话，我宁可把我的脑袋和这块璧在这柱子上一同砸碎！"

说着，他真的拿着和氏璧，对着柱子做出要砸的样子。

秦昭襄王怕他真的砸坏了璧，连忙向他赔不是，说："先生别误会，我哪儿能说了不算呢？"

他就命令大臣拿上地图来，并且把准备换给赵国的十五座城指给蔺相如看。

蔺相如想，可别再上他的当，就说："赵王送璧到秦国来之前，斋戒了五天，还在朝堂上举行了一个很隆重的仪式。大王如果诚意换璧，也应当斋戒五天，然后再举行一个接受璧的仪式，我才敢把璧奉上。"

秦昭襄王想，反正你也跑不了，就说："好，就这么办吧。"

他吩咐人把蔺相如送到宾馆去歇息。

蔺相如回到宾馆，叫一个随从的人打扮成买卖人的模样，把璧贴身藏着，偷偷地从小道跑回赵国去了。

过了五天，秦昭襄王召集大臣们和别国在咸阳的使臣，在朝堂举行接受和氏璧的仪式，叫蔺相如上朝。蔺相如不慌不忙地走上殿去，向秦昭襄王行了礼。

秦昭襄王说："我已经斋戒五天，现在你把璧拿出来吧。"

蔺相如说："秦国自秦穆公以来，前后二十几位君主，没有一个讲信义的。我怕受欺骗，丢了璧，对不起赵王，所以把璧送回赵国去了。请大王治我的罪吧。"

秦昭襄王听到这里，大发雷霆，说："是你欺骗了我，还是我欺骗你？"

蔺相如镇静地说："请大王别发怒，让我把话说完。天下诸侯都知道秦是强国，赵是弱国。天下只有强国欺负弱国，绝没有弱国欺压强国的道理。大王真要那块璧的话，请先把那十五座城割让给赵国，然后打发使者跟我一起到赵国去取璧。赵国得到了十五座城以后，绝不敢不把璧交出来。"

秦昭襄王听蔺相如说得振振有词，不好翻脸，只得说："一块璧不过

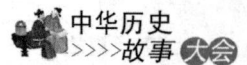
是一块璧，不应该为这件事伤了两家的和气。"

结果，还是让蔺相如回赵国去了。

蔺相如回到赵国，赵惠文王认为他完成了使命，就提拔他为上大夫。秦昭襄王本来也不存心想用十五座城去换和氏璧，不过想借这件事试探一下赵国的态度和力量。蔺相如完璧归赵后，他也就没再提交换的事。

故事心得

完璧归赵的故事充分展现了蔺相如的机智、勇敢。

廉颇负荆请罪

本故事出自《史记》，讲述了战国时期发生在赵国首都邯郸，廉颇和蔺相如的故事。

秦昭襄王一心要使赵国屈服，接连侵入赵国边境，占了一些地方。公元前279年，他又耍了个花招，请赵惠文王到秦地渑池（今河南渑池县西）去会见。赵惠文王开始怕被秦国扣留，不敢去。大将廉颇和蔺相如都认为如果不去，反倒向秦国示弱。

赵惠文王决定硬着头皮去冒一趟险，他叫蔺相如随同他一块儿去，让廉颇留在本国辅助太子留守。

为了防备意外，赵惠文王又派大将李牧带兵五千人护送，相国平原君带兵几万人，在边境接应。

到了预定会见的日期，秦王和赵王在渑池相会，并且举行了宴会，高兴地喝酒谈天。

秦昭襄王喝了几盅酒，带着醉意对赵惠文王说："听说赵王弹得一手好瑟。请赵王弹个曲儿，给大伙儿凑个热闹。"说罢，真的吩咐左右把瑟拿上来。

赵惠文王不好推辞，只好勉强弹一个曲儿。

秦国的史官当场就把这事记了下来，并且念着说："某年某月某日，秦王和赵王在渑池相会，秦王令赵王弹瑟。"

赵惠文王气得脸都发紫了。正在这时候，蔺相如拿了一个缶（一种瓦器，可以打击配乐），突然跪到秦昭襄王跟前，说："赵王听说秦王挺会秦国的乐器。我这里有个瓦盆，也请大王赏脸敲几下助兴吧。"

秦昭襄王勃然变色，不去理他。

蔺相如的眼睛射出愤怒的光，说："大王未免太欺负人了。秦国的兵力虽然强大，可是在这五步之内，我可以把我的血溅到大王身上去！"

秦昭襄王见蔺相如这股势头，十分吃惊，只好拿起击棒在缶上胡乱敲了几下。

蔺相如回过头来叫赵国的史官也把这件事记下来，说："某年某月某日，赵王和秦王在渑池相会。秦王给赵王击缶。"

秦国的大臣见蔺相如竟敢这样伤秦王的体面，很不服气。

有人站起来说："请赵王割让十五座城给秦王上寿。"

蔺相如也站起来说："请秦王把咸阳城割让给赵国，为赵王上寿。"

秦昭襄王眼看这个局面十分紧张。他事先已探知赵国派大军驻扎在临近地方，真的动起武来，恐怕也得不到便宜，就喝住秦国大臣，说："今天是两国君王欢会的日子，诸位不必多说。"

这样，两国渑池之会总算圆满而散。

蔺相如两次出使，保全赵国不受屈辱，立了大功。赵惠文王十分信任蔺相如，拜他为上卿，地位在大将廉颇之上。

廉颇很不服气，私下对自己的门客说："我是赵国大将，立了多少汗马功劳。蔺相如有什么了不起？倒爬到我头上来了。哼！我见到蔺相如，总要给他点颜色看看。"

这句话传到了蔺相如耳朵里，蔺相如就装病不去上朝。

有一天，蔺相如带着门客坐车出门，正是冤家路窄，老远就瞧见廉颇的车

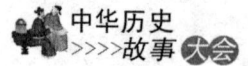
马迎面而来。他叫赶车的退到小巷里去躲一躲，让廉颇的车马先过去。

这件事可把蔺相如手下的门客气坏了，他们责怪蔺相如不该这样胆小怕事。

蔺相如对他们说："你们看廉将军跟秦王比，哪一个势力大？"

他们说："当然是秦王势力大。"

蔺相如说："对呀！天下的诸侯都怕秦王。为了保卫赵国，我就敢当面责备他，怎么我见了廉将军反倒怕了呢？因为我想过，强大的秦国不敢来侵犯赵国，就因为有我和廉将军两人在，要是我们两人不和，秦国知道了，就会趁机来侵犯赵国。就为了这个，我宁愿忍让。"

后来，有人把这件事传给廉颇听，廉颇感到十分惭愧。他就裸着上身，背着荆条，跑到蔺相如的家里去请罪。他见了蔺相如说："我是个粗鲁人，见识少，气量窄。哪儿知道您竟这么忍让我，我实在没脸来见您，请您责打我吧。"

蔺相如连忙扶起廉颇，说："咱们两个人都是赵国的大臣，将军能体谅我，我已经万分感激了，怎么还来给我赔礼呢。"

两个人都激动得流了眼泪。从这以后，两人就做了知心朋友。

故事心得

家和则万事兴，将相和则国兴。廉颇负荆请罪的故事，表明一个国家只有精诚团结，万众一心，才可能抵御外辱。

纸上谈兵的赵括

本故事出自《史记》，讲的是战国时期赵国名将赵奢之子赵括，年轻时学兵法，谈起兵事头头是道。但在实战中却不知变通，最终在长平之战中被秦军大败的故事。

公元前262年，秦昭襄王派大将白起进攻韩国，占领了野王（今河南沁阳）。截断了上党郡（治所在今山西长治）和韩都的联系，上党形势危急。上党的韩军将领不愿意投降秦国，打发使者带着地图把上党献给赵国。

赵孝成王（赵惠文王的儿子）派军队接收了上党。过了两年，秦国又派王围住上党。

赵孝成王听到消息，连忙派廉颇率领二十多万大军去救上党。他们才到长平（今山西高平市西北），上党已经被秦军攻占了。

王还想向长平进攻。廉颇连忙守住阵地，叫兵士们修筑堡垒，深挖壕沟，跟远来的秦军对峙，准备做长期抵抗的打算。

王几次三番向赵军挑战，廉颇说什么也不跟他们交战。王想不出什么法子，只好派人回报秦昭襄王，说："廉颇是个富有经验的老将，不轻易出来交战。我军老远到这儿，长期下去，就怕粮草接济不上，怎么好呢？"

秦昭襄王请范雎出主意。范雎说："要打败赵国，必须先叫赵国把廉颇调回去。"

秦昭襄王说："这哪儿办得到呢？"

范雎说："让我来想办法。"

过了几天，赵孝成王听到左右纷纷议论，说："秦国就是怕让年轻力强的赵括带兵；廉颇不中用，眼看就快投降啦！"

他们所说的赵括，是赵国名将赵奢的儿子。赵括小时爱学兵法，谈起用兵的道理头头是道，自以为天下无敌，连他父亲也不放在眼里。

赵王听信了左右的议论，立刻把赵括找来，问他能不能打退秦军。赵括说："要是秦国派白起来，我还得考虑对付一下。如今来的是王，他不过是廉颇的对手，要是换上我，打败他不在话下。"

赵王听了很高兴，就拜赵括为大将，去接替廉颇。

蔺相如对赵王说："赵括只懂得读父亲的兵书，不会临阵应变，不能派他做大将。"可是赵王对蔺相如的劝告听不进去。

赵括的母亲也向赵王上了一道奏章，请求赵王别派他儿子去。赵王把她召了来，问她什么理由。赵母说："他父亲临终的时候再三嘱咐我说，

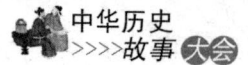
'赵括这孩子把用兵打仗看作儿戏似的，谈起兵法来，就眼空四海，目中无人。将来大王不用他还好，如果用他为大将的话，只怕赵军断送在他手里。'所以我请求大王千万别让他当大将。"

赵王说："我已经决定了。"

公元前260年，赵括领兵二十万到了长平，请廉颇验过兵符。廉颇无奈，只得回邯郸去了。

赵括统率着四十万大军，声势十分浩大。他把廉颇规定的一套制度全部废除，下了命令说："秦国再来挑战，必须迎头打回去。敌人打败了，就得追下去，不杀他们个片甲不留，不算完。"

那边范雎得到赵括替换廉颇的消息，知道自己的反间计成功，就秘密派白起为上将军，去指挥秦军。白起一到长平，布置好埋伏，故意打了几阵败仗，赵括不知是计，拼命追赶。白起把赵军引到预先埋伏好的地区，派出精兵二万五千人，切断赵军的后路；另派五千骑兵，直冲赵军大营，把四十万赵军切成两段。赵括这才知道秦军的厉害，只好筑起营垒坚守，等待救兵。秦国又发兵把赵国救兵和运粮的道路切断了。

赵括的军队，内无粮草，外无救兵，守了四十多天，兵士都叫苦连天，无心作战。赵括带兵想冲出重围，秦军万箭齐发，把赵括射死了。赵军听到主将被杀，也纷纷扔了武器投降。四十万赵军，就在纸上谈兵的主帅赵括手里全部覆没了。

故事心得

赵括纸上谈兵，葬送了四十万赵军，这个沉重的史实告诫人们：实践出真知，实践是检验真理的唯一标准，脱离实践的理论会把实践引入歧途。

信陵君救赵

本故事出自《史记》，记叙了信陵君礼贤下士与窃符救赵的始末，表现出信陵君仁而下士的谦逊作风和救人之困的义勇精神。

楚国派兵救赵的同时，魏国也接受了赵国求援的要求。魏安王派大将晋鄙率兵救赵国。

秦昭襄王一听到魏、楚两国发兵，亲自跑到邯郸去督战。他派人对魏安王说："邯郸早晚得被秦国打下来。谁敢去救，等我灭了赵国，就攻打谁。"魏安王被吓唬住了，连忙派人去追晋鄙，叫他就地安营，别再进兵。晋鄙就把十万兵马扎在邺城（今河北临漳县西南），按兵不动。

赵国派使者向魏国催促进兵。魏安王想要进兵，怕得罪秦国；不进兵吧，又怕得罪赵国，只好不进不退地停着。赵孝成王十分着急，叫平原君给魏国公子信陵君魏无忌写信求救。因为平原君的夫人是信陵君的姐姐，两家是亲戚。

信陵君接到信，三番五次地央告魏安王命令晋鄙进兵，魏王说什么也不答应。信陵君没有办法，对门客说："大王不愿意进兵，我决定自己上赵国去，要死也跟他们死在一起。"

当时，不少门客愿意跟信陵君一起去。

信陵君有个他最尊敬的朋友，叫作侯嬴。信陵君跟侯嬴去告别，侯嬴说："你们这样上赵国去打秦兵，就像把一块肥肉扔到饿虎嘴边，不是白白去送死吗？"

信陵君叹息着说："我也知道没有什么用处。可是又有什么办法呢？"

侯嬴支开了旁人，对信陵君说："咱们大王宫里有个最宠爱的如姬，对不对？"

信陵君点头说："对！"

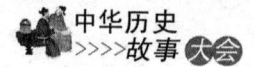
侯嬴接着说："听说兵符藏在大王的卧室里，只有如姬能把它拿到手。当初如姬的父亲被人害死，她要求大王给她寻找那个仇人，找了三年都没有找到，后来还是公子叫门客找到那个仇人，替如姬报了仇。如姬为了这件事非常感激公子，如果公子请如姬把兵符盗出来，如姬一定会答应。公子拿到了兵符，去接管晋鄙的兵权，就能带兵和秦国作战，这比空手去送死不是强多了吗？"

信陵君听了，如梦初醒。他马上派人去跟如姬商量，如姬一口答应。当天午夜，乘着魏王熟睡的时候，如姬果然把兵符盗了出来，交给一个心腹，送到了信陵君那儿。

信陵君拿到兵符，再一次向侯嬴告别。侯嬴说："将在外，君命有所不受。万一晋鄙接到兵符，不把兵权交给公子，您打算怎么办？"

信陵君一愣，皱着眉头答不出来。

侯嬴说："我已经替公子考虑好了。我的朋友朱亥是魏国数一数二的大力士，公子可以带他去。到那时候，要是晋鄙能痛痛快快地把兵权交出来最好；要是他推三阻四，就让朱亥来对付他。"

信陵君带着朱亥和门客到了邺城，见了晋鄙。他假传魏王的命令，要晋鄙交出兵权。晋鄙验过兵符，仍旧有点怀疑，说："这是军机大事，我还要再奏明大王，才能够照办。"

晋鄙的话音刚落，站在信陵君身后的朱亥大喝一声："你不听大王命令，想反叛吗？"

不由晋鄙分说，朱亥就从袖子里拿出一个四十斤重的大铁锤，向晋鄙劈头盖脑砸过去，结果了晋鄙的性命。

信陵君拿着兵符，对将士宣布一道命令："父子都在军中的，父亲可以回去；兄弟都在军中的，哥哥可以回去；独子没兄弟的，都回去照顾父母；其余的人都跟我一起去救赵国。"

当下，信陵君就选了八万精兵，出发去救邯郸。他亲自指挥将士向秦国的兵营冲杀，秦将王没防备魏国的军队会突然进攻，手忙脚乱地抵抗了一阵，渐渐支持不住了。

邯郸城里的平原君见魏国救兵来到，也带着赵国的军队杀出来。两下一夹攻，打得秦军像山崩似的倒了下来。

多少年来，秦国没有打过这么一个大败仗。王带兵败退，二万名秦兵被赵兵围困住的秦兵选择了投降。

信陵君救了邯郸，保全了赵国。赵孝成王和平原君十分感激，亲自到城外迎接他。

楚国春申君带领的救赵的军队，还在武关观望，听到秦国打了败仗，邯郸解了围，就带兵回楚国去了。

故事心得

信陵君于情于理都应当救赵国：从情上讲，信陵君与赵国的平原君是亲戚；从理上讲，唇亡则齿寒，赵国得救，有利于魏国的安全。信陵君在救赵过程中体现了他的大智大勇。

李斯谏逐客

本故事出自《史记》，讲的是李斯在秦王把客卿撵出秦国事件中上奏章给秦王，最终使秦王取消了逐客令。

秦国虽然在邯郸打了一次败仗，但是它的实力还很强。第二年（公元前256年）又进攻韩、赵两国，打了胜仗。后来，索性把挂名的东周王朝也灭掉了。秦昭襄王死去后，他的孙子秦庄襄王即位不到三年也死去，年仅十三岁的太子嬴政即位。

当时，秦国的朝政大权掌握在相国吕不韦的手里。

吕不韦原是阳翟（今河南禹县）地方的一个富商，因为帮助庄襄王取得王位，当上了相国。吕不韦当相国以后，也学孟尝君的样子，收留了大

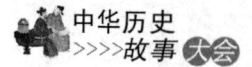

批门客，其中有不少是列国来的。

战国时期有许多学派，纷纷著书立说，历史上把这种情况称作"百家争鸣"。吕不韦自己不会写书，他组织他的门客一起编写一部书，叫《吕氏春秋》。书写成后，吕不韦派人把它挂在咸阳城门上，还发布告示，说谁能对这部书提出意见，不论添个字或者删掉个字，就赏金千两。这一来，他的名气就更响了。

秦王政年纪渐渐大起来，在他二十二岁那年，宫里发生一起叛乱，牵连到吕不韦。秦王政觉得留着吕不韦碍事，把吕不韦免了职。不久，秦王政复命让其举家迁蜀，吕不韦最终饮鸩自尽。

吕不韦一倒台，秦国一些贵族、大臣就议论起来，说列国的人跑到秦国来，都是为他们本国打算，有的说不定是来当间谍的，他们请秦王政把客卿统统撵出秦国。

秦王政接受了这个意见，他发下一道逐客令，大小官员，凡不是秦国人，都得离开秦国。

有个楚国来的客卿李斯，原是著名儒家学派代表荀况的学生，他来到秦国，被吕不韦留下来当了客卿。这一回，李斯也被驱逐，心里挺不服气，离开咸阳的时候，他上了一道奏章给秦王。

李斯在奏章上说："从前秦穆公用了百里奚、蹇叔，当了霸主；秦孝公用了商鞅，变法图强；惠文王用了张仪，拆散了六国联盟；昭襄王有了范雎，提高了朝廷的威望，这四位君主，都是依靠客卿建立了功业。现在到大王手里，却把外来的人才都撵走，这不是帮助敌国增加实力吗？"

秦王政觉得李斯说得有道理，连忙打发人把李斯从半路上找回来，恢复他的官职，还取消了逐客令。

秦王政用李斯当谋士后，一面加强对各国的攻势，一面派人到列国游说诸侯，还用反间、收买等手段，配合武力进攻。韩王安看到这形势，害怕起来，派公子韩非到秦国来求和，表示愿意做秦国的属国。

韩非也是荀况的学生，跟李斯是同学。他在韩国看到国家一天天削弱，几次三番向韩王进谏，韩王就是不理他。韩非满肚子学问，没被重用，就关起门来写了一部书，叫《韩非子》。他在书中主张君主要集中权力，加强法治。这部书传到秦国，秦王政看到了十分赞赏，说："如果我能和这个人见见面，该多好啊。"

这一回，韩非受韩王委派来到秦国，看到秦国的强大，上书给秦王，表示愿为秦国统一天下出力。这份奏章一送上去，秦王还没考虑重用韩非，李斯倒先着急起来，怕韩非夺了他的地位，他在秦王面前说："韩非是韩国的公子，大王兼并诸侯，韩非肯定要为韩国打算，如果让他回国，也是个后患，不如找个罪名把他杀了。"

秦王政听了这话，有点犹豫，下令先把韩非扣押起来，准备审问。韩非进了监狱，想辩白也没机会，李斯却给他送来了毒药，韩非只好服药自杀了。

故事心得

李斯的智慧加上秦王嬴政的英明，使得李斯有了施展才华的舞台。若李斯遇到的是一个昏君，就可能会怀才不遇了。

荆轲刺秦王

本故事出自《战国策》，记述了战国时期荆轲刺秦王这一悲壮的历史故事。

秦王政重用尉缭，一心想统一中原，不断向各国进攻。他拆散了燕国和赵国的联盟，使燕国丢了好几座城。

燕国的太子丹原来留在秦国当人质，他见秦王政决心兼并列国，又夺去了燕国的土地，就偷偷地逃回燕国。他恨透了秦国，一心要替燕国报仇，但他既不操练兵马，也不打算联络诸侯共同抗秦，却把燕国的命运寄

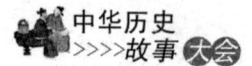
托在刺客身上。他把家产全拿出来，找寻能刺秦王政的人。

后来，太子丹物色到了一个很有本领的勇士，名叫荆轲。他把荆轲收在门下当上宾，把自己的车马给荆轲坐，自己的饭食、衣服让荆轲一起享用。荆轲当然很感激太子丹。

公元前230年，秦国灭了韩国，过了两年，秦国大将王翦占领了赵国都城邯郸，一直向北进军，逼近了燕国。

燕太子丹十分焦急，就去找荆轲。太子丹说："拿兵力去对付秦国，简直像拿鸡蛋去碰石头；要联合各国抗秦，看来也办不到了。我想，派一位勇士，打扮成使者去见秦王，挨近秦王身边，逼他退还诸侯的土地。秦王要是答应了最好，要是不答应，就把他刺死。您看行不行？"

荆轲说："行是行，但要挨近秦王身边，必定得先叫他相信我们是向他求和去的。听说秦王早想得到燕国最肥沃的土地督亢（在河北涿州市一带）。还有秦国将军樊於期，现在流亡在燕国，秦王正在悬赏通缉他。我要是能拿着樊将军的头和督亢的地图去献给秦王，他一定会接见我。这样，我就可以对付他了。"

太子丹感到为难，说："督亢的地图好办，樊将军受秦国迫害来投奔我，我怎么忍心伤害他呢？"

荆轲知道太子丹心里不忍，就私下去找樊於期，跟樊於期说："我有一个主意，能帮助燕国解除祸患，还能替将军报仇，可就是说不出口。"

樊於期连忙说："什么主意，你快说啊！"

荆轲说："我决定去行刺，怕的就是见不到秦王的面。现在秦王正在悬赏通缉你，如果我能够带着你的头颅去献给他，他准能接见我。"

樊於期说："好，你就拿去吧！"说着，就拔出宝剑，抹脖子自杀了。

太子丹事前准备了一把锋利的匕首，叫工匠用毒药煮炼过，谁只要被这把匕首刺出一滴血，就会立刻气绝身死。他把这把匕首送给荆轲，作为行刺的武器，又派了个年才十三岁的勇士秦舞阳，做荆轲的副手。

公元前227年，荆轲从燕国出发到咸阳去。太子丹和少数宾客穿上白衣白帽，到易水（在今河北易县）边送别。临行的时候，荆轲给大家唱了一首歌：

风萧萧兮易水寒，

壮士一去兮不复还。

大家听了他悲壮的歌声，都伤心得流下眼泪。荆轲拉着秦舞阳跳上车，头也不回地走了。

荆轲到了咸阳。秦王政一听燕国派使者把樊於期的头颅和督亢的地图都送来了，十分高兴，就命令在咸阳宫接见荆轲。

朝见的仪式开始了。荆轲捧着装了樊於期头颅的盒子，秦舞阳捧着督亢的地图，一步步走上秦国朝堂的台阶。

秦舞阳一见秦国朝堂那副威严样子，不由害怕得发起抖来。

秦王政左右的侍卫一见，吆喝了一声，说："使者干吗变了脸色？"

荆轲回头一瞧，果然见秦舞阳的脸又青又白，就赔笑对秦王政说："粗野的人，从来没见过大王的威严，免不了有点害怕，请大王原谅。"

秦王政毕竟有点怀疑，对荆轲说："叫秦舞阳把地图给你，你一个人上来吧。"

荆轲从秦舞阳手里接过地图，捧着木匣上去，献给秦王政。秦王政打开木匣，果然是樊於期的头颅。秦王政又叫荆轲拿地图来。荆轲把一卷地图慢慢打开，到地图全都打开时，荆轲预先卷在地图里的一把匕首就露出来了。

秦王政一见，惊得跳了起来。

荆轲连忙抓起匕首，左手拉住秦王政的袖子，右手把匕首向秦王政胸口直扎过去。

秦王政使劲地向后一转身，把那只袖子挣断了。他跳过旁边的屏风，刚要往外跑，荆轲拿着匕首追了上来，秦王政一见跑不了，就绕着朝堂上的大铜柱子跑，荆轲紧紧地追着。

两个人像走马灯似的直转悠。

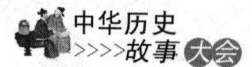
旁边虽然有许多官员，但是都手无寸铁；台阶下的武士，按秦国的规矩，没有秦王命令是不准上殿的。大家都急得六神无主，也没有人召台下的武士。

官员中有个伺候秦王政的医生，急中生智，拿起手里的药袋对准荆轲扔了过去。荆轲用手一扬，那只药袋就飞到一边去了。

就在这一眨眼的工夫，秦王政往前一步，拔出宝剑，砍断了荆轲的左腿。

荆轲站立不住，倒在地上。他拿匕首向秦王政扔过去，秦王政往右边只一闪，那把匕首就从他耳边飞过去，打在铜柱子上，"嘣"的一声，直迸火星儿。

秦王政见荆轲手里没有了武器，又上前向荆轲砍了几剑。荆轲身上受了八处剑伤，自己知道已经失败，苦笑着说："我没有早下手，本来是想先逼你退还燕国的土地。"

这时候，侍从的武士已经一起赶上殿来，结果了荆轲的性命。台阶下的那个秦舞阳，也早就被武士们杀了。

故事心得

荆轲刺秦王是一个十分悲壮的历史故事。燕国太子丹缺乏战略眼光，即使荆轲刺死了秦王，也改变不了秦国消灭其他诸侯国的历史大趋势。

第一个皇帝——秦始皇

本故事出自《史记》，主要讲述了秦始皇一生中发生的重大事件。

秦王政兼并了六国，结束了战国割据的局面，统一了中国。他觉得自己的功绩比古代传说中的三皇五帝还要大，不能再用"王"的称号，应该用一个更加尊贵的称号才配得上他的功绩，就决定采用"皇帝"的称号。他是中国第一个皇帝，就自称是始皇帝。他还规定：子孙接替他皇位的按照次序排列，第二代叫二世皇帝，第三代叫三世皇帝，这样一代一代传下去，一直传到千世万世。

全国统一了，该怎样来治理这样大的国家呢？

在一次朝会上，丞相王绾等对秦始皇说："现在诸侯刚刚消灭，特别是燕、楚、齐三国离咸阳很远，不在那里封几个王不行，请皇上把几位皇子封到那里去。"

秦始皇要大臣议论一下，许多大臣都赞成王绾的意见，只有李斯反对。他说："周武王建立周朝的时候，封了不少诸侯。到后来，像冤家一样互相残杀，周天子也没法禁止。可见分封的办法不好，不如在全国设立郡县。"

李斯的意见正合秦始皇的心意。他决定废除分封的办法，改用郡县制，把全国分为三十六个郡，郡下面再分县。

郡的长官都由朝廷直接任命。国家的政事，不论大小，都由皇帝决定。据说秦始皇每天看下面送来的奏章，要看一百二十一斤（那时的奏章都是刻在竹简上的），不看完不休息，可见他的权力是多么集中了。

在秦始皇统一中原之前，列国向来是没有统一的制度的，就拿交通来说，各地的车辆大小就不一样，因此车道也有宽有窄。国家统一了，车辆要在不同的车道上行走，多不方便。从那时候起，规定车辆上两个轮子的距离一律改为六尺，使车轮的轨道相同，这样，全国各地车辆往来就方便了。这叫作"车同轨"。

在秦始皇统一中原之前，列国的文字也很不统一。就是一样的文字，也有好几种写法。从那时候起，采用了比较方便的书法，规定了统一的文字。这样，各地的文化交流也方便多了。这叫作"书同文"。

各地交通便利，商业也发达起来，但是原来列国的尺寸、升斗、斤两的标准全不一样。从那时候起，又规定了全国用统一的度、量、衡制。这

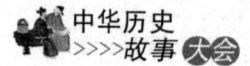

样，各地的买卖交换也没有困难了。

秦始皇正在从事国内的改革，没想到北方的匈奴打了进来。匈奴本来是我国北部一个古老的少数民族，战国后期，匈奴贵族趁北方的燕国、赵国衰落，一步步向南侵犯，把黄河河套一带大片土地夺了过去。秦始皇统一中原以后，就派大将蒙恬带领三十万大军去抵抗，把河套一带地区都收了回来，设置了四十四个县。

为了防御匈奴的侵犯，秦始皇征用民夫，把原来燕、赵、秦三国北方的城墙连接起来，又新造了不少城墙。这样从西面的临洮（今甘肃岷县）到东面的辽东（今辽宁辽阳西北），连成一条万里长城。这座举世闻名的古建筑，一直成为我们中华民族古老悠久文明的象征。

后来，秦始皇又派出大军五十万，平定南方，添设了三个郡。第二年，蒙恬打败了匈奴，又添了一个郡。这样，全国总共有四十个郡。

公元前213年，秦始皇因为开辟了国土，在咸阳宫举行了一个庆祝宴会，许多大臣都赞颂秦始皇统一国家的功绩。博士淳于越却重新提出分封制度不能废除，他认为不按照古代的规矩办事是行不通的。

这时候，李斯已经做了丞相，秦始皇要听听他的意见。

李斯说："现在天下已经安定，法令统一。但是有一批读书人不学现在，却去学古代，对国家大事乱发议论，在百姓中制造混乱。如果不加禁止，会影响朝廷的威信。"

秦始皇采用了李斯的主张，立刻下了一道命令：除了医药、种树等书籍以外，凡是有私诗、书、百家言论的书籍，一概交出来烧掉；谁要是再私下谈论这类书，办死罪；谁要是拿古代的制度来批评现在，满门抄斩。

第二年，有两个方士（一种用求神仙、炼仙丹骗钱的人）叫作卢生、侯生，在背后议论秦始皇的不是。秦始皇得知这个情况，派人去抓他们，但他们早已逃跑了。

秦始皇大为恼火，再一查，又发现咸阳有一些儒生一起议论过他。秦始皇把那些儒生抓来审问，儒生经不起拷打，又东拉西扯地供出一大批人来。秦始皇下令把那些犯禁严重的四百六十多个儒生都活埋了，其余犯禁的就流放到边境去。

这就是历史上所说的"焚书坑儒"事件。

故事心得

秦始皇统一中国，设立郡县制，统一文字、度量衡，修建万里长城，促进了多民族统一国家的发展。但他对人民实行暴政，焚书坑儒，妨碍了当时文化的繁荣。

博浪沙的铁锤

本故事出自《史记》，讲的是西汉初名臣张良年少时为国复仇、刺杀秦始皇之事。

秦始皇知道，他灭了六国，六国留下来的旧贵族随时都可能起来反对他。他下令把天下十二万户豪富人家一律搬到咸阳来住，这样好管住他们。他又把天下的兵器统统收集起来，除了给政府军队使用以外，都熔化了铸成十二个二十四万斤重的巨大铜人和一批大钟（一种乐器）。他以为兵器收完了，有人想造反也造不成了。

他还常常到各地去巡视，一来祭祀名山大川，要大臣们把颂扬他的话刻在山石上，好让后代的人都知道他的功绩；二来显示自己的威武，也叫六国贵族有个惧怕。

公元前218年的春天，他又带了大队人马出去巡视。有一天，到了博浪沙（在今河南原阳县），车队正在缓缓前进的时候，突然哗啦啦一声响，飞来个大铁锤，把秦始皇座车后面的副车打得粉碎。

全部车队一下子都停了下来，武士们到处搜查，刺客已经逃走了。

秦始皇可发火了，立刻下了一道命令，在全国进行一次大搜查，一定

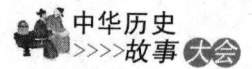
要把那个行刺的人捉到，足足搜查了十天，也没有查到，只好算了。

这个行刺的人名叫张良。张良的祖父、父亲都做过韩国的相国，韩国被灭的时候，张良还年轻，他变卖了家产离开了老家，到外面去结交英雄好汉，一心想替韩国报仇。

后来，他交上一个朋友，是个大力士。那个大力士使用的大铁锤，足足有一百二十斤重（相当于现在的六十斤）。两个人商量好，准备在秦始皇出外巡游的时候刺杀他。

他们探听到，秦始皇要经过博浪沙，就预先在那里树林隐蔽的地方埋伏起来。等秦始皇的车队经过，大力士就把铁锤砸过去。哪儿知道这一锤砸得不准，只砸了一辆副车。

张良失败以后，隐姓埋名，一直逃到下邳（今江苏睢宁西北），总算躲过了秦朝官吏的搜查。他在下邳住了下来，一面钻研兵法，一面等候报仇的机会。

张良是怎样开始学兵法的呢？有一个离奇的传说：

有一次，张良一个人出去散步，走到一座大桥上，看见一个老头儿，穿着一件粗布大褂，坐在桥头上。他一见张良过来，有意无意地把脚往后一缩，他的一只鞋子掉到桥下去了。

老头儿转过头来，很不客气地对张良说："小伙子，下去把我的鞋子捡上来。"

张良很生气，简直想动手揍他一顿，可是再一看，人家毕竟是个老头儿，就勉强忍住了气，走到桥下，捡起那只鞋子，上来递给他。

谁知道那老头儿竟连接也不接，只把脚一伸，说："给我穿上。"

张良想，既然已经把鞋捡上来了，索性好人做到底，就跪在地上恭恭敬敬地拿鞋子给他穿上。

那老头儿这才微微一笑，站起来走了。

这一下真把张良愣住了，心想这老头儿可有点怪。他盯着老头儿的背影望着，看老头儿往哪儿去。

　　老头儿走了一会儿，又返了回来，对张良说："小伙子不错呀，我很乐意教导教导你。过五天，天一亮，你到桥上再来见我吧。"

　　张良听他的口气，知道是个有来历的人，赶紧跪下答应。

　　第五天，张良一早起来，就赶到桥上去。谁知道一到那边，老头儿已经先到啦！他生气地对张良说："你跟老人家约定好，就该早一点来，怎么反叫我等你呢？"

　　张良只好认错。那老头儿说："去吧，再过五天，早一点儿来。"说完就走了。

　　又过了五天，张良一听见鸡叫，就跑到大桥那边。他还没走上桥，就见到那老头儿。

　　老头儿瞪了张良一眼说："过五天再来吧。"

　　张良吸取了前两次的教训，到了第四天半夜，就赶到桥上，静静地等着天亮。

　　过了一会儿，只见那老头儿一步一步地迈过来了。他一见张良，露出慈祥的笑容说："这才对了。"说罢，从袖里掏出一部书来送给张良，说："回去好好地读，将来就大有作为了。"

　　张良再想问他，老头儿不再多讲，头也不回地走了。

　　等到天亮，张良趁着晨光，拿出书来一看，原来是部相传是周朝初年太公望编的《太公兵法》。

　　打那时候起，他就刻苦钻研兵法，后来成了一个有名的军事家。

故事心得

　　故事中的"老头儿"在"选择"人才的时候，非常重视人才的品行和潜质。事实证明，他的选择是正确的——张良后来果然成了一位著名的军事家。

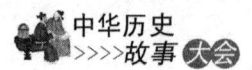
巨鹿大战

本故事出自《史记》，讲的是秦末大起义中，项羽率领数万楚军，同秦名将章邯、王离所率的军队在巨鹿进行的一场重大战役。

项梁在整顿了军队以后，接连打了几个胜仗，打败了秦朝大将章邯。项羽、刘邦带领另一支队伍，杀了秦将李由。项梁骄傲起来，认为秦军没有什么了不起，放松了警惕。章邯重新补充了兵力，趁项梁不防备，发动了猛烈的反扑。项梁在战斗中被杀了，项羽、刘邦也只好退守彭城。

章邯打败项梁，认为楚军大伤元气，就暂时撇开黄河以南这一头，带领秦军北上进攻赵国（这个赵国不是战国时代的赵国，而是新建立起来的一个政权），很快就攻下了赵国都城邯郸，赵王歇逃到巨鹿（今河北平乡西南）。

章邯派秦将王离把巨鹿包围起来，自己带领大军驻扎在巨鹿南面的棘原。他还在棘原和巨鹿之间修筑了一条粮道，给王离军运送粮草。

赵王歇几次三番派人向楚怀王求救。当时，楚怀王正想派人往西进攻咸阳。项羽急于想为叔父报仇，要求带兵进关。

怀王身边有几个老臣暗地对怀王说："项羽性子太暴躁，杀人太多；刘邦倒是个忠厚人，不如派他去。"正好赵国来讨救兵。楚怀王就派刘邦打咸阳，另派宋义为上将军，项羽为副将，带领二十万大军到巨鹿去救赵国。

宋义带领的大军到了安阳（今河南安阳东南），听说秦军声势浩大，就命令楚军停了下来，想等秦军和赵军打上一阵，让秦军消耗掉一部分兵力，再进攻过去。

宋义按兵不动，在安阳一停就是四十六天。项羽耐不住性子，去跟宋义说："秦军包围了巨鹿，形势这样紧急，咱们赶快渡河过去，跟赵军里外夹击，一定能够打败秦军。"

宋义说："我们还是等秦军和赵军决战以后再说。"他又对项羽说："上阵跟敌人交锋，我比不上你；要说坐在帐篷里出个计策，你就比不上我了。"

他还下了一道命令："将士中如有不服从指挥的，就得按军法砍头！"

这道命令明明是针对项羽的，项羽也知道，就气得要命。这时候已经是十一月的天气，北方天冷，又碰着大雨。楚营里军粮接济不上，兵士们受冻挨饿，都抱怨起来。

项羽说："现在军营里没有粮食，但是上将军却按兵不动，自己喝酒作乐，这样不顾国家，不体谅兵士，哪里像个大将的样子。"

第二天，项羽趁朝会的时候，拔出剑来把宋义杀了。他提了宋义的头，对将士说："宋义背叛大王（指楚怀王），我奉大王的命令，已经把他处死了。"

将士们大多是项梁的老部下，宋义在将士中本来就没有什么威望。大伙见项羽把他杀了，都表示愿意听项羽指挥。

项羽把宋义被处死的事，派人报告了楚怀王。楚怀王虽然很不满，也只好封项羽为上将军。

项羽杀了宋义以后，先派部将英布、蒲将军率领两万人做先锋，渡过漳水，切断秦军运粮的道，把章邯和王离的军队分割开来。然后，项羽率领主力渡河。

渡过了河，项羽命令将士，每人带三天的干粮，把军队里做饭的锅子全砸了，把渡河的船只全凿沉了（文言叫作"破釜沉舟"，釜就是锅子），对将士说："咱们这次打仗，有进无退，三天之内，一定要把秦兵打退。"

项羽的决心和勇气，对将士起了很大的鼓舞作用。楚军把王离的军队包围起来，个个士气振奋，越打越勇。一个人抵得上十个秦兵，十个人就可以抵上一百人。经过九次激烈战斗，活捉了王离，其他的秦军将士有被杀的，也有逃走的，包围巨鹿的秦军就这样被瓦解了。

当时，各路将领来救赵国的有十几路人马。可是他们害怕秦军强大，

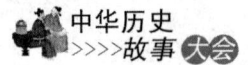
都扎下营寨，不敢跟秦军交锋。这会儿，听到楚军震天动地的喊杀声，挤在壁垒上看。他们瞧见楚军横冲直撞杀进秦营的情景，吓得伸着舌头，屏住了气。赶到项羽打垮了秦军，请他们到军营来相见的时候，他们都跪在地下爬着进去，连头也不敢抬起来。

大家颂扬项羽说："上将军的神威真了不起，自古到今没有第二个。我们情愿听从您的指挥。"

打那时候起，项羽实际上成了各路反秦军的首领。

故事心得

项羽在巨鹿大战中，破釜沉舟，击败了强大的秦军，充分表明人类有巨大的潜能，这种潜能爆发出来能够创造某些"奇迹"，同时也表明坚强的意志对事业成功的重要性。

刘邦进咸阳

本故事出自《史记》，讲的是项羽、范增等率军北上，救了被秦军攻击的赵地。一路上由刘邦带领本部人马，加上陈胜余部、项梁的一部分散兵，西进关中，攻占咸阳，并约定先入咸阳者为王。

秦军在巨鹿打了败仗，可章邯还有二十多万人马驻在棘原。他上了一份奏章，向朝廷讨救兵。二世和赵高不但不发救兵，反而要查办章邯。章邯怕赵高害他，只好率领部下向项羽投了降。

章邯投降的消息传到了咸阳，秦王朝内部也发生了混乱。

那时候，秦朝的大权完全操控在赵高手里。赵高害死了李斯以后，知道大臣中有人不服他。有一次他牵着一头鹿到朝堂上，当着大臣们对二世说："我得到了一匹名贵的马，特来献给陛下。"

二世虽然糊涂，但是鹿是马还分得清。他笑着说："丞相别开玩笑，这明明是头鹿，怎么说是马呢？"

赵高绷着脸说："怎么不是马？请大家说说吧。"

二世就问大臣们。不少人懂得赵高的用意，就附和着说："是匹好马呀！"

也有的害怕赵高，不吭声。只有少数大臣说是鹿。

过几天，那几个说是鹿的大臣，都被赵高找个借口办了罪。

打那以后，宫内宫外大小官员都害怕赵高，再没有人在二世面前说赵高的坏话。

公元前206年，刘邦的人马攻破了武关（今陕西丹凤县东南），离咸阳不远了。二世非常害怕，连忙派人叫赵高发兵去抵抗。赵高知道不能再混下去，就派心腹把二世逼死了。

赵高杀了二世，召集大臣们说："现在六国都已恢复了，秦国不能够再挂个皇帝的空名，应该像以前那样称王。我看二世的侄儿子婴可以立为秦王。"这些大臣不敢得罪赵高，只好同意。

子婴知道赵高杀害二世，想自己做王，只是怕大臣们和诸侯反对，才假意立他为王。他和他两个儿子商量好，到即位那天，子婴推说有病不去，趁赵高亲自去催子婴的时候，就把赵高杀了。

子婴杀了赵高，派了五万兵马守住峣关（今陕西商县西北）。刘邦用张良的计策，派兵在峣关左右的山头插上无数的旗子，作为疑兵；另派将军周勃带领全部人马绕过峣关正面，从东南侧面打进去，杀死守将，消灭了这支秦军。

刘邦的军队进了峣关，到了灞上（今陕西西安市东）。秦王子婴带着秦朝的大臣来投降了。子婴脖子上套着带子（表示请罪），手里拿着秦皇的玉玺、兵符和节杖，哈着腰等在路旁。

刘邦手下的将军主张把子婴杀了，但是刘邦说："楚怀王派我攻咸阳，就因为相信我能待人宽厚；再说，人家已经投降，再杀他不好。"说完，他收了玉玺，把子婴交给将士看管起来。

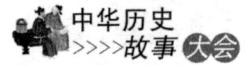

这样，秦始皇建立起来的强大的王朝，仅仅维持了十五年，就在农民起义的浪潮中灭亡了。

刘邦的军队进了咸阳，将士们纷纷争着去找皇宫的仓库，各人都拣值钱的金银财宝拿，闹得乱哄哄的。只有萧何不稀罕这些东西，他先跑到秦朝的丞相府，把有关户口、地图等文书档案都收了起来，保管好。

刘邦在将士陪同下，来到了豪华的阿房宫。他看见宫殿这么富丽，幔帐、摆设好看得叫人睁不开眼睛。还有许许多多美丽的宫女。他在宫里待了一会儿，心里迷迷糊糊的简直不想离开了。

这时候，他的部将樊哙闯了进来，说："沛公要打天下，还是要当个富翁呀？这些奢侈华丽的东西，使秦朝亡了，您还要这些干吗？还是赶快回到军营里去吧！"

刘邦不听他的话，说："让我歇歇吧。"

恰巧张良也进来了，听到樊哙的话，对刘邦说："俗话说，'忠言逆耳利于行，良药苦口利于病。'樊哙的话说得很对呀，希望您听从他的劝告。"

刘邦是一向很信任张良，听了他的话，马上醒悟过来，吩咐将士封了仓库，带着将士仍旧回到灞上。

接着，刘邦召集了咸阳附近各县的父老，对他们说："你们被秦朝的残酷的法令害苦了。今天，我跟诸位父老约定三条法令：第一，杀人的偿命；第二，打伤人的办罪；第三，偷盗的办罪。除了这三条，其他秦国的法律、禁令，一律废除。父老百姓可以安居乐业，不必惊慌。"

刘邦还叫各县父老和原来秦国的官吏到咸阳附近的各县去宣布这三条法令。

百姓听到了刘邦的约法三章，高兴得不得了。大伙儿争先恐后地拿着牛肉、羊肉、酒和粮食来慰劳刘邦的将士，刘邦好言好语地劝他们把这些东西拿回去，他说："粮仓里有的是粮食，不要再让你们费心了。"

打那时候起，刘邦的军队在关中的百姓中留下了好的印象，人们都希望刘邦能留在关中做王。

故事心得

　　得民心者得天下。刘邦进入咸阳后，与关中百姓约法三章，不仅赢得了民心，也赢得了日后打败项羽、建立汉朝的重要资本。

鸿门宴

　　本故事出自《史记》，指在公元前206年于秦朝都城咸阳郊外的鸿门举行的一次宴会，参与者包括当时两支抗秦的领袖项羽及刘邦。

　　项羽接受了章邯投降之后，想趁着秦国混乱，赶快打到咸阳去。

　　大军到了新安（今河南新安），投降的秦兵纷纷议论说："咱们的家都在关中，现在打进关去，受灾难的还是我们自己。要是打不进去，楚军把我们带到东边去，我们的一家老小也会被秦朝杀光。怎么办？"

　　部将听到这些议论，去报告项羽。项羽怕管不住秦国的降兵，就起了杀心，除了章邯和两个降将之外，一夜之间，竟把二十多万秦兵全部活活地埋在了大坑里。打那以后，项羽的残暴可就出了名。

　　项羽的大军到了函谷关，瞧见关上有兵守着，不让进去。守关的将士说："我们是奉沛公的命令，不论哪一路军队，都不准进关。"

　　项羽这一气非同小可，命令将士猛攻函谷关。刘邦兵力少，不消多大工夫，项羽就打进了关。大军接着往前走，一直到了新丰、鸿门（今陕西临潼东北），驻扎下来。

　　刘邦手下有个将官曹无伤，想投靠项羽，偷偷地派人到项羽那儿去密告，说："这次沛公进入咸阳，是想在关中做王。"

　　项羽听了，气得直骂刘邦不讲理。

　　项羽的谋士范增对项羽说："刘邦这次进咸阳，不贪图财货和美女，

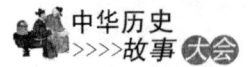
他的野心可不小哩。现在不消灭他，将来后患无穷。"

项羽下决心要把刘邦的兵力消灭。那时候，项羽的兵马四十万，驻扎在鸿门；刘邦的兵马只有十万，驻扎在灞上。双方相隔只有四十里地，兵力悬殊，刘邦的处境十分危险。

项羽的叔父项伯是张良的老朋友，张良曾经救过他的命。项伯怕仗一打起来，张良会陪着刘邦遭难，就连夜骑着快马到灞上去找张良，劝张良逃走。

张良不愿离开刘邦，却把项伯带来的消息告诉了刘邦。刘邦请张良陪同，会见项伯，再三辩白自己没有反对项羽的意思，请项伯帮忙在项羽面前说句好话。

项伯答应了，并且叮嘱刘邦亲自到项羽那边去赔礼。

第二天一清早，刘邦带着张良、樊哙和一百多个随从，到了鸿门拜见项羽。刘邦说："我跟将军同心协力攻打秦国，将军在河北，我在河南。我自己也没有想到能够先进了关。今天在这儿和将军相见，真是件令人高兴的事。哪儿知道有人在您面前挑拨，叫您生了气，这实在太不幸了。"

项羽见刘邦低声下气向他说话，满肚子气都消了。他老老实实地说："这都是你的部下曹无伤来说的。要不然，我也不会这样。"

当天，项羽就留刘邦在军营喝酒，还请范增、项伯、张良作陪。

酒席上，范增一再向项羽使眼色，并且举起他身上佩带的玉（古代一种佩带用的玉器），要项羽下决心，趁机把刘邦杀掉。可是项羽只当没看见。

范增看项羽不忍心下手，就借个因由走出营门，找到项羽的堂兄弟项庄说："咱们大王（指项羽）心肠太软，你进去给他们敬酒，瞅着机会，把刘邦杀了算了。"

项庄进去敬了酒，说："军营里没有什么娱乐，请让我舞剑助助兴吧。"说着，就拔出剑舞起来，舞着舞着，慢慢舞到刘邦面前来了。

项伯看出项庄舞剑的用意是想杀刘邦，说："咱们两人来对舞吧。"说着，也拔剑起舞。他一面舞剑，一面用身子护住刘邦，使项庄刺不到刘邦。

张良一看形势十分紧张，便离开酒席，走到营门外找樊哙。樊哙连忙上前问："怎么样了？"

张良说："情况十分危急，现在项庄正在舞剑，看来他们要对沛公下手了。"

樊哙跳了起来说："要死死在一起。"他右手提着剑，左手抱着盾牌，直往军门冲去。卫士们想拦住他。樊哙拿盾牌一顶，就把卫士撞倒在地上。他拉开帐幕，闯了进去，气呼呼地望着项羽，头发像要往上直竖起来，眼睛瞪得大大的，连眼角都要裂开了。

项羽十分吃惊，按着剑问："这是什么人，到这儿干吗？"

张良已经跟了进来，替他回答说："这是替沛公驾车的樊哙。"

项羽说："好一个壮士！"接着，就吩咐侍从的兵士赏他一杯酒，一只猪腿。

樊哙一边喝酒，一边气愤地说："当初，怀王跟将士们约定，谁先进关，谁就封王。现在沛公进了关，可并没有做王。他封了库房，关了宫室，把军队驻在灞上，天天等将军来。像这样劳苦功高，没受到什么赏赐，将军反倒想杀害他。这是在走秦王的老路呀，我倒替将军担心呢。"

项羽听了，没话可以回答，只说："坐吧。"樊哙就挨着张良身边坐下了。

过了一会儿，刘邦起来上厕所，张良和樊哙也跟了出来。刘邦留下一些礼物，交给张良，要张良向项羽告别，自己带着樊哙从小道跑回灞上去了。

刘邦走了好一会儿，张良才进去向项羽说："沛公酒量小，刚才喝醉了酒先回去了。叫我奉上白璧一双，献给将军；玉斗一对，送给亚父（"亚父"原是项羽对范增的尊称）。"

项羽接过白璧，放在座席上。范增却非常生气，把玉斗摔在地上，拔

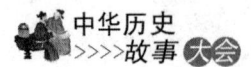
出剑来，砍得粉碎，说："唉！真是没用的小子，没法替他出主意。将来夺取天下的，一定是刘邦，我们等着做俘虏就是了。"

一场剑拔弩张的宴会，总算暂时缓和了下来。

故事心得

项羽有勇无谋，又听不进范增的正确意见，虽然暂时占着优势，但实际上已经输给了刘邦。而"鸿门宴"也成了心怀叵测、居心不良的代名词。

萧何追韩信

本故事出自《史记》，讲的是汉王刘邦遭楚王忌讳，被远封巴蜀和汉中，身处不利境遇。随后汉王听萧何建议，欲拜韩信为大将，使韩信为刘邦所用，协助刘邦建汉的故事。

项羽进了咸阳，杀了秦王子婴和秦国贵族八百多人。

项羽原来是楚国的贵族，趁着农民起义的机会，参加了反秦战争，灭了秦朝以后，他不可能为广大农民着想，他决定重新划分封地，把统一了的中国又弄得四分五裂。

当时名义上的首领还是楚怀王，项羽把他改称为义帝，表面上承认他是帝，实际上只让义帝顶个虚名，一切分封的事，都得听他主张。他把六国旧贵族和有功的将领一共封了十八个王，自称为西楚霸王。春秋时期不是有霸王吗？项羽自称霸主，等于宣布他有权号令别的诸侯，诸侯都得由他指挥。到了第二年，项羽干脆把挂名的义帝杀了。

分封诸侯以后，各国诸侯就都分别带兵回自己的封国去，项羽也回到他的封国西楚的都城彭城（今江苏徐州市）。

在十八个诸侯中，项羽最忌的就是刘邦。他把刘邦封在偏远的巴蜀和汉中，称为汉王；又把关中地区封给秦国的三名降将章邯等人，让他们挡住刘邦，不让刘邦出来。

汉王刘邦对他的封地很不满意，但是自己兵力弱小，没法跟项羽计较，只好带着人马到封国的都城南郑（今陕西汉中东）去。

汉王到了南郑，拜萧何为丞相，曹参、樊哙、周勃等为将军，养精蓄锐，准备再和项羽争夺天下。但是他手下的兵士们却都想回老家，差不多每天都有人开小差逃走，急得汉王连饭也吃不下。

有一天，忽然有人来报告："丞相逃走了。"

汉王急坏了，真像突然被人斩掉了左右手一样难过。

到了第三天早晨，萧何才回来。汉王见了他，又气又高兴，责问萧何说："你怎么也逃走？"

萧何说："我怎么会逃走呢？我是去追逃走的人呀。"

汉王又问他："你追谁呢？"

萧何说："韩信。"

萧何所说的韩信，本来是淮阴人。项梁起兵以后，路过淮阴，韩信去投奔他，在楚营里当个小兵。项梁死了，又跟项羽，项羽见他比一般兵士强，就让他做个小军官。

韩信好几回向项羽献计策，项羽都没有采用，韩信感到十分失望。赶到汉王刘邦到南郑去的时候，韩信就投奔汉王。

韩信到了南郑，汉王也只给他当个小官。有一次，韩信犯了法被抓了起来，差不多快要被砍头了，幸亏汉王部下一个将军夏侯婴经过，韩信高声呼喊，向他求救，说："汉王难道不想打天下了吗，为什么要斩壮士？"

夏侯婴看韩信的模样，真是一条好汉，把他放了，还向汉王推荐，汉王派韩信做个管粮食的官。

后来，丞相萧何见到了韩信，跟他谈了谈，认为韩信的能耐不小，很器重他，还几次三番劝汉王重用他，但汉王总是不听。

韩信知道汉王不肯重用他，趁着将士纷纷开小差的时候，也找个机会

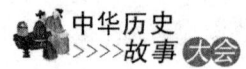
走了。

萧何得到韩信逃走的消息，急得直跺脚，立即亲自骑上快马追赶上去，追了两天，才把韩信找了回来。

汉王听说萧何追的是韩信，生气地骂萧何说："逃走的将军有十来个，没听说你追过谁，单单去追韩信，这是什么道理？"

萧何说："一般的将军有的是，像韩信那样的人才，简直是绝无仅有。大王要是准备在汉中待一辈子，那就用不到韩信；要是准备打天下，就非用他不可。大王到底准备怎么样？"

汉王说："我当然要回东边去。不可能总待在这儿。"

萧何说："大王一定要争天下，就赶快重用韩信；不重用他，韩信早晚还是要走的。"

汉王说："好吧，那就依着你的意思，让他做个将军。"

萧何说："叫他做将军，还是留不住他。"

汉王说："那就拜他为大将吧！"

萧何很高兴地说："这是大王的英明。"

汉王叫萧何把韩信找来，想马上拜他为大将。萧何直爽地说："大王平日不大注意礼貌。拜大将可是件大事，不能像小孩闹着玩似地叫他来就来。大王决心拜他为大将，要择个好日子，还得隆重地举行拜将的仪式才好。"

汉王说："好，我都依你。"

汉营里传出消息，汉王要择日子拜大将啦。几个跟随汉王多年的将军个个兴奋得睡不着觉，认为这次自己一定能当上大将。

赶到拜大将的日子，大家知道拜的大将竟是平日被他们瞧不起的韩信，一下子都愣了。

汉王举行拜将仪式以后，再接见韩信，说："丞相多次推荐将军，将军一定有好计策，请将军指教。"

韩信谢过汉王，向汉王详详细细分析了楚（项羽）汉双方的形势，认为汉王发兵东征，一定能战胜项羽。汉王越听越高兴，只后悔没早点发现这个人才。

打那以后，韩信就指挥将士，操练兵马，在韩信的带领下东征项羽的条件渐渐成熟了。

故事心得

萧何月下追韩信，表现了萧何高超的识别人才的眼光和重用人才的决心，也说明韩信是一位难得的人才。

楚汉相争

本故事出自《史记》，讲的是项羽和刘邦为夺取政权进行的一场大规模的战争。

汉王刘邦拜韩信为大将、萧何为丞相，整顿后方，训练人马。公元前206年8月，汉王和韩信率领汉军攻打关中。关中的百姓对"约法三章"的汉王本来就有好感，汉军一到，大多不愿抵抗。不到三个月工夫，汉王就消灭了原来秦国降将章邯等的兵力，关中地区就成了汉王的地盘。

这一来，可把西楚霸王项羽气坏了。项羽打算发兵往西打刘邦，可是东边也出了事，齐国的田荣轰走了项羽所封的齐王，自立为王，情况比西边更严重。项羽只好先去对付齐国。

汉王刘邦趁项羽和齐国相持不下的时候，一直向东打过来，攻下了西楚霸王的都城彭城。项羽又不得不扔了齐国那一头，赶回来在睢水上跟汉军打了一仗。

汉军大败，掉在水里淹死的不知道有多少，被俘的也不少，汉王的父亲太公和妻子吕后也被楚军俘虏了。

汉王退到荥阳、成皋（都在今河南荥阳市）一带，聚集散兵。这时

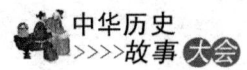
候，萧何从关中调来一支人马，韩信也带着军队来见汉王，汉军才又振作起来。

汉王采取以攻为守的办法，一面守住荥阳，用少数兵力拖住项羽的军队；一面派韩信带领兵马，向北边收服魏国、燕国和赵国。

项羽的谋士范增劝项羽把荥阳迅速攻下来。汉王十分着急。他的谋士陈平原来是从项羽那边投奔过来的，献了一条计策，要离间项羽和范增的关系。

项羽是个猜忌心很重的人，中了反间计，真的对范增怀疑起来。范增十分气愤，对项羽说："天下的大事已经定了，大王自己好好干吧。我年老体衰，该回老家了。"

范增离开荥阳，一路上又气又伤心，就害了病，还没等回到彭城，脊梁上就长了毒疮死去了。

范增一死，楚营里再没人替霸王出主意，汉军受的压力也减轻了。汉王用少数兵力在荥阳、成皋一带牵制项羽的兵力，让韩信继续攻取北边、东边，又叫将军彭越在楚军后方截断楚军的运粮道，使项羽的军队不得不来回作战。

楚汉双方就这样对峙了两年多。

公元前203年，项羽自己去攻打彭越，把手下将军曹咎留下来守住成皋，再三嘱咐他千万不要跟汉军交战。

汉王见项羽一走，就向曹咎挑战。一开始，曹咎说什么也不出来交战。汉王就叫兵士成天隔着汜水（流经荥阳西）朝着楚营辱骂。

一连骂了几天，曹咎实在沉不住气了，就决定渡过汜水，和汉军拼一死战。

楚军兵多船少，只好分批渡河。汉军趁楚兵刚渡过一半的时候，把楚军的前军打败，后军乱了阵，自相践踏。曹咎觉得没有脸再见项羽，在汜水边自杀了。

项羽在东边正打了胜仗，一听成皋失守，又赶到了西边对付汉王。在广武（今河南荥阳市东北）地方，楚汉两军又对峙起来。

日子一久，楚军的粮食接应不上。项羽没法子，就把汉王的父亲绑了起来，放在宰猪的案上搁着，派人大声吆喝："刘邦再不投降，就把你父亲宰了。"

汉王知道项羽吓唬他，也大声回答说："我跟你曾经结为兄弟，我的父亲也就是你的父亲。你要是把父亲杀了煮成肉羹，请分给我一碗尝尝。"

项羽恨得咬牙切齿，真的想把太公杀了，又是项伯劝住了他。

项羽派使者跟汉王说："现在天下闹得乱纷纷的，无非是你我两个人相持不下，你敢不敢出来跟我比个上下高低。"汉王要使者回话说："我可以跟你斗智，不跟你比力气。"

项羽又叫汉王出来，在阵前对话。汉王当面数落项羽的十大罪状，说他不讲信义，杀害义帝，屠杀百姓等。项羽听得发火了，用戟向前一指，后面的弓箭手一齐放起箭来。汉王赶快回马，胸口已经中了一箭，受了重伤。

他忍住疼，故意弓着腰摸摸脚，骂着说："贼人射中了我的脚趾。"

左右把汉王扶进了营帐。汉军听说汉王受伤，都着了慌。张良恐怕军心动摇，劝汉王勉强起来，到各军营巡视了一遍，大家才安定下来。

项羽听说汉王没有死，大失所望。接着，韩信在齐地大败楚军，楚军的运粮道又被彭越截断，粮草越来越少。

汉王趁项羽正在为难的时候，派人跟项羽讲和，要求把太公、吕后放回来，并且建议楚汉双方以鸿沟（在荥阳东南）为界，鸿沟以东归楚，鸿沟以西归汉。

项羽认为这样划定"楚河汉界"还算公平，就同意了，放了太公、吕后，接着把自己的人马带回彭城。

其实，汉王这次讲和，只是一个缓兵之计。汉王用了张良、陈平的计策，不出两个月，组织了韩信、彭越、英布三路人马一齐会合，由韩信统领，再次追击项羽。楚、汉双方最后一场决战也就开始了。

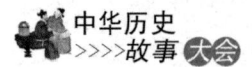
故事 心得

经过楚汉相争，刘邦击败了项羽，建立了汉朝。刘邦的赢，赢在善于用人，能得人心；而项羽的输，输在刚愎自用。

霸王乌江自刎

本故事出自《史记》，记述了楚汉战争后，项羽的最后一战，此时他带着几十人突围，逃到乌江边，最后被迫自刎身亡。

公元前202年，韩信布置十面埋伏，把项羽围困在垓下（今安徽灵璧县东南）。项羽的人马少，粮食也快吃完了。他想带领一支人马冲杀出去。但是汉军和诸侯的人马把楚军包围得重重叠叠。项羽打退一批，又来一批；杀出一层，还有一层；这儿还没杀出去，那儿的汉兵又围了上来。

项羽没法突围，只好仍回到垓下大营，吩咐将士小心防守，准备瞅个机会再出战。

这天夜里，项羽进了营帐，愁眉不展。他身边有个宠爱的美人名叫虞姬，看见他闷闷不乐，陪伴他喝酒解闷。

到了定更的时候，只听得一阵阵西风吹得呼呼直响，风声里还夹着唱歌的声音。项羽仔细一听，歌声是由汉营里传出来的，唱的净是楚人的歌子，唱的人还真不少。

项羽听到四面楚歌声，不觉愣住了。他失神地说："完了！难道刘邦已经打下西楚了吗？怎么汉营里有这么多的楚人呢。"

项羽再也忍不住了，随口唱起一曲悲凉的歌来：

力拔山兮气盖世，

时不利兮骓不逝。

骓不逝兮可奈何，

虞兮虞兮奈若何！

这首歌的意思是："力气拔得一座山，气魄能压倒天下好汉，战事于我不顺，千里马也跑不起来。马儿不肯跑有什么办法？虞姬呀虞姬，我拿你怎么办？"

项羽一连唱了几遍，虞姬也跟着唱起来。霸王唱着唱着，禁不住流下了眼泪。旁边的侍从也都伤心得抬不起头。

当夜，项羽跨上乌骓马，带了八百个子弟兵冲过汉营，马不停蹄地往前跑去。到了天蒙蒙亮，汉军才发现项羽已经突围，连忙派了五千骑兵紧紧追赶。项羽一路奔跑，等到他渡过淮河，跟着他的只剩下一百多人了。又跑了一程，迷了道儿。

项羽来到一个三岔路口，瞧见一个庄稼人，就问他哪条道儿可以到彭城。那个庄稼人知道他是霸王，不愿给他指路，哄骗他说："往左边走。"

项羽和一百多个人往左跑了下去，越跑越不对头，跑到后来，只见前面是一片沼泽地带，连道儿都没有了。项羽这才知道是受了骗，赶快拉转马头，再绕出这个沼泽地，汉兵已经追上了。

项羽又往东南跑，一路上，随从的兵士死的死，伤的伤。到了东城（今安徽定远县东南），再点了点人数，只有二十八个骑兵了。但是汉军的几千名追兵却密密麻麻地围了上来。

项羽料想没法脱身，但是他仍旧不肯服输，对跟随他的兵士们说："我起兵到现在已经八年，经历过七十多次战斗，从来没打过一次败仗，才当上了天下霸王。今天在这里被围，这是天叫我灭亡，并不是我打不过他们啊！"

他把仅有的二十八人分为四队，对他们说："看我先斩他们一员大将，你们可以分四路跑开去，大家在东山下集合。"

说着，他猛喝一声，向汉军冲过去。汉兵抵挡不住，纷纷散开，项羽杀死了一名汉将。

项羽到了东山下，那四队人马也到齐了。项羽又把他们分成三队，分

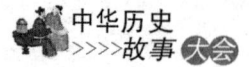
三处把守。汉军也分兵三路，把楚军围住。项羽来往冲杀，又杀了汉军一名都尉和几十名兵士。最后，他又把三处人马会合在一起，点了一下人数，二十八名骑兵只损失了两名。

项羽对部下说："你们看怎么样？"

部下都说："大王说得一点不错。"

项羽杀出汉兵的包围，带着二十六个人一直往南跑去，到了乌江（在今安徽和县东北）。恰巧乌江的亭长有一条小船停在岸边。

亭长劝项羽马上渡江，说："江东虽然小，可还有一千多里土地，几十万人口。大王过了江，还可以在那边称王。"

项羽苦笑了一下说："我在会稽郡起兵后，带了八千子弟渡江。到今天他们没有能回去，只有我一个人回到江东。即使江东父老同情我，立我为王，但我还有什么脸面再见他们呢。"

他把乌骓马送给了亭长，也叫兵士们都跳下马。他和二十六个兵士都拿着短刀，跟追上来的汉兵肉搏起来。他们杀了几百名汉兵，楚兵也一个个倒下。项羽受了十几处创伤，最后在乌江边拔剑自刎了。

故事心得

项羽缺乏治国的谋略，只有一身蛮力，不得人心，其失败是确定的。

大风歌

本故事出自《史记》，大风歌本是太祖高帝刘邦创作的一首诗歌，是他在平反了黥布后返回，在经过沛县时，邀集故人饮酒，酒酣时唱的歌。

垓下决战后，汉王刘邦得到了最后的胜利，建立了一个比秦朝更强大的汉王朝。公元前202年，汉王刘邦正式即皇帝位，这就是汉高祖。

汉高祖建都洛阳，后来迁都到长安（今陕西西安）。从那时候开始的二百一十年，汉朝的都城一直在长安。历史上把这个时期称为"西汉"，也叫"前汉"。

汉高祖即位不久，在洛阳南宫开了一个庆功宴会。他对大臣们说："咱们今天欢聚在一起，大家说话用不着顾忌。你们说说，我是怎么得天下的？项羽又是怎样失天下的？"

大臣王陵等说："皇上派将士打下城池，有封有赏，所以大家肯为皇上效劳；项羽对有功的和有才能的人猜疑、妒忌，打了胜仗，不记人家的功劳，所以失去了天下。"

汉高祖笑了笑说："你们只知其一，不知其二。要知道成功失败，全在用人。坐在帐帷里定计划，算得准千里以外的胜利，这一点我不如张良；治理国家，安抚百姓，给前方运送军粮，这一点我比不上萧何；统领百万大军，开战就打胜仗，攻城就能拿下来，这一点我怎么也赶不上韩信。这三个人都是当代的豪杰。我能够重用他们，这就是我得天下的原因。项羽连一个范增都不能用，所以被我灭了。"

大家都佩服汉高祖说得有道理。后来，人们就把萧何、张良、韩信称作"汉初三杰"。

在楚汉战争中，有些带兵的大将立过大功，汉高祖不得不封他们为王。这些诸侯王有的虽然不是旧六国贵族，但是都想割据一块土地，不听汉朝政府的指挥。其中楚王韩信、梁王彭越、淮南王英布，功劳最大，兵力也最强。

有个原来在项羽手下的将军叫钟离眛，汉高祖正在缉拿他，韩信却把他收留了下来。

第二年，有人向汉高祖告发韩信想谋反。汉高祖问大臣该怎么办，许多人主张发兵消灭韩信，只有陈平反对，陈平说："韩信的兵比咱们精，他手下的将军又比咱们强，用武力去对付他，是很危险的。"

后来，汉高祖采用了陈平的计策，假装巡视云梦泽，命令受封的王侯

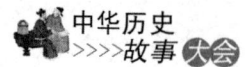
到陈地相见。韩信接到命令，不能不去。到了陈地，汉高祖就叫武士把韩信绑了起来，要办他的罪。

有人劝汉高祖看在韩信过去的功劳份上，从宽处分。汉高祖才免了他的罪，取消他的楚王封号，改封为淮阴侯。

韩信被降职以后，心里闷闷不乐，常常推说有病，不去朝见。

过了几年，有一个将军陈造反，自称代王，一下子就占领了二十多座城。

汉高祖要淮阴侯韩信和梁王彭越一起讨伐陈，可是两个人都推说有病，不肯出兵，汉高祖只好自己去讨伐陈。

汉高祖带兵离开长安后，有人向吕后告发，说韩信和陈是同谋，他们还想里应外合，发动叛乱。吕后跟丞相萧何商量了一个计策，故意传出消息，说陈已经被高祖抓到，要大臣们进宫祝贺。韩信一进宫门，就被预先埋伏好的武士拿住杀了。

韩信被杀不到三月，汉高祖灭了陈，回到洛阳，又有彭越的手下人告发彭越谋反。汉高祖听到这个消息，派人把彭越逮住，下了监狱。后来因为没有查到彭越谋反的真凭实据，就把他罚做平民，流放蜀中去。

彭越在去蜀中的路上，正好遇到吕后，就向吕后哭诉他实在没有罪，苦苦央告吕后在汉高祖面前替他说句好话，让他回自己的老家。吕后一口答应，把彭越带回洛阳。吕后到了洛阳，对汉高祖说："彭越是个壮士，把他送到蜀中，这不是放虎归山，自找麻烦吗？"

汉高祖听了吕后的话，就把彭越处死了。

淮南王英布一听到韩信、彭越都被杀，干脆也起兵造反了。他对部下说："皇上已经老了，自己一定不能来。大将中只有韩信、彭越最有能耐，但他们都已经死了，别的将军不是我的对手，没什么可怕的。"

英布一出兵，果然打了几个胜仗，把荆楚一带土地都占领了。汉高祖只好亲自发兵去对敌。

他在阵前骂英布说："我已经封你为王，你何苦造反？"

英布直言不讳地说："想做皇帝！"

汉高祖指挥大军猛击英布。英布手下兵士弓箭齐发，汉高祖当胸中了一箭，幸亏箭伤还不太重，他忍住创痛，继续进攻。英布大败逃走，在半路上被人杀了。

汉高祖平定了英布，路过他的故乡沛县住了几天，邀集了故乡的父老子弟和以前熟悉的人，举行了一次宴会，请他们一起喝酒，无拘无束地快乐几天。

他在快乐当中，想起过去自己怎样战胜了项羽，又想到以后要治理好国家，可真不容易。别说一些诸侯不肯安分守己，就是边境上也常常发生麻烦，到哪儿去找勇士帮他守卫呢？

想到这里，十分感慨，情不自禁地唱起歌来：

大风起兮云飞扬，

威加海内兮归故乡，

安得猛士兮守四方。

故事心得

刘邦虽然当上了皇帝，可当时的天下并不太平。这首诗前两句直抒胸臆，雄豪奔放。全诗充满着一种王霸之气，最后一句却也抒发了作者内心表现出对国家尚不安定的担忧。

苏武牧羊

本故事出自《汉书》，讲的是苏武在天汉元年奉命出使匈奴，被扣留，其历尽千险，持节不屈的故事。

匈奴自从被卫青、霍去病打败以后，双方有好几年没打仗。他们口头上表示要跟汉朝和好，实际上还是想进犯中原。

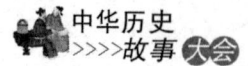
匈奴的单于一次次派使者来求和，可是汉朝的使者到匈奴去回访，有的却被他们扣留了。汉朝也扣留了一些匈奴使者。

公元前100年，汉武帝正想出兵打匈奴，匈奴便派使者来求和了，还把汉朝的使者都放回来了。汉武帝为了答复匈奴的善意表示，派中郎将苏武拿着旌节，带着副手张胜和随员常惠，出使匈奴。

苏武到了匈奴，送回扣留的使者，送上礼物。苏武正等单于写个回信让他回去，没想到就在这个时候，发生了件事情。

苏武没到匈奴之前，有个汉人叫卫律，在出使匈奴后投降了匈奴。单于特别重用他，封他为王。

卫律有一个部下叫作虞常，对卫律很不满意。他跟苏武的副手张胜原来是朋友，就暗地跟张胜商量，想杀了卫律，劫持单于的母亲，逃回中原去。

张胜表示很同情，没想到虞常的计划没成功，反而被匈奴人逮住了。单于大怒，叫卫律审问虞常，还要查问出同谋的人来。

苏武本来不知道这件事。到了这时候，张胜怕受到牵连，才告诉苏武。

苏武说："事情已经到这个地步，一定会牵连到我。如果让人家审问以后再死，不是更给朝廷丢脸吗？"说罢，就拔出刀来要自杀。张胜和随员常惠眼快，夺去他手里的刀，把他劝住了。

虞常受尽种种刑罚，只承认跟张胜是朋友，说过话，拼死也不承认跟他同谋。

卫律向单于报告。单于大怒，想杀死苏武，被大臣劝阻了，单于又叫卫律去逼迫苏武投降。

苏武一听卫律叫他投降，就说："我是汉朝的使者，如果违背了使命，丧失了气节，活下去还有什么脸见人。"又拔出刀来向脖子抹去。

卫律慌忙把他抱住，苏武已受了重伤，昏了过去。

卫律赶快叫人抢救，苏武才慢慢苏醒过来。

单于觉得苏武是个有气节的好汉，十分钦佩他。等苏武伤痊愈了，单于又想逼苏武投降。

单于派卫律审问虞常，让苏武在旁边听着。卫律先把虞常定了死罪，然后杀了；接着，又举剑威胁张胜，结果张胜贪生怕死，投降了。

卫律对苏武说："你的副手有罪，你也得连坐。"

苏武说："我既没有跟他同谋，又不是他的亲属，为什么要连坐？"

卫律又举起剑威胁苏武，苏武不动声色。卫律没法，只好把举起的剑放下来，劝苏武说："我也是不得已才投降匈奴的，单于待我好，封我为王，给我几万名部下和满山的牛羊，享尽富贵荣华。先生如果能够投降匈奴，明天也会跟我一样，何必白白送掉性命呢？"

苏武怒气冲冲地站起来，说："卫律！你是汉人的儿子，做了汉朝的臣下。现在你却忘恩负义，背叛了父母，背叛了朝廷，厚颜无耻地做了汉奸，还有什么脸来和我说话。我决不会投降，怎么逼我也没有用！"

卫律碰了一鼻子灰回去，向单于报告。单于把苏武关在地窖里，不给他吃的喝的，想用长期折磨的办法，逼他屈服。

这时候正是入冬天气，外面下着鹅毛大雪。苏武忍饥挨饿，渴了，就捧了一把雪止渴；饿了，扯了一些皮带、羊皮片啃着充饥。过了几天后，居然还没有饿死。

单于见折磨他没用，便把他送到北海（今贝加尔湖）边去放羊，跟他的部下常惠分隔开来，不许他们通消息，还对苏武说："等公羊生了小羊，才放你回去。"公羊怎么会生小羊呢，这不等于是说要长期监禁他罢了。

苏武到了北海，旁边什么人都没有，唯一和他做伴的是那根代表朝廷的旌节。匈奴不给口粮，他就掘野鼠洞里的草根充饥。日子一久，旌节上的穗子全掉了。

一直到了公元前85年，匈奴的单于死了，匈奴发生内乱，分成了三个国家。新单于没有力量再跟汉朝打仗，又打发使者来求和。那时候，汉武帝已死去，他的儿子汉昭帝即位。汉昭帝派使者到匈奴去，要单于放回苏

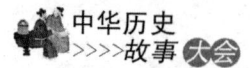
武，匈奴谎说苏武已经死了。使者信以为真，就没有再提。

第二次，汉使者又到匈奴去，苏武的随从常惠还在匈奴。他买通匈奴人，私下和汉使者见面，把苏武在北海牧羊的情况告诉了使者。使者见了单于，严厉责备他说："匈奴既然存心同汉朝和好，不应该欺骗汉朝。我们皇上在御花园射下一只大雁，雁脚上拴着一条绸子，上面写着苏武还活着，你怎么说他死了呢？"

单于听了，吓了一大跳。他还以为真的是苏武的忠义感动了飞鸟，连大雁也替他送消息呢。他向使者道歉说："苏武确实是活着，我们把他放回去就是了。"

故事心得

苏武出使的时候，才四十岁。在匈奴受了十九年的折磨，胡须、头发全白了。回到长安的那天，长安的人民都出来迎接他。他们瞧见白胡须、白头发的苏武手里拿着光杆子的旌节，没有一个不受感动的，都说他真是个有气节的大丈夫。

王允计除董卓

本故事出自《三国志》，讲的是东汉末年，王允设计杀死奸臣董卓的故事。

董卓看到反对他的那些刺史、太守，各有各的打算，没有什么可怕，就在长安自称太师，要汉献帝尊称他是"尚父"。他还把他的弟弟、侄儿都封为将军、校尉，连他的刚生下的娃娃也封为侯。

为了寻欢作乐，他在离长安二百多里的地方，建筑了一个城堡，称作坞。他把城墙修得又高又厚，把从百姓那里搜刮得来的金银财宝和粮食都贮藏在那里，单是粮食，就足足够三十年吃的。

坞筑成之后，董卓十分得意地对人说："大事成了，天下就是我的，即使不成功，我就在这里安安稳稳度晚年，谁也别想打进来。"

董卓在洛阳的时候，就杀了一批官员，到了长安以后，更加专横跋扈，文武官员说话一不小心，触犯了他，就因此丢了脑袋。一些大臣怕保不住自己的性命，都暗暗地想除掉这个暴君。

董卓手下有一个心腹，名叫吕布，是一个出名的勇士。吕布的力气特别大，射箭骑马的武艺十分高强。他本来是并州刺史丁原的部下。董卓进洛阳的时候，丁原正带兵驻守洛阳。董卓派人用大批财物去拉拢吕布，要吕布杀死丁原。吕布被董卓收买，背叛了丁原，投靠董卓。

董卓把吕布收作干儿子，叫吕布随身保护他。他走到哪里，吕布就跟到哪儿。人们都害怕吕布的勇猛，不好对董卓下手。

司徒王允决心除掉董卓。他知道要除掉董卓，先要拉拢他身边的吕布。他就常常请吕布到他家里，一起喝酒聊天，日子久了，吕布觉得王允待他好，也就把他跟董卓的关系谈了出来。

原来，吕布跟董卓虽说是父子关系，但是董卓性格暴躁，稍不如他的意，就向吕布发火。有一次，吕布说话顶撞了他，董卓竟将身边的戟扔了过去。幸亏吕布眼疾手快，把身子一侧，躲过了飞来的戟，没有被刺着。

后来，吕布向董卓赔了礼，董卓也表示宽恕他，但是，吕布心里很不痛快，他把这件事告诉了王允。王允听了挺高兴，就把自己想杀董卓的打算也告诉了吕布，并且说："董卓是国贼，我们想为民除害，您能不能帮助我们，做个内应？"

吕布听到真要杀董卓，倒有点犹豫起来，说："我是他的干儿子，儿子怎么能杀父亲呢？"

王允摇摇头说："唉，将军真糊涂，您姓吕，他姓董，本来就不是骨肉至亲，再说，他向您掷戟的时候，还有一点父子的感情吗？"

吕布听了，觉得王允说得有道理，就答应跟王允一起行动。

公元 192 年，汉献帝生了一场病刚刚痊愈，在未央宫会见大臣。董卓

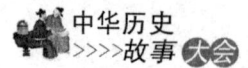
从坞到长安去，为了提防人家暗算，他在朝服里面穿上铁甲，在乘车进宫的大路两旁，派卫兵密密麻麻排成一条夹道，他还叫吕布带着长矛在他身后保卫着，经过这样安排，他认为万无一失了。

他哪儿知道王允和吕布早已商量好了。吕布约了几个心腹勇士扮作卫士混在队伍里，专门在宫门口守着。董卓的座车一进宫门，就有人拿起戟向董卓的胸口刺去。但是戟扎在董卓胸前的铁甲上，根本刺不进去。

董卓用胳膊一挡，被戟刺伤了手臂。他忍着痛跳下车，叫着说："吕布在哪儿？"

吕布从车后站出来，高声宣布说："奉皇上诏书，讨伐贼臣董卓！"

董卓见他的干儿子背叛了他，就骂着说："狗奴才，你敢……"

他的话还没说完，吕布已经举起长矛，一下子戳穿了董卓的喉头。兵士们拥了上去，把董卓的头砍了下来。吕布从怀里拿出诏书向大家宣布："皇上有令，只杀董卓，别的人一概不追究。"

董卓的将士们听了，都高兴地呼喊万岁。

长安的百姓受尽了董卓的残酷压迫，听到除了奸贼，成群结队跑到大街上唱着，跳着。许多人还把自己家里的衣服首饰变卖了，换了酒肉带回家大吃一顿，庆祝一番。

故事心得

多行不义必自毙，董卓之所以落得个众叛亲离、人人唾弃的悲惨下场，是因为他多恶多端的结果。

衣带里的密诏

本故事出自《三国志》，讲的是曹操挟天子以令诸侯后，招致了汉献帝及诸臣的痛恨。汉献帝用鲜血写出诏书缝在衣带里，秘密传给董承，董承对外宣称接受了汉献帝衣带中密诏，与种辑、吴硕、王子服、刘备、吴子兰等谋杀曹操，最终事败被诛的故事。

曹操迎汉献帝到许都的那年，徐州牧刘备，受到袁术、吕布的夹攻，失败了，来投奔曹操。

刘备是河北涿郡（今河北涿州市）人，原来是西汉皇室的后代。他从小死了父亲，家境很贫苦，跟他母亲一起靠贩鞋织席过日子。后来，靠同族人的帮助，才拜老师读了一点书，可是他不大爱读书，却喜欢结交豪杰。有两个贩马的大商人经过涿郡，见了刘备，很器重他，就出钱帮助他招兵买马。

当时，有两个壮士到涿郡应募，一个名叫关羽，一个名叫张飞。刘备见关羽、张飞两人武艺高强，又跟他志同道合，就待他们特别亲切，日子一久，三个人的感情真比亲兄弟还亲。

刘备投奔曹操以后，曹操和刘备一起去攻打吕布，消灭了吕布的割据势力。回到许都，曹操请汉献帝封刘备为左将军，并且非常尊重刘备，进进出出，都要刘备陪他在一起。

刘备见曹操这样尊重他，心里反倒不安，因为他有自己的雄心大志，生怕遭到曹操的猜疑。

曹操表面上看重刘备，暗地里却在防备他。他经常派人去看看刘备在家里干什么，只见刘备在自己园子里种菜浇水，没有什么可疑，也就渐渐放心了。

这时候，朝廷里出了一件事。因为曹操的权大了，汉献帝嫌他太专横，要外戚董承设法除掉曹操。他写了一道密诏缝在衣带里，又把这条衣

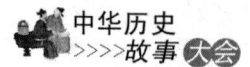
带送给董承。

董承接到衣带中的密诏，就秘密约了他的几个亲信，商量怎样除掉曹操。他们觉得自己力量不够，认为刘备是皇室的后代，一定会帮助他们，就秘密找刘备商量，叫刘备去一起干，刘备同意了。

没多久，曹操邀请刘备去喝酒。两个人一面喝酒，一面有说有笑，谈得很融洽。他们谈着谈着，很自然地谈到天下大事上来了。

曹操拿起酒杯，说："您看现在那么多人在争夺天下，有几个算得上英雄呢？"

刘备谦虚地说："我说不上来。"

曹操面露笑容，从容地对刘备说："依我看，当代的天下英雄，只有将军和我曹操两个人。像袁绍这号人，算不上什么。"

刘备为了跟董承同谋的事，心里正在七上八下，听到曹操这句话，大吃一惊，身子打了一个寒战，连手里的筷子也掉了下来。

就在这节骨眼上，天边闪过一道电光，接着就豁啦啦响起一声响雷。刘备一面低下身子拾筷子，一面说："这个响雷可厉害，把人吓成这个样子。"

就这样，他总算把惊慌的神情掩饰过去，没让曹操看出破绽。

喝完酒后，刘备再三琢磨曹操的话，觉得曹操把他看作唯一的敌手，将来不会轻易放过他。打这以后，他一面和董承他们联络，共同设法除掉曹操，一面找机会离开许都。

凑巧袁绍派他儿子到青州去接应袁术，要通过徐州。曹操认为刘备熟悉那一带的情况，就派他去截击袁术。

刘备巴不得趁早离开，一接到曹操命令，就飞快地和关羽、张飞带着人马走了。

曹操的谋士郭嘉等听到曹操放走了刘备，赶快去找曹操，说："刘备有野心，不能放他走呀！"

经郭嘉一提醒，曹操也有些懊悔了，马上派人去追，刘备已经走远了。

刘备打败了袁术，夺取了徐州，决定不回许都去了。徐州本来是刘备做过州牧的地方，附近的郡县都响应他，顺势就背叛了曹操。

曹操一听到刘备背叛了他，气得要命。到了第二年春天，有人向曹操告发了董承和刘备在许都合谋反对曹操的事。曹操把董承和他的三个心腹都杀了，并且决心亲自发兵征讨刘备。

那时候，袁绍已经兼并了幽州（在今河北北部，辽宁大部分），拥有几十万人马，扬言要进攻许都。

曹操的部下劝阻他说："现在跟您争天下的主要是袁绍。听说袁绍正想打过来，您却往东打刘备。万一袁绍从北面打过来，我们怎么办？"

曹操说："刘备是个有能耐的人，现在不趁早消灭，将来后患无穷。"

郭嘉也说："刘备刚起来叛变，归附他的人不多，立刻打过去，一定能把他打败。袁绍的性子犹豫多疑，即使要来进攻，也没有那么快。"

曹操就决定把一部分精兵守住官渡（在今河南中牟东北），防备袁绍进攻。他亲自带领大军进攻徐州。

刘备派人向袁绍求救，袁绍手下的谋士田丰劝袁绍乘许都兵力空虚的时候偷袭曹操，袁绍没有同意。

曹操大军进攻徐州，刘备兵少，抵挡不住曹操的进攻，只好放弃徐州逃往冀州投奔袁绍。

故事心得

曹操与刘备都是有雄才大略的人，志在争霸天下，袁绍优柔寡断，确实很难与曹操、刘备匹敌。

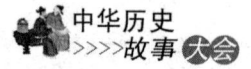

官渡大战

本故事出自《三国志》，讲的是曹操率兵攻打袁绍，以少胜多的战役经过。

刘备逃到了邺城（冀州的治所，在今河北临漳西南），袁绍才感到曹操是个强大的敌人，决心进攻许都。原来劝他攻打许都的田丰，这时候却不赞成马上进攻。他说："现在许都已经不是空虚的了，怎么还能去袭击呢！曹操兵马虽然少，但是他善于用兵，变化多端，可不能小看他。我看还是作长期的打算为好。"

袁绍不听田丰的话，田丰一再劝谏，袁绍反认为他是扰乱军心，把他下了监狱，他向各州郡发出文书，声讨曹操。公元 200 年，袁绍集中了十万精兵，派沮授为监军，从邺城出发进兵黎阳（今河南浚县）。他先派大将颜良渡过黄河，进攻白马（今河南滑县）。

这时候，曹操早已率领兵马回到官渡，听到白马被围，准备亲自去救。他的谋士荀攸劝他说："敌人兵多，我们人少，不能跟他硬拼。不如分一部分人马往西在延津（在今河南延津西北）一带假装渡河，把袁军主力引到西边。我们再派一支轻骑兵到白马，打他个措手不及。"

曹操采纳了荀攸的意见，来了个声东击西。袁绍听说曹操要在延津渡河，果然派大军来堵截，哪儿知道曹操已经亲自带领一支轻骑兵袭击白马。包围白马的袁军大将颜良没防备，被曹军杀得大败。颜良被杀，白马之围也解除了。

袁绍听到曹操救了白马，气得直跳脚。监军沮授劝袁绍把主力留在延津南面，分一部分兵力出击，但是袁绍心急火燎，不听沮授劝告，下令全军渡河追击曹军，并且派大将文丑率领五六千骑兵打先锋。这时候，曹操从白马向官渡撤退，听说袁军来追，就把六百名骑兵埋伏在延津南坡，叫兵士解下马鞍，让马在山坡下，把武器盔甲丢得满地都是。

文丑的骑兵赶到南坡，看见这样子，认为曹军已经逃远了，叫兵士收拾那丢在地上的武器。曹操一声令下，六百名伏兵一齐冲杀出来，袁军来不及抵抗就被杀得七零八落，文丑也糊里糊涂地丢了脑袋。

两场仗打下来，袁绍一连损失了他手下的颜良、文丑两员大将，袁军将士被打得垂头丧气，但是袁绍不肯罢休，一定要追击曹操。监军沮授说："尽管我们人多，可没像曹军那么勇猛；曹军虽然勇猛，但是粮食没有我们多。所以我们还是坚守在这里，等曹军粮草完了，他们自然会退兵。"

袁绍又不听沮授劝告，命令将士继续进军，一直赶到官渡，才扎下营寨。曹操的人马也早已回到官渡，布置好阵势，坚守营垒。

袁绍看到曹军守住营垒，就吩咐兵士在曹营外面堆起土山，筑起高台，让兵士们在高台上居高临下向曹营射箭。

曹军只得用盾牌遮住身子，在军营里走动。

曹操跟谋士们一商量，设计了一种霹雳车。这种车上安装着机纽，兵士们振动机纽，把十几斤重的石头发出去，打坍了袁军的高台，许多袁军兵士被打得头破血流。

袁绍吃了亏，又想出一个办法。他叫兵士在深夜里偷偷地挖地道，打算从地道里钻到曹营去偷袭。但是他们的行动早被曹军发现，曹操吩咐兵士在兵营前挖了一条又长又深的壕沟，切断地道的出口。袁绍的偷袭计划又失败了。

就这样，双方在官渡相持了一个多月。日子一久，曹军粮食越来越少，兵士疲劳不堪。曹操也有点支持不住，写信到许都告诉荀彧，准备退兵。荀彧回信，劝曹操无论如何都要坚持下去。

这时候，袁绍方面的军粮却从邺城源源不断地运来。袁绍派大将淳于琼带领一万人马运送军粮，并把大批军粮囤积在离官渡四十里的乌巢。

袁绍的谋士许攸探听到曹操缺粮的情报，向袁绍献计，劝袁绍派出一

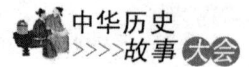
小支人马，绕过官渡，偷袭许都。袁绍很冷淡地说："不行，我要先打败曹操。"

许攸还想劝他，正好有人从邺城送给袁绍一封信，说许攸家里的人在那里犯法，已经被当地官员逮了起来。袁绍看了信，把许攸狠狠地责骂了一通。

许攸又气又恨，想起曹操是他的老朋友，就连夜逃出袁营，投奔曹操。

曹操在大营里刚脱下靴子想睡，听说许攸来投奔他，高兴得来不及穿靴子，光着脚板跑出来欢迎许攸，说："好啊！您来了，我的大事就有希望了。"

许攸坐下来后说："袁绍来势很猛，您打算怎么对付他？现在你们的粮食还有多少？"

曹操说："还可以支持一年。"

许攸冷冷一笑，说："没有那么多吧！"

曹操改口说："对，只能支持半年。"

许攸装出生气的样子说："您难道不想打败袁绍吗？为什么在老朋友面前还要说假话呢！"

曹操只好实说："军营里的粮食，只能维持一个月，您看怎么办？"

许攸说："我知道您的情况很危急，特地来给您捎个信。现在袁绍有一万多车粮食、军械，全都放在乌巢。淳于琼的防备很松。您只要带一支轻骑兵去袭击，把他的粮草全部烧光，不出三天，他就会不战自败。"

曹操得到这个重要情报，立刻把荀攸、曹洪找来，吩咐他们守好官渡大营，自己带领五千骑兵，连夜向乌巢进发。他们打着袁军的旗号，沿路遇到袁军的岗哨查问，就说是袁绍派去增援乌巢的。袁军的岗哨没有怀疑，就放他们过去了。

曹军到了乌巢，就围住乌巢粮屯，放起一把火，把一万车粮草，烧得一干二净。乌巢的守将淳于琼匆忙应战，也被曹军杀了。

正在官渡的袁军将士听说乌巢起火，瞬间惊慌失措。袁绍手下的两员大将张郃、高览带兵投降。曹军乘势猛攻，袁军四下逃散。袁绍和他的儿子袁谭连盔甲也来不及穿戴，带着剩下的八百多骑兵向北逃走。

经过这场决战，袁绍的主力已经消灭。过了两年，袁绍病死。曹操又花了七年工夫，扫平了袁绍的残余势力，统一了北方。

故事心得

袁绍本来在战略上占据优势与主动，但他骄傲自大，昏庸无能，又不听谋士的正确计策，最终葬送了大好局面，一败涂地。反观曹操，尽管兵力上处于劣势，但他善于用兵，能采纳谋士的正确意见，逐步变被动为主动。

诸葛亮隆中对策

本故事出自《三国志》，讲的是东汉末年，刘备三顾茅庐去襄阳隆中拜访诸葛亮时的谈话内容，即促成三国鼎立的战略决策。

官渡大战以后，刘备逃到荆州，投奔刘表。刘表拨给他一些人马，让他驻在新野（今河南新野县）。

刘备在荆州住了几年，刘表一直把他当上等宾客来招待。但是刘备是一个雄心勃勃的人，因为自己的抱负没有能够实现，心里总是闷闷不乐。

有一次，他摸摸自己的大腿，心里有了感触，流下了眼泪。刘表发现了，就问他遇到什么不快活的事。刘备说："没什么！以前我经常打仗，每天不离开马鞍，大腿上的肉很结实。现在在这儿过着清闲生活，大腿的肉又长肥了。看看日子像流水般地过去，人都快老了，还干不了什么大事业，想起来就感到难过。"

刘表安慰了他一阵。但是刘备心里总在考虑着长远的打算，因此他想

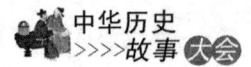

寻找个好助手。

他打听到襄阳地方有个名士叫司马徽，就特地去拜访。司马徽很客气地接待他，问他的来意。

刘备说："不瞒先生说，我是专诚来向您请教天下大势的。"司马徽听了，呵呵大笑起来，说："像我这样平凡的人，怎么会懂得什么天下大势。要谈天下大势，得靠有才能的俊杰。"

刘备央求他指点说："往哪里去找这样的俊杰呢？"司马徽说："这一带有卧龙，还有凤雏，您能请到其中一位，就可以平定天下了。"

刘备急着问卧龙、凤雏是谁，司马徽告诉他：卧龙名叫诸葛亮，字孔明；凤雏名叫庞统，字士元。

刘备向司马徽道了谢，回到新野。正好有一个读书人来见他。刘备一看他举止大方，以为他不是卧龙，就是凤雏，热情地接待了他。

经过一番谈话，才知道这个人名叫徐庶，也是当地一位名士，因为听到刘备正在招请人才，特地来投奔他。

刘备很高兴，就把徐庶留在部下当谋士。

徐庶说："我有个老朋友诸葛孔明，人们称他卧龙，将军是不是愿意见见他呢？"

刘备从徐庶那里知道了诸葛亮的情况。原来诸葛亮不是本地人，他的老家在琅琊郡阳都县（今山东沂水县南）。他少年的时候，父亲死了。他叔父诸葛玄跟刘表是朋友，就带着他到荆州来。不久，他叔父也死了，他就在隆中（今湖北襄阳西）定居下来，搭个茅屋，一面耕地种庄稼，一面读书。那时，他年纪只有二十七岁，但是学问渊博，见识丰富，朋友们都很钦佩他，他也常常把自己比作古时候的管仲、乐毅。但是他看到天下乱纷纷，当地的刘表也不是能用人才的人，所以他宁愿隐居在隆中，过着他恬淡的生活。

刘备听了徐庶的介绍，说："既然您跟他这样熟悉，就请您辛苦一趟，把他请来吧！"

徐庶摇摇头说："这可不行。像这样的人，一定得将军亲自去请他，才能表示您的诚意。"

刘备先后听到司马徽、徐庶这样推重诸葛亮，知道诸葛亮一定是个了不起的人才，就带着关羽、张飞，一起到隆中去找诸葛亮。

诸葛亮得知刘备要来拜访他，故意躲开。刘备到了那里，扑了个空。

跟刘备一起去的关羽、张飞都感到不耐烦。但是刘备却记住徐庶的话，耐着性子去请，一次见不到，第二次再去；两次不见，第三次又去请他。

诸葛亮终于被刘备的诚意感动了，就在自己的草屋里接待了刘备。

刘备把关羽、张飞留在外面，自己跟着诸葛亮进了屋子。趁屋里没有人的时候，刘备坦率地说："如今汉室衰落，大权落在奸臣手里。我知道自己能力差，却很想挽回这个局面，只是想不出好办法。所以特地来请先生指点。"

诸葛亮看到刘备这样虚心请教，也就推心置腹地跟刘备谈了自己的主张。他说："现在曹操已经战胜袁绍，拥有一百万兵力，而且他又挟持天子发号施令，这就不能光凭武力和他争胜负了。孙权占据江东一带，已经三代。江东地势险要，现在百姓归附他，还有一批有才能的人为他效力。看来，也只能和他联合，不能打他的主意。"

接着，诸葛亮分析了荆州和益州（今四川、云南和陕西、甘肃、湖北、贵州的一部）的形势，认为荆州是一个军事要地，可是刘表是守不住这块地方的。益州土地肥沃广阔，向来称为"天府之国"，可是那里的主人刘璋也是个懦弱无能的人，大家都对他不满意。

最后，他说："将军是皇室的后代，天下闻名，如果您能占领荆、益两州的地方，对外联合孙权，对内整顿内政，一旦有机会，就可以从荆州、益州两路进军，攻击曹操。到那时，有谁不欢迎将军呢。能够这样，功业就可以成就，汉室也可以恢复了。"

刘备听着听着，不禁打心眼里钦佩眼前这个青年人，说："先生的话

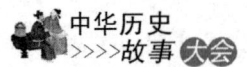
让我茅塞顿开，我一定遵照您的意见，现在就请您一起下山吧。"

诸葛亮看到刘备这样热情诚恳，也就诚心诚意跟着刘备到新野去了。后来，人们把这件事称作"三顾茅庐"，把诸葛亮这番谈话称作"隆中对"。

打那以后，刘备把诸葛亮当老师对待，诸葛亮也把刘备当作自己的主公，两人越来越亲密。

关羽和张飞看在眼里，心里却很不高兴，背后直嘀咕。他们认为诸葛亮年纪轻轻，未必有多大能耐，怪刘备把他看得太高了。

刘备向他们解释说："我有了孔明先生，就像鱼得到水一样，以后可不许你们乱发议论。"关羽、张飞听了刘备的话，才没有话说。

故事心得

刘备三顾茅庐请诸葛亮出山，体现出一位优秀领导人对人才的高度重视。而诸葛亮的"隆中对"则充分体现了其雄才大略。

周瑜火攻赤壁

本故事出自《三国志》，讲的是东吴都督周瑜运用火攻在赤壁战胜曹操的故事。

公元208年，曹操平定北方以后，率领大军南下，进攻刘表。他的人马还没有到荆州，刘表已经病死。他的儿子刘琮听到曹军声势浩大，吓破了胆，先派人求降了。

这时候，刘备在樊城（今湖北襄樊市）驻守。他听到曹操大军南下，决定把人马撤退到江陵（今湖北江陵）。荆州的百姓听说刘备待人好，都愿意跟着他一起撤退。

曹操赶到襄阳，听说刘备向江陵撤退，又打听到刘表在江陵积了大批军粮，怕被刘备占去，亲自率领五千轻骑兵追赶刘备。刘备的人马带了兵器、装备，还有十几万百姓跟着他，每天只能行军十几里。曹操的骑兵一天一夜就赶了三百多里，很快就在当阳长坂坡（今湖北当阳市东北）追上了刘备。

刘备的人马被曹操的骑兵冲杀得七零八乱，还亏得张飞在长坂坡抵挡了一阵。刘备、诸葛亮才带着少数人马摆脱追兵。但是往江陵的路已经被曹军截断，只好改道退到夏口（在今湖北武汉市）。

曹操占领了江陵，继续沿江向东进军，很快就要到夏口了。诸葛亮对刘备说："形势紧急，我们只有向孙权求救这一条路了。"

正好孙权怕荆州被曹操占领，派鲁肃来找刘备，劝说他和孙权联合抵抗曹军。诸葛亮就跟鲁肃一起到柴桑（今江西九江西南）去见孙权。

诸葛亮见了孙权，说："现在曹操攻下了荆州，马上就要进攻东吴了。将军如果决心抵抗，就趁早同曹操断绝关系，跟我们一起抵抗；要不然，干脆向他们投降，如果再犹豫不决，祸到临头就来不及了。"

孙权反问说："那么，刘将军为什么不投降曹操呢？"

诸葛亮严肃地说："刘将军是皇室后代，才能盖世，怎么肯低三下四去投降曹操呢？"

孙权听诸葛亮这么一说，也激动地说："我也不能将江东土地和十万人马白白地送人。不过刘将军刚打了败仗，怎么还能抵抗曹军呢？"

诸葛亮说："您放心吧，刘将军虽然败了一阵，但是还有水军二万。曹操兵马虽然多，远道追来，兵士也已经精疲力尽。再说，北方人不习惯水战，荆州的人对他们不服。只要我们协力同心，一定能够打败曹军。"

孙权听了诸葛亮的一番分析，心里觉得有道理，就立刻召集部下将领，讨论抵抗曹操的办法。

正在这时候，曹操派兵士下战书来了。那信上说："我奉大汉皇帝的命令，领兵南征。现在我准备了水军八十万，愿意和将军较量一番。"

孙权把这封信递给部下看，大伙儿看了都唰地变了脸色，说不出

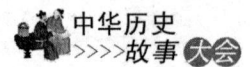

话来。

张昭是东吴官员中资格最老的。他说："曹操用天子的名义来征讨，我们要抵抗他，道理上输了一着。再说，我们本来想靠长江天险，现在也靠不住了。曹军占领了荆州，又有上千艘战船，他们水陆两路一起下来，我们怎么也抵挡不了，我看只好投降。"

张昭这一说，马上有不少人附和。只有鲁肃在旁边冷眼旁观，一声不吭。

孙权听着听着，觉得不是滋味，就走出屋子，鲁肃也跟着出来。

孙权拉着鲁肃的手，说："你说说，该怎么办呢？"

鲁肃说："刚才张昭他们说的话全听不得。要说投降，我鲁肃可以投降，将军就不可以。因为我投降了，大不了回老家去，照样跟名士们交往，有机会还可以当个州郡官员。将军如果投降，那么江东六郡全都落在曹操手里，您上哪儿去？"

孙权叹了口气说："刚刚大家说的，真叫我失望，只有你说的才合我的心意。"

散会以后，鲁肃劝孙权赶快把正在鄱阳的大将周瑜召回来商量。

周瑜一到柴桑，孙权又召集文武官员讨论。周瑜在会上慷慨激昂地说："曹操名为汉朝丞相，其实是汉室奸贼。这次他自己来送死，哪有投降他的道理。"他给大家分析了曹操许多不利条件，认为北方兵士不会水战，而且老远赶到这陌生地方，水土不服，一定会生病，兵马再多，也没有用。

孙权听了周瑜的话，胆也壮了。他站起来拔出宝剑，"嚯"的一声，把案几砍去一角。他严厉地说："谁要再提投降曹操，就跟这案桌一样。"

当天晚上，周瑜又单独去找孙权，说："我已经打听清楚。曹操兵马号称八十万，这是虚张声势，其实只不过二十几万，其中还有不少是荆州兵士，不一定真心替他打仗。您只要给我五万精兵，我保管把他打败。"

第二天，孙权任命周瑜为都督，拨给他三万水军，叫他同刘备协力抵抗曹操。

周瑜领兵进军，在赤壁（今湖北武汉市江夏区西赤矶山）和曹军前哨碰上了。果然不出周瑜所料，曹军兵士很多人不服水土，已经得了疫病。双方一交锋，曹军就打了败仗，被迫撤退到长江的北岸。周瑜率领水军进驻南岸，和曹军隔江遥遥相对。

正像周瑜预料的那样，曹操的北方来的兵士不会水战，他们在战船上，遇到风浪颠簸就受不了。后来，他们把战船用铁索拴在一起，船果然平稳不少。

周瑜的部将黄盖看到这个情况，向周瑜献个计策，说："敌人兵多，我们兵少，拖下去对我们不利。现在曹军把战船都连接在一起，我看可以用火攻办法来打败他们。"

周瑜觉得黄盖的主意好，两人还商量好，让黄盖派人送了一封信给曹操，表示要脱离东吴，投降曹操。曹操以为东吴将领害怕他，对黄盖的假投降一点也没怀疑。

黄盖叫兵士偷偷地准备好十艘大船，每艘船上都装着枯枝，浇足了油，外面裹着布幕，插着旗帜，另外又准备一批轻快的小船，拴在大船船尾上，准备在大船起火时转移。

隆冬的十一月，天气突然回暖，刮起了东南风。当天晚上，黄盖带领一批兵士分乘十条大船，驶在前面，后面跟随着一批船只。船队到了江心，扯满了风帆，像箭一样驶向江北。

曹军水寨的将士听说东吴的大将来投降，正纷纷挤到船头看热闹。没想到东吴船队离开北岸约莫二里光景，前面十条大船突然同时起火。火借风势，风助火威。十条火船，好比十条火龙一样，闯进曹军水寨。那里的船舰，都挤在一起，又躲不开，很快地都燃烧起来，一眨眼工夫，已经烧成一片火海。水寨烧了不算，岸上的营寨也着了火，曹军一大批兵士被烧死了；还有不少人被挤在江里，不会泅水，就给淹死了。

周瑜一看北岸起火，马上带领精兵渡江进攻。他们把战鼓擂得震天

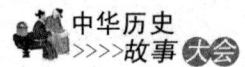
响。北岸的曹军不知道后面有多少人马进攻，吓得全部崩溃。

曹操拖着残兵败将向华容（今湖北潜江县西南）的小路上逃跑。那条小路全是水洼泥坑，骑兵没法通过。曹操赶忙命令老弱兵士找了一些稻草铺路。他带着骑兵好容易才通过，可是那些填铺稻草的兵士，却被人马踩死了不少。

刘备和周瑜一起，分水陆两路紧紧追赶，一直追到南郡（治所在今湖北江陵），曹操的几十万大军战死的加上得疫病死的，损失了一大半。曹操只好派部将曹仁、徐晃、乐进分别留守江陵和襄阳，自己带兵回到北方去了。

故事心得

赤壁之战是中国历史上以少胜多的经典战例，经过这场赤壁大战，三国分立的局面已经基本形成。

蔡文姬归汉

本故事出自《后汉书》，讲的是才女蔡文姬被匈奴俘虏后，重新归汉的故事。

曹操自从赤壁失败以来，经过几年整顿，重振军威，自封为魏公。公元216年，又晋爵为魏王（都城在邺城）。在北方他的威望很高，连南匈奴的呼厨泉单于也特地到邺城来拜贺。曹操把呼厨泉单于留在邺城，像贵宾一样招待他，让匈奴的右贤王回去替单于监理国家。

南匈奴跟汉朝的关系和好了，曹操就想起了他一位已经死去的朋友蔡邕有一个女儿还留在南匈奴，便想把她接回来。

蔡邕是东汉末年的一个名士，早年因为得罪了宦官，被放逐到朔方（在今内蒙古杭锦旗北）去。董卓掌权的时候，蔡邕已回到洛阳。那时候，董卓正想笼络人心。他听到蔡邕名气大，就把他请来，封他做官，对他十分敬重，三天里连升三级。蔡邕觉得在董卓手下，比在汉灵帝时候强多了。

到了董卓被杀，蔡邕想起董卓待他不错，叹了口气。这一来惹恼了司徒王允，认为他是董卓一党的人，把他抓了起来，尽管朝廷里有许多大臣都替他说情，王允还是不同意，结果死在监狱里。

蔡邕的女儿名叫蔡琰，又叫蔡文姬，跟她父亲一样，是个博学多才的人。她父亲死后，关中地区又发生李傕、郭汜的混战，长安一带百姓到处逃难，蔡文姬也跟着难民到处流亡。那时候，匈奴兵趁火打劫，掳掠百姓。有一天，蔡文姬碰上匈奴兵，被他们抢走。匈奴兵见她年轻美貌，就把她献给了匈奴的左贤王。

打这以后，她就成了左贤王的夫人，左贤王很爱她。她在南匈奴一住就是十二年，虽然过惯了匈奴的生活，但还是十分想念故国。

有一天，曹操想起了蔡文姬，就派使者带着礼物到南匈奴，准备把她接回来。

左贤王当然舍不得把蔡文姬放走，但是不敢违抗曹操的意志，只好让蔡文姬回去。蔡文姬能回到日夜思念的故国，当然十分愿意；但是要她离开在匈奴生下的子女，又觉得悲伤。在这种矛盾的心情下，她写下了著名的诗歌《胡笳十八拍》。

蔡文姬到了邺城，曹操看她一个人孤苦伶仃，又把她再嫁给一个屯田都尉（官名）董祀。

哪知道时隔不久，董祀犯了法，被曹操的手下人抓了去，判了死罪，眼看快要执行了。

蔡文姬急得不得了，连忙跑到魏王府里去求情。正好曹操在举行宴会，朝廷里的一些公卿大臣、名流学士，都聚集在魏王府里。侍从把蔡文姬求见的情况报告曹操。曹操知道在座的大臣名士中不少人都跟蔡邕相识，就对大家说："蔡邕的女儿在外流落了多年，这次回来了。今天让她

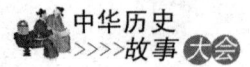
来跟大家见见面，怎么样？"

大伙儿当然都表示愿意相见，曹操就命令侍从把蔡文姬带进来。蔡文姬披散头发，赤着双脚，一进来就跪在曹操面前，替她丈夫请罪。她的嗓音清脆，话又说得十分伤心，座上有好些人原来是蔡邕的朋友，看到蔡文姬的伤心劲儿，不禁想起蔡邕，感动得连鼻子也酸了。

曹操听完了她的申诉，说："你说的情形的确值得同情，但是判罪的文书已经发出去了，有什么办法呢？"

蔡文姬苦苦央告说："大王马房里的马成千上万，手下的武士多得像树林，只要您派出一个武士，一匹快马，把文书追回，董祀就有救了。"

曹操就亲自批了赦免令，派了一名骑兵追上去，宣布免了董祀的死罪。

那时候，正是数九寒天。曹操见她穿得单薄，就送给她一顶头巾和一双鞋袜，叫她穿戴起来。

曹操问她："听说夫人家有不少书籍文稿，现在还保存着吗？"

蔡文姬感慨地说："我父亲生前给我四千多卷书，但是经过大乱，散失得一卷都没留下来。不过我还能背出四百多篇。"

曹操听她还能背出那么多，就说："我想派十个人到夫人家，让他们把你背出来的文章记下，你看怎么样？"

蔡文姬说："不用麻烦。只要大王赏我一些纸笔，我回家就把它们写下来。"

后来，蔡文姬果然把她记住的几百篇文章都默写了下来，送给曹操。曹操看了，十分满意。

故事心得

　　曹操把蔡文姬接回来，为保存古代文化方面做了一件好事。历史上把"文姬归汉"传为美谈。

吕蒙白衣渡江

本故事出自《三国志》，讲的是三国时期吴国大将吕蒙假扮商人渡江奇袭关羽的事情。

赤壁之战后，刘备和孙权两家虽然结了盟，但是矛盾也很大。鲁肃在世的时候，是主张吴蜀和好，一起对付曹操的。后来鲁肃死了，接替他职务的大将吕蒙，就和鲁肃的主张不同。

吕蒙是东吴名将，他从小就练得一身好武艺，年轻时候立下了不少战功，受到孙权的器重。

有一次，孙权对吕蒙说：“你现在责任重了，应该抽时间读点书才好。”

吕蒙说：“在军营里事务那么多，哪儿还有时间读书呢？”

孙权笑着说：“我并不是要你像博士（官名）那样精通经书，只是要你多去浏览一些兵法，懂得一点历史罢了。你说事情多，总比不上我多吧！我自己就有这个经验，读一些兵法、历史，会对自己很有帮助。你不妨试一试。”

吕蒙听进了孙权的劝告，一有空就认真读书。

鲁肃刚代替周瑜当大将的时候，经过吕蒙的驻地，看望吕蒙。当时鲁肃以为吕蒙不过是一员武将，没有什么雄才大略。这回，他和吕蒙谈话以后，听到吕蒙议论风生，见解精辟，十分佩服，说：“你现在的才能胆识，跟当年吴下（即吴中）阿蒙，大不一样了。”

吕蒙自豪地说：“对一个人，三天不见就应该另眼看待（文言是“刮目相待”）。您可不能用老眼光看人哪！”

吕蒙接替了鲁肃的职位以后，率军驻扎在陆口（在今湖北嘉鱼西南）。他认为关羽有兼并东吴的野心，向孙权上书要求出兵对付关羽，说：“刘

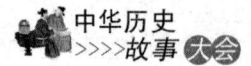
备、关羽君臣，都是反复无常的人，不能把他们当盟友看待。"

孙权也觉得关羽狂妄自大。孙权曾经派人去向关羽求亲，希望关羽把女儿嫁给他儿子。关羽不但不答应，反而把使者辱骂了一顿，使得孙权没有一点颜面。这次，孙权接到了吕蒙的信，更觉得非把关羽除掉不可。

正好在这个时候，曹操派使者来联络，要他夹攻关羽。孙权马上复信，表示愿意袭击关羽的后方。

关羽也听说吕蒙厉害，他虽然亲自率大军进攻樊城，但对在他背后的吕蒙这一头，可并没有放松防备，在蜀吴交界一带，布置得严严实实。

吕蒙本来经常生病，这一回，他就装作旧病发作，而且说是病得很厉害。孙权也正式发布命令，把吕蒙调回去休养。另派了一个年轻的陆逊去接替吕蒙。

这个消息很快就传到了樊城。关羽听到吕蒙病重，又听说陆逊是个年轻的书生，心里暗暗高兴。

没过几天，陆逊从陆口特地派人拜见关羽，关羽接见使者，使者献上了书信和礼品。信中大意是说，听说将军在樊城水淹七军，俘获于禁，远远近近哪个不称赞将军的神威。这次曹操失败了，我们听得也高兴。我是个书生，很不称职，今后还得靠将军多多照顾呢！

关羽看了陆逊的书信，觉得陆逊态度谦虚、老实，也就放心了，于是把原来防备东吴的人马陆陆续续调到樊城那边去了。

陆逊把关羽人马调动的情况，随时报告给孙权和吕蒙。

这时候，关羽在樊城接受了于禁的投降兵十几万人，粮草供应发生了困难，就把东吴贮藏在湘关的粮食强占了。

孙权得知湘关的米被抢，就派吕蒙为大都督，命令他迅速袭击关羽的后方。

吕蒙到了寻阳（今湖北黄梅西南），把所有的战船都改装作商船，并选了一批精锐的兵士躲在船舱里。船上摇橹的兵士扮作商人，一律穿上商人穿的白色衣服。就这样，一列又一列商船向北岸进发了。

到了北岸，蜀军守防的兵士一看都是穿白衣的商人，就允许他们把船停在江边。没想到一到晚上，船舱里的兵士一齐出来，偷偷摸进江边岗楼，把蜀军将士全部抓住，把岗楼给占了。

吕蒙大军神不知鬼不觉地占领了北岸，进军公安。留守公安、江陵的蜀军将领本来对关羽很不满意，经吕蒙一劝降，都投降了。

吕蒙进了城，派人慰问蜀军将士家属，并且吩咐东吴将士严守纪律，不许侵犯百姓。有一个东吴兵士，是吕蒙的同乡，因为天下雨，拿了老百姓家的一顶斗笠遮盖铠甲。吕蒙发现后，认为这个兵士违犯了军令，虽说是同乡人，但是犯了军令不能不办罪，就把他杀了。这样一来，全军将士都震动了，谁也不敢违反军令。

这时候，曹操派去的徐晃率领的援军，已到了靠近樊城的前线。徐晃把孙权答应曹操夹攻关羽的信抄写了许多份，射进关羽营寨里。关羽得知吕蒙袭击后方的消息，正在进退两难的时候，徐晃发起进攻，打败了关羽，使关羽不得不撤去对樊城的包围。

关羽派使者到江陵去探听情况。使者一到江陵，吕蒙派人殷勤招待，还叫使者到蜀军将士家去看望，这些家属都说东吴的人待他们不错。使者回到自己的军营后，兵士们向他探问家里情况，他就照实说了。大伙儿一听东吴人好，就不愿意再跟东吴打仗，有些兵士甚至偷偷地逃回江陵去了。

关羽到这时候，才知道自己对东吴的防备太大意，可是已经来不及了。他只好带了人马逃到麦城（今湖北当阳东南）。

孙权进军麦城，派人劝关羽投降。关羽带着十几个骑兵往西逃走。

孙权早已派兵埋伏在小道上，把关羽十几个骑兵截住，活捉了关羽。孙权知道关羽不肯投降，下令就地把他给杀了。

曹操认为孙权立了大功，把孙权封为南昌侯，到了曹丕即位称帝以后，又封为吴王。

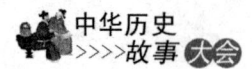
关羽由于狂妄自大，认不清形势，不坚持联吴抗曹的正确战略，在曹、吴的两面夹攻下，兵败被杀。

七擒孟获

本故事源自《三国志》，讲的是诸葛亮出兵南方，将当地的少数民族首领孟获捉住七次，放了七次，彻底将他降服，不再与蜀汉为敌的故事。

蜀汉先主刘备在永安病势越来越重。他把诸葛亮从成都召到永安，嘱咐后事。他对诸葛亮说："您的才能比曹丕高出十倍，一定能够把国家治理好。我的孩子阿斗（太子刘禅的小名），您认为可以辅助，就辅助他；如果不行，您就自己来做一国之主吧。"

诸葛亮流着眼泪，哽咽着说："我怎敢不尽心竭力，报答陛下，一直到死！"

刘备把小儿子刘永叫到身边，叮嘱他说："我死之后，你们兄弟要像对待父亲一样尊敬丞相。"

刘备死后，诸葛亮回到成都，扶助刘禅即了帝位，历史上称为蜀汉后主。

刘禅即位后，朝廷上的事不论大小，都由诸葛亮来决定。诸葛亮兢兢业业，治理国家，想使蜀汉兴盛起来。没料到南中地区（今四川省大渡河以南和云雨、贵州一带）几个郡倒先闹了起来。

益州郡有个豪强雍，听说刘备死去，就杀死了益州太守，发动叛变。他一面投靠东吴，一面又拉拢了南中地区一个少数民族首领孟获，叫他去联络西南一些部族起来反抗蜀汉。

经过雍的煽动，柯（在今贵州遵义一带）太守朱褒、越（今四川西昌市东南）部族酋长高定，也都响应雍。这样一来，蜀汉就要差不多丢上一半土地，怎么不叫诸葛亮着急呢？

可是，当时蜀汉刚遭到猇亭大败和先主死亡，顾不上出兵。诸葛亮一面派人和东吴重新讲和，稳住了这一头；一面奖励生产，兴修水利，积蓄粮食，训练兵马。过了两年，局面稳定了，诸葛亮决定发兵南征。

公元225年3月，诸葛亮率领大军出发。诸葛亮好友马良的弟弟、参军马谡送诸葛亮出城，一直送了几十里地。

临别的时候，诸葛亮握住马谡的手，诚恳地说："我们相处好几年了。今天临别，您有什么好主意告诉我吗？"

马谡说："南中的人依仗地形险要，离开都城又远，早就不服管了。即使我们用大军把他们征服了，以后还是要闹事的。我听说用兵的办法，主要在于攻心，攻城是次要的，丞相这次南征，一定要叫南人心服，才能够一劳永逸呢。"

马谡的话，正合诸葛亮的心意。诸葛亮不禁连连点头说："谢谢您的帮助，我一定这样办。"

诸葛亮率领蜀军向南进军，节节胜利。大军还在半路上，越酋长高定和雍已经发生火并。高定的部下杀了雍。蜀军打进越，又把高定杀了。

诸葛亮派李恢、马忠两员大将分两路进攻，不到半个月，马忠又攻破柯，消灭了那里的叛军。四个郡的叛乱很快就平定了。

但是事情还没有结束。南中酋长孟获收集了雍的散兵，继续反抗蜀兵。诸葛亮一打听，知道孟获不但打仗骁勇，而且在南中地区各族群众中很有威望。

诸葛亮想起马谡临别的话，决心把孟获争取过来。他下了一道命令，只许活捉孟获，不能伤害他。

好在诸葛亮善于用计谋，蜀军和孟获军队交锋的时候，蜀军故意败退下来。孟获仗着他人多，一股劲儿追了过去，很快就中了蜀兵的埋伏，南兵被打得四处逃散，孟获本人就被活捉了。

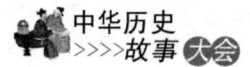
孟获被押到大营，心里想，这回一定没有活路了。没想到进了大营，诸葛亮立刻叫人给他松了绑，好言好语劝说他归降。但是孟获不服气，说："我自己不小心中了你的计，怎么能叫人心服？"

诸葛亮也不勉强他，陪着他一起骑着马在大营外兜了一圈，看看蜀军的营垒和阵容，然后又问孟获："您看我们的人马怎么样？"

孟获傲慢地说："以前我没弄清楚你们的虚实，所以败了。今天承蒙您给我看了你们的阵势，我看也不过如此，像这样的阵势，要打赢你们也不难。"

诸葛亮爽朗地笑了起来，说："既然这样，您就回去好好准备一下再打吧！"

孟获被释放以后，逃回自己部落，重整旗鼓，又一次进攻蜀军。但是他本是一个有勇无谋的人，哪里是诸葛亮的对手，第二次又被活捉了。

诸葛亮见孟获还是不服，又放了他。

像这样一次又一次，捉了放，放了捉直到孟获第七次被捉的时候，诸葛亮还要再放，孟获却不愿意走了，他流着眼泪说："丞相七擒七纵，待我可说是仁至义尽了。我打心底里敬服，从今以后，不敢再反了。"

孟获回去以后，还说服各部落全部投降，南中地区重新归蜀汉控制。

诸葛亮平定南中后，命令孟获和各部落的首领照旧管理他们原来的地区。有人对诸葛亮说："我们好不容易征服了南中，为什么不派官吏来，反倒仍旧让这些头领管呢？"

诸葛亮说："我们派官吏来，没有好处，只有不方便。因为派官吏，就得留兵，留下大批兵士，粮食接济不上，叫他们吃什么。再说，刚刚打过仗，难免死伤了一些人，如果我们留下官吏统治，一定会发生祸患。现在我们不派官吏，既不要留军队，又不需要运军粮。让各部落自己管理，汉人和各部落相安无事，岂不更好？"

大家听了诸葛亮这番话，都钦佩他想得周到。

诸葛亮率领大军回到成都。后主和朝廷大臣都到郊外迎接，大家都为平定南中而感到高兴。

打那以后，诸葛亮一面积蓄财富，一面训练人马，一心一意准备大举北伐。

故事心得

这个故事表明，一位卓越的领导人是恩威兼施，是真心地替百姓和国家着想，而不是单纯地以武力压人。

马谡失街亭

本故事出自《三国志》，讲的是三国时期诸葛亮第一次北伐战争期间的其中一场战事，这场战事也是这次北伐战争中一场决定性战事。

诸葛亮平定南中之后，又经过两年准备，在公元 227 年冬天，就带领大军驻守汉中。因为汉中接近魏、蜀的边界，在那里可以随时找机会进攻魏国。

离开成都的时候，他给后主刘禅上了一道奏章，要后主不要满足现状，妄自菲薄；要亲近贤臣，疏远小人；并且表示他决心担负起兴复汉朝的责任。这道奏章就是历史上有名的《出师表》。

过了年，诸葛亮采用声东击西的办法，扬言要从斜谷取城（今陕西眉县），并且派大将赵云带领一支人马，进驻箕谷（今陕西褒城北），装出要攻打城的样子。魏军得到情报，果然把主要兵力去守城。诸葛亮趁魏军不防备，亲自率领大军，突然从西路扑向祁山（今甘肃礼县东）。

蜀军经过诸葛亮几年严格训练，阵容整齐，号令严明，士气十分旺盛。自从刘备死后，蜀汉多年没有动静，魏国毫无防备，这次蜀军突然袭击祁山，守在祁山的魏军抵挡不住，纷纷败退。蜀军乘胜进军，祁山北面天水、南安、安定三个郡的守将都背叛魏国，派人向诸葛亮求降。

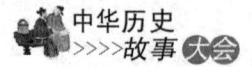
那时候，魏文帝曹丕已经病死。魏国朝廷文武官员听到蜀汉大举进攻，都惊慌失措。刚刚即位的魏明帝曹叡比较镇静，立刻派张郃带领五万人马赶到祁山去抵抗，还亲自到长安去督战。

诸葛亮到了祁山，决定派出一支人马去占领街亭（今甘肃省天水市），作为据点。让谁来带领这支人马呢？当时他身边还有几个身经百战的老将。可是他都没有用，单单看中参军马谡。

马谡这个人的确是读了不少兵书，而且平时很喜欢谈论军事。诸葛亮找他商量起打仗的事时，他能谈个没完。因此，诸葛亮很信任他。但是刘备在世的时候，却看出马谡不大踏实。他在生前特地叮嘱诸葛亮，说："马谡这个人言过其实，不能派他干大事，还应当好好考察一下。"但是诸葛亮没有把这番话放在心上。这一回，他派马谡当先锋，王平做副将。

马谡和王平带领人马到了街亭，张郃的魏军也正从东面开过来。马谡看了地形，对王平说："这一带地形险要，街亭旁边有座山，正好在山上扎营，布置埋伏。"

王平提醒他说："丞相临走的时候嘱咐过，要坚守城池，稳扎营垒。在山上扎营太冒险。"

马谡没有打仗的经验，自以为熟读兵书，根本听不进王平的劝告，坚持要在山上扎营。王平一再劝马谡没有用，只好央求马谡拨给他一千人马，让他在山下临近的地方驻扎。

张郃率领魏军赶到街亭，看到马谡放弃现成的城池不守，却把人马驻扎在山上，暗暗高兴，马上吩咐手下将士，在山下筑好营垒，把马谡扎营的那座山围困起来。

马谡几次命令兵士冲下山去，但是由于张郃坚守住营垒，蜀军没法攻破，反而被魏军乱箭射死了不少人。

魏军切断了山上的水源，蜀军在山上断了水，连饭都做不成，时间一长，自己先乱了起来。张郃看准时机，发起总攻。蜀军兵士纷纷逃散，马谡要禁也禁不了，最后，只好自己杀出重围，往西逃跑。

　　王平带领一千人马，稳守营盘。他得知马谡失败，就叫兵士拼命打鼓，装出进攻的样子。张郃怀疑蜀军有埋伏，不敢逼近他们。王平整理好队伍，不慌不忙地向后撤退，不但一千人马一个也没损失，还收容了不少马谡手下的散兵。

　　街亭失守，蜀军失去了重要的据点，又丧失了不少人马。诸葛亮为了避免遭受更大损失，决定把人马全部撤退到汉中。

　　诸葛亮回到汉中，经过详细查问，知道街亭失守完全是由于马谡违反了他的作战部署。马谡也承认了他的过错。诸葛亮按照军法，把马谡下了监狱，定了死罪。

　　马谡自己知道免不了一死，在监狱里给诸葛亮写了封信，说："丞相平日待我像待自己的儿子一样，我也把丞相当作自己父亲。这次我犯了死罪，希望我死以后，丞相能够像舜杀了鲧还用禹一样，对待我的儿子，我死了也没牵挂了。"

　　诸葛亮杀了马谡，想起他和马谡平时的情谊，心里十分难过，流下了眼泪。以后，他真的把马谡的儿子照顾得很好。

　　诸葛亮认为王平在街亭曾经劝阻过马谡，在退兵的时候，又用计保全了人马，立了功，应该受到奖励，就把王平提拔为参军，让他统率五部兵马。

　　诸葛亮对将士们说："这次出兵失败，固然是因为马谡违反军令，但我也应该负一定责任。"他就上了一份奏章给刘禅，请求把他的官职降低三级。

　　刘禅接到奏章，不知该怎么办才好。有个大臣说："既然丞相有这个意思，就依着他吧。"刘禅就下诏把诸葛亮降级为右将军，仍旧办丞相的事。

　　由于诸葛亮赏罚分明，以身作则，蜀军将士都很感动。大家把这次失败当作教训，士气更加旺盛。这年冬天，诸葛亮又带兵杀出散关（今陕西宝鸡西南），包围了陈仓（今宝鸡东），杀了一个魏将；第二年春天，又出

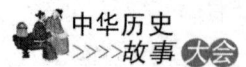
兵收复武都（今甘肃成县）、阴平（今甘肃文易西北）两个郡。后主刘禅认为诸葛亮立了功，下了一道诏书，恢复了诸葛亮的丞相职位。

故事心得

马谡失街亭，生动地表明了纸上谈兵很可能造成致命的后果；而诸葛亮挥泪斩马谡，则真切地反映了赏罚分明是一位优秀领导人的必备品质。

诸葛亮病逝五丈原

本故事出自《三国志》，讲的是三国时期，诸葛亮屯兵五丈原与司马懿隔渭河对阵，后诸葛亮因积劳成疾病逝于五丈原的故事。

公元229年4月，吴王孙权正式即位称帝。蜀汉大臣大多数认为孙权称帝是僭号，要求跟东吴断绝盟好关系。诸葛亮却认为，蜀汉眼前主要对手是魏国。他坚持和东吴保持联盟，继续准备北伐。

公元231年，诸葛亮第四次北伐，出兵祁山。魏国派了一个大将司马懿和张郃等一起率领人马赶往祁山。诸葛亮把一部分将士留在祁山，自己率领主力拦击司马懿。

司马懿知道诸葛亮的战略。他认为诸葛亮孤军深入，带的军粮不多，所以在险要的地方筑好营垒，叫将士只守不战。

魏军将领以为司马懿害怕诸葛亮，一再请战，说："您怕蜀军像害怕老虎一样，难道不怕天下人笑话吗？"

司马懿硬着头皮，带兵赶上去跟诸葛亮大战一场，结果被蜀军杀得一败涂地。但是蜀军由于后方的运粮官员失职，粮草供应不上，只好主动撤兵。大将张郃带兵紧紧追赶，赶到木门一带山谷地带，被诸葛亮预先布置好的伏兵用乱箭射杀了。

诸葛亮几次出兵，都是因为粮食供应不上而被迫退兵。他接受这个教训，设计了两种运输工具，叫作"木牛""流马"（两种经过改革的小车），用它们把粮食运到斜谷口（在今陕西眉县西南）囤积起来。

公元234年，诸葛亮做好充分准备，发动十万大军进行最后一次北伐。他派使者到东吴，约孙权同时发起攻势，南北策应，使魏国两面受敌。

诸葛亮大军出了斜谷口，到了渭水南岸的五丈原。为了做长期打算，他派一部分士兵构筑营垒，准备作战；另派一部分士兵在五丈原屯田，跟当地老百姓夹杂在一起耕种。蜀军纪律严明，百姓和士兵相处得很好。

魏明帝派司马懿率领魏军渡过渭水，也筑起营垒防守，和蜀军准备对峙。

孙权接到诸葛亮的信，马上三路出兵进攻魏国。魏明帝也厉害，他一面亲自率领大军到南面抵挡东吴的进攻；一面通知司马懿在五丈原坚持，只守不战。

诸葛亮等待东吴方面的消息，但是结果使他很失望：孙权的进攻失败了。他想跟魏军决战，但是司马懿始终稳守营垒，诸葛亮几次三番向他挑战都没有用，双方在那里相持了一百多天。

要使魏军出来打，只有想法子激怒司马懿。诸葛亮利用当时轻视妇女的风俗，派人给司马懿送去一套妇女的服饰，意思就是司马懿这样胆小怕战，还是回去做个"闺房小姐"吧。

魏军将士看到主将受到嘲弄，气恼得嚷着要跟蜀军拼。司马懿知道这是诸葛亮的激将法，并不发火，他安慰将士说："好，我向主公上个奏章，请求准许我们跟蜀军决战一场。"

过了几天，魏明帝派了一个大臣赶到魏营，传达命令，不许出战。

蜀军将士听到消息，感到失望。只有诸葛亮懂得司马懿的用意，说："司马懿上奏章请求打仗，这是做给将士们看的。其实，大将率领军队在外，哪有千里迢迢去请战的道理。"

诸葛亮料到司马懿的心理，司马懿也在探听诸葛亮的情况。有一次，

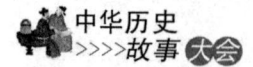
诸葛亮派使者到魏营去挑战，司马懿挺有礼貌地接待使者，跟使者聊天，说："你们丞相公事一定很忙吧。近来身体可好？胃口怎么样？"

使者觉得司马懿问的都是些客套话，也就老实回答说："丞相的确很忙，军营里大小事情都要亲自抓。他起得早，睡得很晚。只是近来胃口不好，吃得很少。"

使者走了以后，司马懿就跟左右将士说："你们看，诸葛孔明吃得少，事务又那么繁重，能支撑得长久吗？"

不出司马懿所料，诸葛亮由于过度辛劳，终于在军营里病倒了。

后主刘禅得到诸葛亮病倒的消息，赶快派大臣李福到五丈原来慰问。李福跟诸葛亮谈了一些军国大事，就走了。

过了几天，李福又返了回来，他看到诸葛亮病势转重，哭了起来。诸葛亮睁开眼睛，对李福说："我懂得您回来想问些什么。您所要问的人，我看就是蒋琬吧。"

李福说："丞相说的是。皇上正要我问丞相万一身子不好，由谁来继任您的工作。那么请问蒋琬之后，谁可以继任呢？"

诸葛亮说："可以由费祎接替。"

李福还想再问下去，诸葛亮闭上眼睛不回答了。没几天，这个年纪才五十四岁的丞相便在军营里去世了。

按照诸葛亮生前的嘱咐，蜀军将领没有把他去世的消息透露出去。他们把尸体裹着放在车里，布置各路人马有秩序地撤退。

魏营的探子听到诸葛亮病死的风声，报告司马懿。司马懿立刻带领魏军追赶上去，刚过五丈原，忽然蜀军的旗帜转了方向，一阵战鼓响，兵士们转身掩杀过来。

司马懿大吃一惊，赶快拨转马头，下命令撤退。

蜀军将领等魏军离得远了，不慌不忙地把全部人马安全撤出五丈原。

这件事传到老百姓耳朵里，百姓便编出了个歌谣嘲笑司马懿，说："死诸葛吓走了活马懿！"

司马懿听了也不生气，说："我只能料到活的诸葛，怎么能料到死的呢！"后来，他又亲自跑到蜀军原来扎营的地方，观察了诸葛亮布置的阵势，赞叹说："诸葛孔明真是天下奇才啊！"

故事心得

诸葛亮想统一中原的愿望并没有实现，但是他的智慧和品格，一直被后代的人赞扬。在民间传说中，诸葛亮往往成为智慧的化身。《后出师表》里有两句话："鞠躬尽瘁，死而后已"，人们认为这正是对他一生的评价。

邓艾偷渡剑阁

本故事出自《三国志》，讲的是魏国大将邓艾带领精锐，绕道剑阁西走过七百余里的阴平小路，到达四川江油，直插蜀汉腹地的故事。

司马昭害死了魏帝曹髦，认为内部已经稳定，决心大举进攻蜀汉。

那时候，接替诸葛亮的大臣蒋琬、费祎都已死去，蜀汉担任大将军的是姜维。姜维有心继承诸葛亮的北伐事业，几乎每年都出兵攻打魏国，但是蜀汉的力量已经越来越弱，姜维不但不能够取得胜利，反而白白消耗了不少兵力。公元263年，司马昭派将军邓艾、诸葛绪各带兵三万，钟会带兵十几万分三路进攻蜀汉。

姜维看到魏军声势浩大，知道抵挡不住，把蜀兵集中到剑阁（今四川剑阁县），守住关口要道。钟会带兵到了剑阁，一时没法攻进去。

邓艾看到蜀军主力守在剑阁，就带了精兵偷偷绕道到剑阁西面的一条羊肠小道上向南进军。这一带本来是人迹罕至的地方。邓艾带领这支精兵，逢山开路，遇河架桥，走了七百里路，也没有被蜀军发现。

最后，他们来到一条绝路上，山高谷深，没法前进。这时候，邓艾的

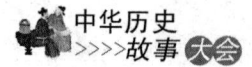
兵士随身带的粮草已经快没了，将士们都慌了神。

邓艾当机立断，用毡毯裹着身子，从悬崖峭壁上滚了下去。将士们见邓艾一带头，也跟着滚了下去。有的攀着树木，一个接一个慢慢地爬下了山，终于越过了这条绝路，一直赶到江油（今四川江油市）。

驻守江油的蜀军没想到邓艾会从背后杀出来，突然见到魏兵出现在城下，来不及组织抵抗，只好投降了。

邓艾继续向绵竹（今四川绵阳西南）进攻。守绵竹的是诸葛亮的儿子诸葛瞻，邓艾派人送信劝说他投降，说"如果你肯投降，就推荐你为琅琊王。"

诸葛瞻听说要他投降，气得火冒三丈，把邓艾派来劝降的使者杀了。他摆开阵势，决心和邓艾拼个死活，但是毕竟敌不过邓艾，诸葛瞻和他的儿子诸葛尚都战死了。

邓艾拿下绵竹，直奔蜀汉都城成都。成都的百姓做梦也没想到魏兵来得那么快，一听邓艾兵临城下，纷纷到山上树林里去避难。蜀汉朝廷更是乱成一团，后主赶快召集大臣商量。有人主张往南逃，有人主张投靠东吴，有人认为现在魏国大军压境，不如趁早投降。

后主是个没主意又胆小的人，根本不想抵抗，等邓艾大军到达成都，他已经叫人反绑着两手，率领文武百官出城门投降了。

邓艾进了成都，觉得自己了不起，于是便骄傲起来，连钟会也不放在他眼里。他直接向司马昭上书，要趁这次打胜仗的势头，一鼓作气把东吴灭掉。哪知道司马昭下个命令给邓艾，说："军事行动不许自作主张。"这件事把邓艾气得要命。

正在剑阁跟钟会对抗的蜀将姜维，得到邓艾袭击成都的消息，正想退回去保卫成都，接到后主的命令，要他向魏军投降。

蜀军将士接到这个命令，又气愤又伤心，有的兵士恨得拔出刀来，在大石头上乱砍。

姜维倒是十分冷静，他跟将士们一合计，决定向钟会投降。钟会也赏识姜维是个好汉，把他当作自己人一样看待，两个人出门一块坐车，回到军营一起议事。

姜维利用钟会和邓艾之间的矛盾，劝钟会秘密写信给司马昭，告发邓艾谋反。

司马昭本来就猜忌心很重，接到钟会的报告，就用魏元帝的名义下道诏书，派人到成都把邓艾抓起来，用囚车押回洛阳。他怕邓艾抗拒，又命令钟会进军成都。

钟会到了成都，派一队人马用囚车把邓艾押到洛阳。半路上，邓艾被人杀了。钟会用计除掉了邓艾以后，兵权全掌握在他一个人手里，他就决定谋反了。

钟会跟姜维一商量，姜维完全赞同他。因为姜维另外有他自己的打算，他想利用钟会杀掉魏军将领，然后再除掉钟会。他偷偷地给刘禅送了一封信，说："请陛下再忍受几天委屈，臣一定把国家恢复过来。"

钟会哪儿知道姜维的打算，他以为姜维真心跟他合伙反司马昭。他假传太后的命令，说司马昭杀害魏元帝，叫他发兵讨伐。他怕魏军将领不服，把他们软禁在蜀宫里。

魏军将士对钟会的命令本来有点怀疑，后来，有人传出谣言，说钟会、姜维要把北方来的将士杀光。这一来，大家都乱了起来，有的在宫殿四周放了火。乱兵进了宫，姜维、钟会都被乱兵杀死了。

故事心得

邓艾偷渡剑阁的过程表明，智慧、坚忍不拔是成功的重要因素；而邓艾被杀则表明封建官场上的角逐是异常阴险毒辣的。

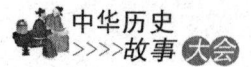
石崇和王恺比富

本故事出自《世说新语》，讲的是晋武帝统一全国后，志得意满，将摆阔气当成体面的事。这让全国兴起了比富的浮夸之风气，在当时的京都洛阳，富豪石崇和王恺相互攀比，财富奢侈程度令人瞠目。

晋武帝统一全国后，志满意得，完全沉湎在荒淫的生活里。

在他带头提倡下，朝廷里的大臣把摆阔气当作体面的事。

在京都洛阳，当时有三个出名的大富豪：一个是掌管禁卫军的中护军羊，一个是晋武帝的舅父、后将军王恺，还有一个是散骑常侍石崇。

羊、王恺都是外戚，他们的权势比石崇来得大，但是在财富方面却比不上石崇。石崇的钱到底有多少，谁也说不清。那这么多的钱是哪儿来的呢？原来石崇当过几年荆州刺史，在这期间，他除了搜刮民脂民膏之外，还干过肮脏的抢劫勾当。有些外国的使臣或商人经过荆州地面，石崇就派部下敲诈勒索，甚至像江洋大盗一样，公开杀人劫货。这样，他就掠夺了无数的钱财、珠宝，成了当时最大的富豪。

石崇到了洛阳，一听说王恺是出名的富豪，就有心跟他比一比。他听说王恺家里洗锅子用饴糖水，就命令他家厨房用蜡烛当柴火烧。这件事一传开，人家都说石崇家比王恺家阔气。

王恺为了炫耀自己富有，又在他家门前的大路两旁，夹道四十里，用紫丝编成屏障，谁要上王恺家，都要经过这四十里紫丝屏障。这个奢华的装饰，把洛阳城轰动了。

石崇成心压倒王恺。他用比紫丝还贵重的彩缎，铺设了五十里屏障，比王恺的屏障更长，更豪华。

王恺又输了一着。但是他还不甘心罢休，向他的外甥晋武帝请求帮忙。晋武帝觉得这样的比赛挺有趣，就把宫里收藏的一株两尺多高的珊瑚树赐给王恺，好让王恺在众人面前夸耀一番。

有了皇帝帮忙，王恺比阔气的劲头更大了，他特地请石崇和一批官员上他家吃饭。

宴席上，王恺得意地对大家说："我家有一件罕见的珊瑚，请大家观赏一番怎么样？"

大家当然都想看一看。王恺命令侍女把珊瑚树捧了出来，那株珊瑚有两尺高，长得枝条匀称，色泽粉红鲜艳。大家看了赞不绝口，都说真是一件罕见的宝贝。

只有石崇在一边冷笑。他看到案头正好有一支铁如意（一种器物），顺手抓起，朝着大珊瑚树正中，轻轻一砸。"轰隆"一声，一株珊瑚被砸得粉碎。

周围的官员们都大惊失色。主人王恺更是满脸通红，气急败坏地责问石崇："你……你这是干什么！"

石崇嬉皮笑脸地说："您用不着生气，我还您就是了。"王恺又是痛心，又是生气，连声说："好，好，你还我来。"

石崇立刻叫他随从的人回家去，把他家的珊瑚树统统搬来让王恺挑选。

不一会，一群随从回来，搬来了几十株珊瑚树。这些珊瑚中，三四尺高的就有六七株，大的竟比王恺的高出一倍。株株高大挺秀，光彩夺目。至于像王恺家那样的珊瑚，那就更多了。

周围的人都看呆了。王恺这才知道石崇家的财富，比他不知多出多少倍，也只好认输。

这场比阔气的闹剧就这样结束了，石崇的豪富地位就在洛阳出了名。当时有一个大臣傅咸，上了一道奏章给晋武帝。他说，这种严重的奢侈浪费，比天灾还要严重，现在这样比阔气，比奢侈，不但不被责罚，反而被认为是荣耀的事。这样下去怎么了得。

晋武帝看了奏章，根本不理睬。他跟石崇、王恺一样，一面加紧搜

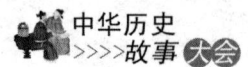

刮，一面穷奢极侈。西晋王朝一开始就这样腐败，这就注定要发生大乱了。

故事心得

历史上几乎每个王朝灭亡时，都能看到腐败的影子。任何一个政权如果任由腐败泛滥，就失去了继续存在下去的理由。

周处除"三害"

本故事选自《世说新语》，讲的是西晋时期，周处痛改前非的故事。

西晋时期，除了像王恺、石崇一类穷奢极侈的豪门官员外，还有一批士族官员，吃饱了饭不干正经事，三五成群聚在一起胡乱吹牛，尽说些脱离实际的荒诞无稽的怪话，这种谈话叫作"清谈"。这种人，往往名气很大，地位很高，这也可见当时风气的腐败了。

但是在官员中，也有比较正直肯干实事的人，像西晋初年的周处就是这样的人。他担任广汉（今四川广汉北）太守的时候，当地原来的官吏腐败，积下来的案件，有三十年没有处理的，周处一到任，就把积案都认真处理完了。后来调到京城做御史中丞，不管皇亲国戚，凡是违法的，他都能大胆揭发。

周处原是东吴义兴（今江苏宜兴县）人。年轻的时候，长得个子高，力气比一般小伙子大。他的父亲很早就死了，他自小没人管束，成天在外面游荡，不肯读书；而且脾气强悍，动不动就拔拳打人，甚至动刀使枪。义兴地方的百姓都害怕他。

义兴邻近的南山有一只白额猛虎，经常出来伤害百姓和家畜，当地的猎户也制伏不了它。

当地的长桥下，有一条大蛟（一种鳄鱼），出没无常。义兴人把周处和南山白额虎、长桥大蛟联系起来，称为义兴"三害"。这"三害"之中，最使百姓感到头痛的还是周处。

有一次，周处在外面走，看见人们都闷闷不乐。他找了一个老年人问："今年收成挺不错，为什么大伙那样愁眉苦脸呢?"

老人没好气地回答："三害还没有除掉，怎样高兴得起来!"

周处第一次听到"三害"这个名称，就问："你指的三害是什么?"

老人说："南山的白额虎，长桥的大蛟，加上你，不就是三害吗?"

周处吃了一惊。他想，原来乡间百姓都把他当作虎、蛟一般的大害了。他沉吟了一会，说："这样吧，既然大家都为'三害'苦恼，我来把它们除掉。"

过了一天，周处果然带着弓箭，背着利剑，进山找虎去了。到了密林深处，只听见一阵虎啸，从远处窜出了一只白额猛虎。周处闪在一边，躲在大树背面，拈弓搭箭，"嗖"的一下，射中猛虎前额，结果了它的性命。

周处下山告诉村里的人，有几个猎户上山把死虎扛下山来。大家都挺高兴地向周处祝贺，周处说："别忙，还有长桥的蛟呢。"

又过了一天，周处换了紧身衣，带了弓箭刀剑跳进水里去找蛟去了。那条蛟隐藏在水深处，发现有人下水，想跳上来咬。周处早就准备好了，在蛟身上猛刺一刀。那蛟受了重伤，就往江的下游逃窜。

周处一见蛟没有死，紧紧在后面盯住，蛟往上浮，他就往水面游;蛟往下沉，他就往水底钻。这样一会儿沉，一会儿浮，一直追踪到几十里以外。

三天三夜过去了，周处还没有回来。大家议论纷纷，认为这下子周处和蛟一定两败俱伤，都死在河底里了。本来，大家以为周处能杀死猛虎、大蛟，已经不错了;这回"三害"都死，大家喜出望外。街头巷尾，一提起这件事，都是喜气洋洋，互相庆贺。

没想到到了第四天，周处竟安然无恙地回家来了，人们大为惊奇。原来大蛟受伤以后，被周处一路追击，最后流血过多，动弹不得，终于被周

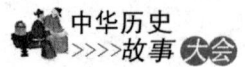
处杀死。

周处回到家里，知道他离家三天后，人们以为他死去，都挺高兴。这件事使他认识到，自己平时的行为被人们痛恨到什么程度了。

他痛下决心，离开家乡到吴郡找老师学习。那时候吴郡有两个很有名望的人，一个叫陆机，一个叫陆云，周处去找他们，陆机出门去了，只有陆云在家。

周处见到陆云，把自己决心改过的想法诚恳地向陆云谈了。他说："我后悔自己觉悟得太晚，把宝贵的时间白白浪费掉。现在想干一番事业，只怕太晚了。"

陆云勉励他说："别灰心，你有这样的决心，前途还大有希望呢。一个人只怕没有坚定的志气，不怕没有出息。"

打那以后，周处一面跟陆机、陆云学习，刻苦读书；一面注意自己的品德修养。他勤奋好学的精神受到大家的称赞。过了一年，州郡的官府都征召他出来做官，到了东吴被晋朝灭掉以后，他就成为了晋朝的大臣。

故事心得

这个故事告诉了我们一个深刻的道理：要学会知错能改，明白一个人只要有改恶从善的决心和行动，无论时候早晚，总能有成就。

王马共天下

本故事出自《晋书》，讲的是东晋时期琅琊王氏家族与当时的皇室力量势均力敌，当时百姓称之为"王与马，共天下"。

刘聪攻下长安后，南方还在晋朝官员手里。晋愍帝在被俘前留下诏书，要镇守在建康（原名建业，今江苏南京市）的琅琊王司马睿继承皇位。

司马睿在西晋皇族中，地位和名望并不高。晋怀帝的时候，他被派到江南去镇守。他带去了一批北方的士族官员，其中最有名望的是王导。司马睿对王导言听计从，把他看作知心朋友。

司马睿刚到建康的时候，江南的一些大士族地主嫌他地位低，不怎么看得起他，也不来拜见他。为了这个，司马睿心里不踏实，要王导想个办法。

王导有个堂哥王敦，当时在扬州做刺史，很有点势力。王导把王敦请到建康，两个一商量，想出一个主意来。这年三月初三，按照当地的风俗是禊节，百姓和官员都要到江边去"求福消灾"。这一天，王导让司马睿坐上华丽的轿子到江边去，前面有仪仗队鸣锣开道，王导、王敦和从北方来的大官、名士，一个个骑着高头大马跟在后面，排成一支十分威武的队伍。

这一天，在建康江边看热闹的人很多。大家从来没见到如此大的排场。

江南有名的士族地主顾荣等听到这个消息，从门缝里偷偷张望。他们一看王导、王敦这些有声望的人对司马睿这样尊敬，大吃一惊，怕自己怠慢了司马睿，一个接一个地出来排在路旁，拜见司马睿。

这一来，提高了司马睿在江南士族地主中的威望。王导接着就劝司马睿说："顾荣、贺循是这一带的名士。只要把这两人拉过来，就不怕别人不跟着我们走。"

司马睿派王导上门请顾荣、贺循出来做官，两个人都高兴地来拜见司马睿。司马睿殷勤地接见了他们，封他们做官。

打那以后，江南大族纷纷拥护司马睿，司马睿在建康就站稳了脚跟。

北方发生大乱以后，北方的士族地主纷纷逃到江南来避难。王导又劝说司马睿把他们中间有名望的人都招收到王府来。司马睿听从王导的意见，前前后后招收了一百零六个人，在王府里做官。

司马睿听从王导的安排，拉拢了江南的士族，又招收了北方的人才，

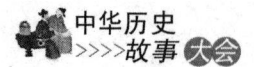
巩固了地位，心里十分感激王导。他对王导说："你真是我的萧何啊！"

公元317年，司马睿在建康即位，重建晋朝。这就是晋元帝。在这以后，晋朝的国都在建康。为了和司马炎建立的晋朝（西晋）相区别，历史上把这个朝代称为东晋。

晋元帝登基的那天，王导和文武官员都进宫来朝见。

晋元帝见到王导，从御座站了起来，把王导拉住，要他一起坐在御座上接受百官朝拜。

这个意外的举动，使王导大为吃惊，因为在封建时代，是绝对不允许有这样的事的。王导忙不迭推辞，他说："这怎么行。如果太阳跟普通的生物在一起，生物还怎么能得到阳光的照耀呢？"

王导这一番吹捧，使晋元帝十分高兴，晋元帝也不再勉强，但是他总认为他能够得到这个皇位，全靠王导、王敦兄弟的力量，所以，对他们特别尊重。他封王导担任尚书，掌管朝内的大权；又让王敦总管军事，王家的子弟中，很多人都封了重要官职。

当时，民间流传着一句话，叫作"王与马，共天下"，意思就是王氏同皇族司马氏共同掌握了东晋的大权。

王敦掌握军权，自以为了不起，慢慢便把晋元帝不放在眼里。晋元帝也看出了王敦的骄横，另外重用了大臣刘隗和刁协，对王氏兄弟渐渐疏远起来。这样，刚刚建立的东晋王朝内部就出现了裂痕。

故事心得

在创业的过程中，大家为了同一个目标而奋斗，此时，团结是必要的；一旦目标实现，外部矛盾消失，内部矛盾总会凸显出来，这似乎已经成了一种规律。

石勒读汉书

此故事出自《晋书》，讲的是后赵皇帝石勒重视文人，爱好读书的故事。

石勒是羯族人，他家世代都是羯族部落的小头目。年轻的时候，并州地方闹饥荒，他和部落失散了，曾经给人家做过奴隶、佣人。有一次，石勒被乱兵捉住，关在囚车里，正好他的囚车旁边有一群鹿跑过。乱兵纷纷去追捕鹿群，石勒才趁机逃走。

石勒受尽苦难，没有出路，就招集一群流亡的农民，组成了一支强悍的队伍。刘渊起兵以后，石勒投降汉国，在刘渊部下当了一员大将。

羯族人的文化比匈奴人要低，石勒从小没有像刘渊那样受过汉族文化教育，不识字。他担任大将以后，渐渐懂得要成大事业，光靠武力不行，就依靠一个汉族士人张宾，采取了许多政治措施。他还收留了一些北方汉族中的贫苦读书人，组织了一个"君子营"。

由于石勒骁勇善战，加上有了张宾一批谋士帮他出谋划策，石勒的势力更加强大。到了公元328年，终于消灭了刘曜。过了两年，石勒在襄国自称皇帝，国号仍是赵。历史上把刘氏的赵国称为"前赵"，把石勒建立的赵国称为"后赵"。

石勒自己没有文化，但是却十分重视读书人。他做了后赵皇帝后，命令部下，凡捉到读书人，不许杀死，一定要送到襄国来，让他自己处理。

他听从张宾的意见，设立学校，要他部下将领的子弟都进学校读书。他还建立了保举和考试的制度，凡是各地保举上来的人经过评定合格，就选用他们做官。

石勒严禁部下提到"胡"字、"羯"字。但是为了安抚汉族士人，有时候也没有执行禁令。

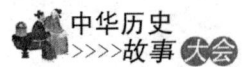
有一次，有个汉族官员樊坦被任用做官。樊坦进宫朝见的时候，穿了一身破破烂烂的衣服。石勒吃惊地问他："你怎么穷到这步田地？"

樊坦忘记了禁令，只回答说："刚刚碰到一批羯贼，把我的家当都抢走，家里连一件像样的衣服都没有了。"

石勒知道他吃了亏，就安慰他说："羯贼这样乱抢东西，太不应该！我来替他们赔偿吧！"

樊坦忽然想起了触犯了禁令，吓得浑身发抖，连忙向石勒请罪。

石勒笑着说："我这个禁令，是对一般百姓的。你们这些老书生，我不怪你们。"

说着，真的赔给樊坦一些衣服钱财，还赏给他一辆车，一匹马。

石勒喜欢读书。但他自己不识字，就找一些读书人把书讲给他听，一边听，一边还不时发表自己的见解。

有一次，他让人给他读《汉书》，听到有人劝汉高祖封旧六国贵族的后代的历史。他就说："唉！刘邦采取这样错误做法，还怎么能够得天下呢？"讲书的人马上给他解释，后来由于张良的劝阻，汉高祖并没有去封旧国六国贵族的后代。石勒点头说："这才对啦。"

又有一次，石勒举行宴会招待大臣，宴席上，他问一个大臣，说："你看我可以比得上古代什么样的帝王？"

大臣吹捧说："陛下英明神武，比汉高祖还强，别人更比不上了。"

石勒笑了笑说："你说得太过分了。我要是遇到汉高祖，只能做他的臣下，大概跟韩信、彭越差不多。要是我生在汉光武帝那个时候，倒可以和他并驾齐驱，还说不定谁胜谁负呢。"

由于石勒懂得重用人才，在政治上比较开明，后赵初期出现了兴盛的气象。

故事心得

　　善于学习，取人之长，补己之短，这是领导人的必备品质之一。尤其在今天的知识经济时代，不会学习的人将很快会被时代淘汰。

陶侃运砖头

　　本故事出自《晋书》，讲的是晋朝时期有个叫陶侃的人，常常早上将砖头运出去，晚上又运回来的故事。

　　祖逖死后，东晋王朝接连发生几次内乱。晋元帝想抵制王氏势力，王敦起兵攻进建康，杀了一批反对他的大臣。元帝的儿子晋明帝即位后，王敦又一次攻打建康失败，自己病死了。到了晋成帝（明帝的儿子）的时候，历阳（今安徽和县）镇将苏峻起兵叛变，攻进了建康。东晋的一些大臣束手无策，后来依靠荆州刺史陶侃出兵，花了两年时间才平定了苏峻的叛乱。

　　陶侃在王敦得势的时候，本来是王敦的部下。那时候，陶侃立了战功，做了荆州刺史。有人妒忌他，在王敦面前说他坏话。王敦把他调到了广州。那时候，广州还是偏僻的地区，调到广州实际上是降了他的职。

　　陶侃到了广州，并没有灰心丧气。他每天早晨把一百块砖头（文言是"甓"）从书房里搬到房外；到了晚上，又把砖头一叠叠运到屋里。人们看到他每天这样做，感到很奇怪，忍不住问他为什么这样做。

　　陶侃严肃地说："我虽然身在南方，但心里想的是收复中原。如果闲散惯了，将来国家需要我的时候，还怎么能担当重任呢？所以，我每天借这些砖头来练练筋骨。"

　　王敦失败以后，东晋王朝才把陶侃提升为征西大将军兼荆州刺史。荆州的百姓听到陶侃回来，都高兴地互相庆贺。

　　官虽然做得大了，可陶侃平时还是十分小心谨慎。荆州衙门里大大小小的事情，他都要亲自认真检查，从来不放松。他常常对他的部下说："大禹是个圣人，都懂得爱惜一寸光阴。像我们这种普通人，论智慧和能力，都跟大禹差得很远，更应该爱惜每一分光阴，怎能贪图安逸。如果活

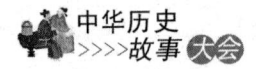
着对国家没有贡献，死了没有留下什么好名誉，那不是自暴自弃吗？"

他部下有些官吏，喜欢吃酒赌博，往往因此耽误了公事，陶侃知道了非常生气。他吩咐人把酒器和赌具都收起来，一股脑儿扔到江里去；还把那些官吏鞭打了一顿。打这以后，大家都吓得不敢再赌博喝酒了。

有一次，陶侃到郊外去视察，看见一个过路人一面走，一面随手摘了一把没有成熟的稻穗，拿在手里玩弄。

陶侃叫住他问："你拔了这棵稻子，干什么用？"那个过路人只好实说："没有什么，只是顺手拔一点玩玩罢了。"

陶侃听了，勃然大怒说："你自己不耕种，还无缘无故毁坏人家的庄稼，真是岂有此理！"

说罢，就命令他的兵士把那人捆绑起来，狠狠地鞭打了一顿，才把他放了。

人们听到刺史这样保护庄稼，种田就更勤快了。荆州地方就渐渐富裕起来。

荆州地方在长江边上。官府造船，常常留下许多木屑和竹头，要是在别人手里，不是打扫掉，就是烧了，但是陶侃却吩咐人把它收拾起来，收藏在仓库里。人们见了，不懂他为什么要这样做，也没敢问。

后来，有一次新春过节，荆州的官员都到官府来拜见陶侃。恰好前几天下了几场大雪。天气放晴，积雪融化后，大厅前面又湿又滑，不好走路。陶侃就吩咐管事的官吏，把仓库里的木屑拿出来铺地，这样，走路的时候就再不怕滑倒跌跤了。

又有一次，东晋水军造一批战船需要竹钉。陶侃又叫人把收藏起来的竹头拿出来给兵士去做造船用的竹钉。

到这时候，大家才知道陶侃收集木屑和竹头的用处，佩服他考虑得周到。

陶侃前前后后带兵四十一年，由于他执法严明，办事认真，谁都佩服他。据说，在他管辖的地方，社会秩序安定，真正做到了"路不拾遗"呢！

最高领导人往往对一个组织或一个地区乃至一个国家有着举足轻重的影响力，优秀的领导人能使社会"路不拾遗"，糟糕的领导人却能让天下大乱。

王羲之写字换鹅

本故事出自《晋书》，讲的是东晋大书法家王羲之抄写卷经来换白鹅的事情。

在"王马共天下"的东晋时期，王氏是高级的士族。王导、王敦家族的子弟，都当上了大小的官员，他们大多数是庸庸碌碌的官僚，但在他们当中，也出了一个我国历史上有名的书法家，他就是王羲之。

王羲之从小喜爱写字。据说他平时走路的时候，也随时用手指比画着练字，日子一久，连衣服都划破了。经过勤学苦练，王羲之的书法达到了很高的水平。

因为他出身士族，加上他的才华出众，朝廷中的公卿大臣都推荐他做官。他做过刺史，也当过右军将军（人们也称他王右军），后来又在会稽郡做官。他不爱住在繁华的京城，见到会稽的风景秀丽，就非常喜爱，一有空，就和他的朋友们一起游览山水。有一次，王羲之和他的朋友在会稽郡山阴的兰亭举行宴会，大家一面喝酒，一面写诗，最后由王羲之当场挥笔，写了一篇文章纪念这次宴会，这就是有名的《兰亭集序》。那幅由王羲之亲笔书写的《兰亭集序》，历来被认为是我国书法艺术的珍品，可惜它的真迹已经失传了。

王羲之的书法越来越有名。当时的人都把他写的字当作宝贝看待。据说有一次，他到他门生家里去，门生很热情地接待他。他坐在一个新的几案旁，看到几案的面又光滑又干净，引起了他写字的兴趣，便叫门生拿笔墨来。

那个门生高兴得不得了，马上把笔墨拿来给王羲之。王羲之在几案上写了几行字，留作纪念，就回去了。

过了几天，那个门生有事出门去了。他的父亲进书房收拾，一看新几案给墨迹弄脏了，就用刀把字刮掉。等门生回来，几案上的字迹已经不见了，门生为这件事懊恼了好几天。

又有一次，王羲之到一个村子去。有个老婆婆拎了一篮子六角形的竹扇在集上叫卖。那种竹扇很简陋，没有什么装饰，引不起过路人的兴趣，看样子卖不出去了，老婆婆十分着急。

王羲之看到这情形，很同情那老婆婆，就上前跟她说："你这竹扇上没画没字，当然卖不出去。我给你题上字，怎么样？"

老婆婆不认识王羲之，见他这样热心，也就把竹扇交给他写了。

王羲之提起笔来，在每把扇面上龙飞凤舞地写了五个字，就还给老婆婆。老婆婆不识字，觉得他写得很潦草，很不高兴。

王羲之安慰她说："别急。你只告诉买扇的人，说上面是王右军写的字。"

王羲之一离开，老婆婆就照他的话做了，集上的人一看真是王右军的书法，都抢着买，一篮竹扇马上就卖完了。

许多艺术家都有各自的爱好，有的爱种花，有的爱养鸟。但是王羲之却有他特殊的癖好，不管哪里有好鹅，他都有兴趣去看，或者把它买回来观赏。

山阴地方有一个道士，他想要王羲之给他写一卷《道德经》，可是他知道王羲之是不肯轻易替人抄写经书的。后来，他打听到王羲之喜欢白鹅，就特地养了一批品种好的鹅。

王羲之听说道士家有好鹅，真的跑去看了。当他走近那道士屋旁，正见到河里有一群鹅在水面上悠闲地浮游着，一身雪白的羽毛，映衬着高高的红顶，实在逗人喜爱。

王羲之在河边看着看看，便舍不得离开，就派人去找道士，要求把这群鹅卖给他。

那道士笑着说："既然王公这样喜爱，就用不到破费，我把这群鹅全部送您好了。不过我有一个要求，就是请您替我抄写一卷经。"

王羲之毫不犹豫地给道士抄写了一卷经，那群鹅就被王羲之带回去了。

故事心得

艺术是"真、善、美"的体现，艺术品蕴含着很高的审美价值、文化价值，艺术珍品则是人类共同的宝贵财富。一个人若喜爱艺术，他的人生将会得到升华。

桓温北伐

本故事出自《晋书》，讲的是东晋时期将领桓温分别于永和十年、永和十二年及太和四年发动北伐北方十六国的战役。

陶侃平定了苏峻的叛乱以后，东晋王朝暂时获得了安定的局面。这时候，北边却乱了起来。

后赵国主石虎（石勒儿子）死了以后，内部发生大乱，后赵大将冉闵称帝，建立了魏国，历史上称为冉魏；鲜卑族贵族慕容建立的前燕又灭了冉魏。公元352年，氐族贵族苻健也乘机占领了关中，建立了前秦。

后赵灭亡的时候，东晋的将军桓温向晋穆帝（东晋的第五个皇帝）上书，要求带兵北伐。桓温是个很有军事才能的人，他在当荆州刺史的时候，曾经进兵蜀地，灭掉了成汉，给东晋王朝立了大功。

但是东晋王朝内部矛盾很大。晋穆帝表面上提升了桓温的职位，实际上又猜忌他。桓温要求北伐，晋穆帝没有同意，却另派殷浩带兵北伐。

殷浩是个只有虚名、没有军事才能的文人。他出兵到洛阳，被羌族人打得大败，死伤了一万多人马，连粮草武器也丢光了。

桓温又上了道奏章，要求朝廷把殷浩撤职办罪。晋穆帝没办法，只好把殷浩撤了职，同意桓温带兵北伐。

公元354年，桓温统率晋军四万，从江陵出发，分兵三路，进攻长安。前秦国主苻健派兵五万在峣关抵抗，被晋军打得落花流水。苻健只好带了六千名老弱残兵，逃回长安，挖了深沟坚守。

桓温胜利进军，到了灞上，长安附近的郡县官员纷纷向晋军投降。桓温发出告示，要百姓安居乐业。百姓欢天喜地，都牵了牛，备了酒，到军营慰劳。

自从西晋灭亡以后，北方百姓受尽混战的痛苦。他们看到桓温的晋军，都高兴地流着眼泪说："想不到今天还能够重新见到晋军。"

桓温驻兵灞上，想等关中麦子熟了的时候，派兵士抢收麦子，补充军粮。可苻健也厉害，他料到桓温的打算，就把没有成熟的麦子全部割光，叫桓温收不到一粒麦子。

桓温的军粮断了，待不下去，只好退兵回来。但是这次北伐毕竟打了一个大胜仗，晋穆帝把他提升为征讨大都督。

以后，桓温又进行了两次北伐。最后一次，进攻前燕，一直打到枋头（今河南浚县西南），后来，因为被前燕切断粮道，遭到失败。

桓温长期掌握东晋的军事大权，野心越来越大。有一次，他自言自语地说："男子汉如果不能流芳百世，也应当遗臭万年。"

有个心腹官员知道了他的野心，向他献计，说要提高自己的威信，就先得学西汉霍光的办法，把现在的皇帝废了，自己另立一个皇帝。

那时候，晋穆帝已经死去。在位的皇帝是晋废帝司马奕。桓温带兵到建康，把司马奕废了，另立一个司马昱当皇帝，这就是晋简文帝。桓温当了宰相，带兵驻在姑孰（今安徽当涂）。

过了两年，晋简文帝病重，留下遗诏由太子司马曜继承皇位。这就是晋孝武帝。桓温本来以为简文帝会把皇位让给他，听到这个消息十分失望，就带兵进了建康。

桓温到达建康那天，随身带的将士，都是全副盔甲，手里拿着明晃晃的武器。朝廷官员到路边去迎接时，看到这个情景，都吓得变了脸色。

桓温请两个最有名望的士族大臣王坦之、谢安到他官邸去会见，王、谢两人早已听说桓温事前在客厅的背后埋伏一批武士，想杀掉他们。所以，王坦之到了相府，浑身出冷汗，连衣服都湿透了。

谢安却十分镇静。进了厅堂坐定之后，他对桓温说："我听说自古以来，讲道义的大将，总是把兵马放在边境去防备外兵入侵。桓公为什么却把兵士藏在壁后呢？"

桓温听了，也有点不好意思，说："我也是不能不防备点儿。"说着，就命令左右把后面埋伏好的兵撤去。

桓温看到建康的士族中反对他的势力还不小，不敢轻易动手。不久，就病死了。

桓温死后，谢安担任了宰相，桓温的弟弟桓冲担任荆州刺史，两人同心协力辅佐晋孝武帝，东晋王朝渐渐出现了团结的气氛。

故事心得

　　名利场永远不会平静，所谓的平静也只是暂时的现象。而故事中谢安的处变不惊，临危不惧，是值得领导人借鉴的地方。

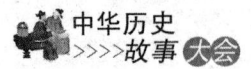
陶渊明不折腰

本故事出自《晋书》，讲述了大诗人陶渊明不肯随波逐流的高洁气节。

淝水之战以后，谢安趁前秦崩溃的时机，派谢玄收复黄河流域大片失地。可是晋孝武帝却重用他弟弟会稽王司马道子，竭力排挤谢安，使谢安不能施展他的才能。到了谢安一死，东晋政权落在昏庸的司马道子手里，东晋的朝政就越来越腐败了。

公元399年，晋安帝在位的时候，会稽郡一带爆发了孙恩领导的农民起义，过了两年，起义军十几万逼近建康，东晋王朝出动北府兵，才把起义镇压下去。

这时候，东晋的统治集团内部又乱了起来。桓温的儿子桓玄占领了长江上游，带兵攻进建康，废了晋安帝，自立为帝。过了三四个月，北府兵将领刘裕打败桓玄，迎晋安帝复位，打那以后，东晋王朝就已经名存实亡了。

在这个动荡不安的年代里，在浔阳柴桑，有一个出名的诗人，名叫陶潜，又叫陶渊明，因为看不惯当时政治腐败，在家乡隐居。陶渊明的曾祖父是东晋名将陶侃，虽然做过大官，但不是士族大地主，到了陶渊明一代，家境已经很贫寒了。陶渊明从小就喜欢读书，不想求官，家里穷得常常揭不开锅，但他还是照样读书做诗，自得其乐。他的家门前有五株柳树，他给自己起个别号，叫五柳先生。

后来，陶渊明越来越穷困了，靠自己耕种田地，也养不活一家老少。亲戚朋友都劝他出去谋个一官半职，他没有办法只好答应了。当地官府听说陶渊明是名将后代，又有文才，就推荐他在刘裕手下做了个参军。但是没过多少日子，他就看出当时的官员将军互相倾轧，心里很厌烦，又要求出去做个地方官。上司就把他派到彭泽（在今江西省）当县令。

当时做个县令，官俸是不高的。陶渊明一不会搜刮；二不懂贪污，日子过得并不富裕，但是比起他在柴桑家里过的穷日子，当然要好一些。再说，他觉得留在一个小县城里，没有什么官场应酬，也还比较自在。

有一天，郡里派了一名督邮到彭泽视察。县里的小吏听到这个消息，连忙向陶渊明报告。陶渊明正在他的内室里捻着胡子吟诗，一听到来了督邮，十分扫兴，只好勉强放下诗卷，准备跟小吏一起去见督邮。

小吏一看他身上穿的还是便服，吃惊地说："督邮来了，您该换上官服，束上带子去拜见才好，怎么能穿着便服去呢！"

陶渊明向来看不惯那些依官仗势、作威作福的督邮，一听小吏说还要穿起官服行拜见礼，更受不了这种屈辱。他叹了口气说："我可不愿为了这五斗米官俸，去向那号小人打躬作揖（文言是'不为五斗米折腰'）！"

说着，他也不去见督邮，索性把身上的印绶解下来交给小吏，辞职不干了。

陶渊明回到柴桑老家，觉得这个乱糟糟的局面跟自己的志趣、理想距离得太远了。从那以后，他下决心隐居过日子，空下来就写了许多诗歌文章，来抒发自己的心情。

陶渊明写过一篇非常有名的文章，叫作《桃花源记》。在那篇文章里，描写了武陵地方的一个渔人，有一次，沿着小溪划船打鱼，来到了一座繁花如锦、芳草鲜嫩的桃树林。

渔人被眼前的景色吸引住了，划着船再往前走，到了树林尽头，发现了一个小洞。他丢了船，顺着洞口摸进去，开始很狭窄，走了一段，便豁然开朗，原来洞里有一个很大的村子，那里土地肥沃，桑木成行，男女老幼，来来往往，勤恳劳动，过着无忧无虑的和平生活。

大家看到渔夫是个陌生客人，都热情地邀请他喝酒吃饭。渔夫跟大家谈起，才知道那村子里的人的祖先还是秦朝末年避难到这儿来的。他们根本不知道秦以后还有汉朝，更不用说有什么魏、晋了。

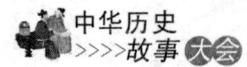

渔人在那里住了几天，告别回家。他在回家路上，做了好多标记，准备下一次再去访问。回到武陵，他报告了太守。太守便也很感兴趣，对此事派人跟着渔人去找桃花林，但是怎么也找不到那个洞口了。

陶渊明写的那个世外桃源，在当时的社会里是不会有的。但是他在文章里描绘的那种人人劳动，个个过着富裕、安定生活的图景，却真实反映了在当时黑暗动荡时代的人民的一种美好愿望。所以《桃花源记》这篇文章，后来一直被人们所喜爱。

故事心得

在中国历史上，像陶渊明那样"不为五斗米折腰"的人是很少见的，大多数人是随波逐流的名利客。正因为如此，"陶渊明精神"才显得弥足珍贵！

玄武门之变

本故事出自《新唐书》，讲的是秦王府麾下的骁将，在玄武门设伏，杀兄、屠弟，夺取太子之位的故事。

唐高祖即位以后，封李建成为太子，李世民为秦王，李元吉为齐王。三个人当中，数李世民功劳最大。太原起兵，原是他的主意；在之后几次战斗中，他立的战功也最多。李建成的战功不如李世民，只是因为他是高祖的大儿子，才取得太子的地位。

李世民不但有勇有谋，而且手下还有一批人才。在秦王府中，文的有房玄龄、杜如晦等，号称十八学士；武的有尉迟敬德、秦叔宝、程咬金等著名勇将。太子建成自己知道威信比不上李世民，心里妒忌，就和弟弟齐王元吉联合，一起排挤李世民。

建成、元吉知道唐高祖宠爱一些妃子，就经常在这些宠妃面前拍马送礼，讨她们的欢喜。李世民就没有这样做。李世民平定东都之后，有的妃子私下向李世民索取隋宫里的珍宝，还为她们的亲戚谋官做，都被李世民拒绝了。于是，宠妃们常常在高祖面前说太子的好话，讲秦王的短处。唐高祖听信宠妃的话，跟李世民渐渐疏远起来。

李世民多次立功，建成和元吉更加忌恨，千方百计想除掉李世民。

有一次，建成请李世民到东宫去喝酒。世民喝了几盅，忽然感到肚子痛，手下人把他扶回家里，他一阵疼痛，竟呕出血来。李世民心里明白，一定是建成在酒里下了毒，赶快请医服药，总算慢慢好了。

建成、元吉想害李世民，但是又怕世民手下勇将多，真的动起手来，占不到便宜，就想先把这些勇将收买过来。

建成私下派人送了一封信给秦王手下的勇将尉迟敬德，表示要跟尉迟敬德交个朋友，还给尉迟敬德送去一车金银。

尉迟敬德跟建成的使者说："我是秦王的部下。如果私下跟太子来往，对秦王三心二意，我就成了个贪利忘义的小人。这样的人对太子又有什么用呢。"说着，他把一车金银原封不动地退还了。

建成受到尉迟敬德的拒绝，气得要命。当天夜里，元吉便派了个刺客到尉迟敬德家去行刺。尉迟敬德早就料到建成他们不会放过他，一到晚上，故意把大门打开。刺客溜进院子，隔着窗户偷看，只见尉迟敬德斜靠在床上，身边放着长矛。刺客本来知道他的名气，怕他早有防备，没敢动手，就偷偷地溜回去了。

建成、元吉一计不成，又生一计。那时候，突厥进犯中原，建成向唐高祖建议，让元吉代替李世民带兵北征。唐高祖任命元吉做主帅后，元吉又请求把尉迟敬德、秦叔宝、程咬金三员大将和秦王府的精兵都划归元吉指挥。他们打算把这些将士调开以后，就可以放手杀害李世民。

有人把这个秘密计划报告了李世民，李世民感到形势紧急，连忙找他舅长孙无忌和尉迟敬德商量，两人都劝李世民先发制人。李世民说："兄

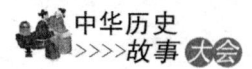
弟互相残杀，总不是件体面的事。还是等他们动了手，我们再来对付他们。"

尉迟敬德、长孙无忌都着急起来，说如果李世民再不动手，他们也不愿留在秦王府白白等死。李世民看他的部下十分坚决，就下定了决心。

当天夜里，李世民进宫向唐高祖禀告，诉说太子跟元吉怎么谋害他。唐高祖答应等明天一早，叫兄弟三人一起进宫，由他亲自查问。

第二天早上，李世民叫长孙无忌和尉迟敬德带了一支精兵，埋伏在皇宫北面的玄武门，只等建成、元吉进宫。

没多久，建成、元吉骑着马朝玄武门来了，他们到了玄武门边，觉得周围的气氛有点反常，心里犯了疑。两人拨转马头，准备回去。

李世民从玄武门里骑着马赶了出来，高喊说："殿下，别走！"

元吉转过身来，拿起身边的弓箭，就想射杀世民，但是心里一慌张，连弓弦都拉不开。李世民眼明手快，射出一支箭，把建成先射死了；紧接着，尉迟敬德带了七十名骑兵一起冲了出来，尉迟敬德一箭，把元吉也射下马来。

东宫和齐王府的将士听到玄武门出了事，全部出动，猛攻秦王府的兵士。李世民一面指挥将士抵抗，一面派尉迟敬德进宫。

唐高祖正在皇宫里等着三人去朝见，尉迟敬德手拿长矛气吁吁地冲进宫来，说："太子和齐王发动叛乱，秦王已经把他们杀了。秦王怕惊动陛下，特地派我来保驾。"

高祖这才知道外面出了事，吓得不知道该怎么办才好。

宰相萧瑀等说："建成、元吉本来就没有什么功劳，两人妒忌秦王，施用奸计。现在秦王既然已经把他们消灭，这是好事。陛下把国事交给秦王，就没事了。"

到了这步田地，唐高祖反对也没用了，只好听左右大臣的话，宣布建成、元吉罪状，命令各府将士一律归秦王指挥。过了两个月，唐高祖让位给秦王，李世民即位，就是唐太宗。

故事心得

　　李世民凶兄逼父，显示出他的智慧和勇敢。从古至今，大部分历史学家对李世民发动玄武门之变持理解、同情甚至赞赏的态度。我们不宜单纯从道德的角度去评判谁是谁非。

魏征直言敢谏

　　本故事出自《新唐书》，讲的是唐太宗时期的能臣魏征敢于直言纳谏的故事。

　　玄武门之变后，有人向秦王李世民告发，东宫有个官员，名叫魏征，曾经参加过李密和窦建德的起义军，李密和窦建德失败之后，魏征到了长安，在太子建成手下干过事，还曾经劝说建成杀害秦王。

　　秦王听了，立刻派人把魏征找来。

　　魏征见了秦王，秦王板起脸问他说："你为什么在我们兄弟中挑拨离间？"

　　左右的大臣听秦王这样发问，以为是要算魏征的老账，都替魏征捏了一把汗。但是魏征却神态自若，不慌不忙地回答说："可惜那时候太子没听我的话，要不然，也不会发生这样的事了。"

　　秦王听了，觉得魏征说话直爽，很有胆识，不但没有责怪魏征，反而和颜悦色地说："这已经是过去的事，就不用再提了。"

　　唐太宗即位以后，把魏征提拔为谏议大夫（官名），还选用了一批建成、元吉手下的人做官。原来秦王府的官员都不服气，背后嘀咕说："我们跟着皇上多少年。现在皇上封官拜爵，反而让东宫、齐王府的人先沾了光，这算什么规矩？"

　　宰相房玄龄把这番话告诉了唐太宗。唐太宗笑着说："朝廷设置官员，

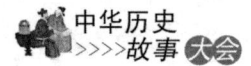
为的是治理国家，应该选拔贤才，怎么能拿关系来作为选人的标准呢？如果新来的人有才能，老的没有才能，就不能排斥新的，任用老的啊！"

大家听了，都没有话说。

唐太宗不记旧恨，选用人才，而且鼓励大臣们把意见当面说出来。在他的鼓励之下，大臣们也敢于说话了。特别是魏征，对朝廷大事，都想得很周到，有什么意见就在唐太宗面前直说，唐太宗也特别信任他，常常把他召进内宫，听取他的意见。

有一次，唐太宗问魏征说："历史上的人君，为什么有的人明智，有的人昏庸？"

魏征说："多听听各方面的意见，就明智；只听单方面的话，就昏庸（文言是'兼听则明，偏听则暗'）。"他还举了历史上尧、舜和秦二世、梁武帝、隋炀帝等例子说："治理天下的人君如果能够采纳下面的意见，那么下情就能上达，他的亲信要想蒙蔽也蒙蔽不了。"

唐太宗连连点头说："你说得多好啊！"

又有一天，唐太宗读完隋炀帝的文集，跟左右大臣说："我看隋炀帝这个人，学问渊博，也懂得尧、舜好，桀、纣不好，为什么干出事来这么荒唐？"

魏征接口说："一个皇帝光靠聪明渊博不行，还应该虚心倾听臣子的意见。隋炀帝自以为才高，骄傲自信，说的是尧、舜的话，干的是桀纣的事，到后来糊里糊涂，就自取灭亡了。"唐太宗听了，感触很深，叹了口气说："唉，过去的教训，就是我们的老师啊！"

唐太宗看到他的统治巩固下来，心里高兴。他觉得大臣们劝告他的话很有帮助，就向他们说："治国好比治病，病虽然好了，还得好好休养，不能放松。现在中原安定，四方归服，自古以来，很少有这样的日子。但是我还得十分谨慎，只怕不能保持长久，所以我要多听听你们的谏言才好。"

魏征说："陛下能够在安定的环境里想到危急的日子，太叫人高兴了

（文言是'居安思危'）。"

以后，魏征提的意见越来越多。他看到太宗有不对的地方，就当面力争。有时候，唐太宗听得不是滋味，沉下了脸，魏征还是照样说下去，叫唐太宗下不了台阶。

有一次，魏征在上朝的时候，跟唐太宗争得面红耳赤。唐太宗实在听不下去，想要发作，又怕在大臣面前丢了自己接受意见的好名声，只好勉强忍住。退朝以后，他憋了一肚子气回到内宫，见到了长孙皇后，气冲冲地说："总有一天，我要杀死这个乡巴佬！"

长孙皇后很少见太宗发那么大的火，问他说："不知道陛下想杀哪一个呢？"

唐太宗说："还不是那个魏征！他总是当着大家的面侮辱我，叫我实在忍受不了！"

长孙皇后听了，一声不吭，回到自己的内室，换了一套朝见的礼服，向太宗下拜。

唐太宗惊奇地问道："你这是干什么？"

长孙皇后说："我听说英明的天子才有正直的大臣，现在魏征这样正直，正说明陛下的英明，我怎么能不向陛下祝贺呢！"

这一番话就像一盆清凉的水，把太宗满腔怒火浇熄了。

后来，他不但不记魏征的恨，反而夸奖魏征说："人家都说魏征举止粗鲁，我看这正是他可爱的地方！"

公元 643 年，那位直言敢谏的魏征病死了。唐太宗很难过，他流着眼泪说："一个人用铜作镜子，可以照见衣帽是不是穿戴得端正；用历史作镜子，可以看到国家兴亡的原因；用人作镜子，可以发现自己做得对不对。魏征一死，我就少了一面好镜子啊。"

由于唐太宗重用人才，能采纳大臣的直谏，政治比较开明，而且注意减轻百姓的劳役，采取了一些发展生产的措施，唐朝初期经济出现了繁荣景象，社会秩序比较安定，历史上把这段时期称作"贞观之治"（贞观是

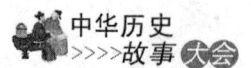

唐太宗的年号）。

故事心得

　　唐太宗和魏征，被认为是明君和贤臣的代名词。由于唐太宗善于用人，励精图治，从而使唐朝初期出现了中国历史上盛世的典范——"贞观之治"。

杯酒释兵权

　　本故事出自《宋史》，讲的是宋太祖赵匡胤为了加强中央集权，同时避免别的将领也"黄袍加身"，篡夺自己的政权，所以赵匡胤通过一次酒宴，以威胁利诱的方式，要求高阶军官们交出手中兵权的故事。

　　宋太祖即位后不出半年，就有两个节度使起兵反对宋朝。

　　宋太祖亲自出征，费了很大劲儿，才把他们平定。

　　为了这件事，宋太祖心里总不大踏实。有一次，他单独找赵普谈话，问他说："自从唐朝末年以来，换了五个朝代，没完没了地打仗，不知道死了多少老百姓。这到底是什么道理？"

　　赵普说："道理很简单。国家混乱，毛病就出在藩镇权力太大。如果把兵权集中到朝廷，天下自然就太平无事了。"

　　宋太祖连连点头，赞赏赵普说得好。

　　后来，赵普又对宋太祖说："禁军大将石守信、王审琦两人，兵权太大，还是把他们调离禁军为好。"

　　宋太祖说："你放心，这两人是我的老朋友，不会反对我。"

　　赵普说："我并不担心他们叛变。但是据我看，这两个人没有统帅的才能，管不住下面的将士。有朝一日，下面的人闹起事来，只怕他们也身不由己呀！"

宋太祖敲敲自己的额角说："亏得你提醒一下。"

过了几天，宋太祖在宫里举行宴会，请石守信、王审琦等几位老将喝酒。

酒过几巡，宋太祖命令在旁侍候的太监退出。他拿起一杯酒，先请大家干了杯说："我要不是有你们帮助，也不会有现在这个地位，但是你们哪儿知道，做皇帝也有很大难处，还不如做个节度使自在。不瞒各位说，这一年来，我就没有一夜睡过安稳觉。"

石守信等人听了十分惊奇，连忙问这是什么缘故。宋太祖说："这还不明白？皇帝这个位子，谁不眼红呀？"

石守信等听出话音来了。大家着了慌，跪在地上说："陛下为什么说这样的话呢？现在天下已经安定了，谁还敢对陛下三心二意？"

宋太祖摇摇头说："对你们几位我还信不过？只怕你们的部下将士当中，有人贪图富贵，把黄袍披在你们身上。你们想不干，能行吗？"

石守信等听到这里，感到大祸临头，连连磕头，含着眼泪说："我们都是粗人，没想到这一点，请陛下指引一条出路。"

宋太祖说："我替你们着想，你们不如把兵权交出来，到地方上去做个闲官，买点田产房屋，给子孙留点家业，快快活活度个晚年。我和你们结为亲家，彼此毫无猜疑，不是更好吗？"

石守信等齐声说："陛下为我们想得太周到啦！"

酒席一散，大家各自回家。第二天上朝，每人都递上了一份奏章，说自己年老多病，请求辞职。宋太祖马上照准，收回他们的兵权，赏给他们一大笔财物，打发他们到各地去做节度使。

历史上把这件事称为"杯酒释兵权"（"释"就是"解除"）。

过了一段时期，又有一些节度使到京城来朝见。宋太祖在御花园举行宴会。太祖说："你们都是国家老臣，现在藩镇的事务那么繁忙，还要你们干这种苦差，我真过意不去！"

有个乖巧的节度使马上接口说："我本来没什么功劳，留在这个位子

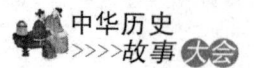
上也不合适，希望陛下让我告老回乡。"

也有个节度使不知趣，唠唠叨叨地把自己的经历夸说了一番，说自己立过多少多少功劳。宋太祖听了，直皱眉头，说："这都是陈年老账了，净提它干什么？"

第二天，宋太祖把这些节度使的兵权全部解除了。

宋太祖收回地方将领的兵权以后，建立了新的军事制度，从地方军队挑选出精兵，编成禁军，由皇帝直接控制；各地行政长官也由朝廷委派。通过这些措施，新建立的北宋王朝开始稳定下来。

故事心得

宋太祖最清楚自己是怎样当上皇帝的。因此，他即位后的头等大事自然是削掉大将的兵权。更何况，"飞鸟尽，良弓藏；狡兔死，走狗烹"是中国封建统治者的斗争规律。因此，对功臣来说，功成身退不失为明智之举。

李后主亡国

本故事源于《宋史》，讲的是宋军破金陵后，南唐后主李煜在开封肉袒出降，被北宋军所俘沦为阶下囚，以及南唐灭亡的这段历史。

宋太祖稳定了内部，雄心勃勃，准备出兵统一全国。当时，五代时期的"十国"，留下来的北方有北汉，南方还有南唐、吴越、后蜀、南汉、南平等。要统一全国，该先从哪里下手呢？先打北汉，还是先打南方呢？宋太祖想了几天，还是决定不下来。

一天夜里，风雪交加。赵普正在家里烤火取暖，忽然听得门外一阵敲门声。赵普心里奇怪，这么寒冷的夜里，还有谁会来找他？他打开门一看，只见一个人披着斗篷，在雪地里站着。赵普定睛一看，大吃一惊，原来来的竟是宋太祖。

赵普连忙把宋太祖请进屋里，拨红了炭火，在炭火上炖上肉，叫他妻子拿出酒来招待。

赵普问："雪下得这么大，陛下为什么还要出来？"

宋太祖说："我想起一件事，反正睡不着，就来找你商量一下。"

赵普想了一会儿，知道陛下心里想着出兵统一全国，便说："如果我们先打下北汉，就会受到辽朝的威胁，还不如先削平南方，回过头来再打北汉。小小北汉，不过像弹丸一样大，晚一点收拾也跑不了。"

宋太祖笑着说："我们想到一起去了。"

宋太祖和赵普决定了先南后北的计划以后，约莫花了十年时间，先后出兵消灭了南平、后蜀、南汉。这样，南方的割据政权只留下南唐和吴越两国。

南唐是"十国"中最大的一个割据政权，那里土地肥沃，没有像中原那样遭到战争的破坏，所以经济繁荣，国力富裕。但是，南唐的国主都是政治上十分昏庸无能的人，后来弄得国力渐渐衰弱下来。

最后的一个国主李煜，历史上称南唐后主，是一个著名的词人，对诗词、音乐、书画，十分精通，可心思就是不用在处理国事上。北宋建国后，李煜每年向北宋进贡大量金银财宝，想维持他的地位。后来，他看到宋太祖接连消灭了周围三个小国，才着慌起来，赶快派使者给宋太祖送去一封信，表示愿意取消南唐国号，自己改称"江南国主"。但是这一点小小的让步，怎么能改变宋太祖统一中国的决心呢？

公元974年9月，宋太祖派大将曹彬、潘美带领十万大军分水陆两军攻打南唐。曹彬从荆南带领水军沿江东下，很快就占领了池州（今安徽贵池），进驻采石矶（今安徽马鞍山市）。潘美带领的步兵到了江北，被辽阔的江面挡住了进军的道路。

有人向宋军献计，如果用竹筏和大船搭成浮桥，步兵就可以全部顺利过江。潘美听了这个计策，马上赶造浮桥。这个消息传到南唐的国都金陵

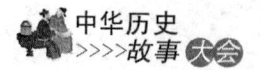
（今江苏南京市），南唐君臣正在喝酒，李后主问周围大臣该怎么办？大臣说："自古以来，没听说搭浮桥过江的，一定办不成！"

后主听了，哈哈大笑说："我早说他们是小孩子闹着玩罢了。"

过了三天，宋军搭好浮桥，潘美的步兵像在陆地上行军一样，顺利跨过长江。南唐的守将败的败，投降的投降。十万宋军很快就打到金陵城边。

那时候，李后主正在宫里诵经讲道，宋军到了城外，他还蒙在鼓里呢。有一天，他到城头上巡视，发现城外到处飘扬着宋军旗帜，这才大吃一惊，回宫以后，派大臣徐铉到东京去求和。

徐铉见了宋太祖说："李煜待陛下，就像儿子待父亲一样孝顺，为什么还要讨伐他？"

宋太祖反问说："那么你倒说说，父亲和儿子能分成两家吗？"

徐铉没话说，回到金陵向李后主回报。过了一个月，宋军围城越来越紧，李后主又派徐铉到东京去。

徐铉苦苦恳求宋太祖不要进攻金陵，宋太祖听得不耐烦，一手按住利剑，怒气冲冲地说："你不要多说了。李煜并没有什么罪。但是现在天下一家，我的床边，怎么能让别人睡着打呼噜呢！"

徐铉眼看再恳求也没用，只好再回到金陵。李后主听了回报，知道求和没有希望，连忙调动驻守上江的十五万大军来救。兵到皖口，受到宋军两路夹攻。南唐军放火烧宋军。哪知正碰到起北风，火反烧了自己，南唐军全军覆没。

曹彬派人进城告诉李后主，劝他趁早投降，免得城里百姓的生命财产遭到毁灭。后主还想拖下去，曹彬就下令攻城。

第二天，城被攻破了，曹彬率领宋军整队进城，秩序井然。李后主叫人在宫里堆了柴草，准备放火自杀，但是毕竟没有这个勇气，最后还是带着大臣出宫门，向曹彬投降了。

李后主被押到东京，宋太祖对他还比较优待，但是李后主从一个尽情享乐的国君变成了一个亡国的俘虏，心里十分辛酸，每天流着眼泪过日子。他本来是写词的能手，在这段时期里，写了一些感情忧伤的词。"问君能有几多愁，恰似一江春水向东流。"就是他这段时期词作中的名句。

故事心得

治理国家需要的是政治才能，而不是文学才能。李后主只知纵情享乐，亡国沦为阶下囚乃是顺势潮流。

赵普收礼

本故事出自《宋史》，讲的是北宋宰相赵普收受贿赂的事情。

从宋太祖取得政权开始，到平定南方，赵普一直是主要的谋士，立了不少大功。宋太祖拜赵普为宰相，事无大小，都愿意跟赵普商量。

赵普出身小吏，比起一般文臣来，他的学问差得多。他当上宰相以后，宋太祖劝他读点书，赵普每次回家，就关起房门，从书箱里出取书，认真诵读，第二天上朝处理政事，总是十分敏快。后来，家里人发现，他的书箱里藏的不过是一部《论语》。于是人们就流传一种说法，说赵普是靠"半部《论语》治天下"的。

宋太祖信任赵普，赵普也敢于在宋太祖面前坚持自己的意见。有一次，赵普向宋太祖推荐一个人做官，接连两天，宋太祖没有同意。第三天赵普上朝的时候，又送上奏章，坚持要求宋太祖同意他的推荐，这下可触怒了宋太祖，宋太祖便把奏章撕成两半，扔在地上。

赵普趴在地上，不慌不忙地把扯碎的奏章拾起来，放在袖子里。退朝回家以后，赵普把扯碎的奏章粘接起来，过了几天，又带着它上朝交给宋太祖，宋太祖见赵普态度这样坚决，只好接受了他的意见。

还有一次，赵普要提拔一名官员，宋太祖不批准，赵普就像前次一样

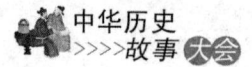
坚持自己的意见。宋太祖说："我就是不准，你能怎么样？"

赵普说："提拔人才，都是为国家着想，陛下怎能凭个人的好恶专断！"

宋太祖听了，气得脸色变白，一甩袖就往内宫走，赵普紧紧跟在后面，宋太祖进了内宫，赵普站在宫门外不走。

宫门前的卫士见宰相站在门口不走，只好向宋太祖回报。这时候宋太祖气已经平了，就叫太监通知他，说皇上已经同意他的请求，叫他回家。

赵普做了十年宰相，权力很大，日子久了，就有人想走他的门路，不时有人给他送礼物来。

宋太祖经常到赵普家里去，事先也不派人通知。有一次，吴越王钱派个使者送信给赵普，还捎带了十坛"海产"。赵普把十坛"海产"放在堂前，还没来得及拆信，正好宋太祖到了。

宋太祖在厅堂里坐下，看到这十只坛，就问赵普是什么东西。赵普回答说："是吴越送来的海产。"

宋太祖笑着说："既然是吴越送来的海产，一定不错，把它打开来看看吧！"

赵普吩咐仆人，打开坛盖，在场的人一看都傻了眼，原来坛里放的不是什么海产，竟是一块块金子。

宋太祖向来怕官员接受贿赂，滥用权力，看到这情况，心里窝了一肚子火，脸色也就沉了下来。

赵普满头大汗，惶恐地向宋太祖请罪，说："臣没有看信，实在不知道里面是什么东西，请陛下恕罪。"

宋太祖冷冷地说："你就收下吧！他们以为国家大事都由你们书生决定的呢。"

打这以后，宋太祖对赵普就有点猜疑起来。不久，又有官员告发赵普违反禁令，贩运木料。原来，当时朝廷禁止私运秦、陇（今陕西、甘肃一带）大木，赵普曾经到那里运木料为自己造住宅，他的部下趁机冒用赵普名义，私运一批大木到东京贩卖，这件事牵连到赵普。宋太祖大怒，要治赵普的罪，尽管其他大臣为他说情，宋太祖最终还是撤了赵普的宰相职位。

故事心得

赵普丢官说明为官者面临着很大风险，稍不留神就可能丢掉乌纱帽甚至脑袋。而宋太祖的做法启示领导们不能凭个人的好恶处理国家大事。

杨业英勇抗敌

本故事选自《宋史》，讲述的是北宋时期有名的将领杨业英勇抗击辽军的故事。

宋太祖花了十三年工夫，灭了南方五国，接着，就出兵攻打北汉都城太原，北汉请辽国出兵援助，宋军吃了败仗。不久，宋太祖也得病死去了，他的弟弟赵匡义继承皇位，这就是宋太宗。

宋太宗决心完成统一北方的事业，公元979年，他亲自率领四路大军围攻北汉都城太原。辽军又来援助，宋太宗派兵截断援兵要道。太原城在宋军重重包围之中，外无援兵，内无粮草，北汉国主刘继元没法，只好投降。刘继元手下有一名老将杨业，也归附宋朝，宋太宗早就听说杨业武艺高强，十分器重他，任命他做大将。

宋太宗灭了北汉，想乘胜攻打辽国，收复北方失地。宋军攻势凌厉，北方有几个州的辽朝守将纷纷投降，宋军一直打到幽州（今北京市）。后来，辽国派大将耶律休哥救援，双方在高梁河（今北京市城西）打了一仗，宋兵大败，宋太宗乘了一辆驴车，逃回东京。

打那以后，辽军不断袭击北宋边境。宋太宗十分担心，就派杨业为代

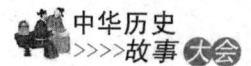
州刺史,扼守雁门关。

公元 980 年,辽国派了十万大军攻打雁门关。那时候,杨业手下只有几千人马,兵力相差很大。杨业是个有经验的老将,知道靠硬拼是不行的,就把大部分人马留在代州,自己带领几百名骑兵,悄悄地从小路绕到雁门关北面敌人后方。

辽兵向南进军,一路上没遇到抵抗,正在得意,忽然,后面响起一片喊杀声,只见烟尘滚滚,一支骑兵从背后杀来,像猛虎冲进羊群一样,乱砍猛杀。辽兵毫无防备,又弄不清后面来了多少人马,个个心惊胆战,阵容大乱,哪儿还抵挡得了,纷纷向北逃窜,杨业带兵追赶上去,杀伤大批辽兵,还杀死了一名辽国贵族,活捉了一员辽将。

雁门关大捷以后,杨业威名远扬,辽兵一看到"杨"字旗号,就吓得不敢交锋,人们给杨业起了个外号,叫作"杨无敌"。

杨业立下大功,也引起一些边防将领的妒忌,有人给宋太宗上奏章,说了杨业许多坏话。宋太宗正要依靠杨业,不理睬那些诬告,把那些奏章封好了,派人送给杨业。杨业见宋太宗这样信任他,自然十分感动。

过了几年,辽景宗耶律贤死去,即位的辽圣宗耶律隆绪才十二岁,由他的母亲萧太后执政。有个边将向宋太宗上奏章,认为辽国政局变动,正好趁这个机会收复燕云十六州失地,宋太宗接受了这个意见。公元 986 年,宋太宗派出曹彬、田重进、潘美率领三路大军北伐,并且派杨业做潘美的副将。

大军分路进攻,旗开得胜。潘美、杨业的一路人马出了雁门关,很快就收复了四个州。但是曹彬率领的主力因为孤军深入,后来被辽军杀得大败。宋太宗赶快命令各路宋军撤退。

潘美、杨业接到命令,就领兵掩护四个州的百姓撤退到狼牙村。那时候,辽军已经占领寰州(今山西朔县东),兵势很猛。杨业建议派兵佯攻,吸引住辽军主力,同进派精兵埋伏在退路的要道,掩护军民撤退。

监军王反对杨业的意见说:"我们带了几万精兵,还怕他们?我看我们只管沿着雁门大路，大张旗鼓地行军，也好让敌人见了害怕。"

杨业说："现在敌强我弱，这样干一定要失败。"

王带着嘲笑的口吻说："杨将军不是号称无敌吗？现在在敌人面前畏缩不战，是不是另有打算？"

这一句话把杨业激怒了。他说："我并不是怕死，只是看到现在时机不利，怕让兵士们白白丧命。你们一定要打，我可以打头阵。"

主将潘美也支持王的主张。杨业无可奈何，只好带领手下人马出发了。临走的时候，他流着眼泪对潘美说："这个仗肯定要失败。我本来想看准时机，痛击敌人，报答国家，现在大家责备我避敌，我不得不先死。"

接着，他指着前面的陈家峪（今山西朔县南）对潘美说："希望你们在这个谷口两侧，埋伏好步兵和弓弩手。我兵败之后，退到这里，你们带兵接应，两面夹击，也许会有转败为胜的希望。"

杨业出兵没有多远，果然遭到辽军的伏击，杨业虽然英勇，但是辽兵像潮水一样涌上来，杨业拼杀了一阵，抵挡不住，只好一边打一边后退，把辽军引向陈家峪。

到了陈家峪，正是太阳下山的时候。杨业退到谷口，只见两边静悄悄，连宋军的影儿都没有。潘美带领的主力到哪儿去了呢？原来杨业走了以后，潘美也曾经把人马带到陈家峪，等了一天，听不到杨业的消息，王认为一定是辽兵退了，他怕让杨业抢了头功，催促潘美把伏兵撤去，离开了陈家峪；等到他们听到杨业兵败，又往另外一条小道逃跑了。

杨业见约定的地点没人接应，气得直跺脚，只好带领部下转身跟追上来的辽兵展开搏斗，兵士们个个奋勇抵抗。但是辽军越来越多，到了后来，杨业身边只有一百多个兵士。他含着泪，高声向兵士说："你们都有自己的父母家小，不要跟我一起死在这里，赶快突围出去，也好让朝廷得知我们的情况。"

兵士们听了这些话，再看看杨业浴血奋战的情景，感动得都流下热泪，没有一个愿意离开杨业，最后，兵士都战死了，杨业的儿子杨延玉和

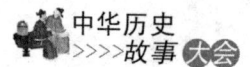
部将王贵也牺牲了。杨业身上受了十几处伤，浑身是血，还来回冲杀，杀伤了几百名敌人。不料一支箭飞来，正射中他的战马，马倒在地下，把他摔了下来。辽兵乘机围了上来，把他俘虏了。

杨业被俘以后，辽将劝他投降。他抬起头叹了口气说："我杨业本来想消灭敌人，报答国家，没想到被奸臣陷害，落得全军覆没，哪还有脸活在世上呢？"他在辽营里，绝食了三天三夜，就牺牲了。

杨业战死的消息传到东京，朝廷上下都为他哀痛叹息。宋太宗丧失了一名勇将，感到非常难过，于是他将潘美和王革职查办。

杨业死后，他的后代继承他父亲的事业，儿子杨延昭、孙子杨文广在保卫宋朝边境的战争中都立了功。他们一家的英勇事迹受到人们的传诵和赞美，民间流传的杨家将故事，就是根据他们的事迹流传开的。

故事心得

自古忠臣多遭奸臣陷害。杨家将精忠报国的美名千古流传，而奸臣贼子则遭到万人唾骂。

狄青不怕出身低

本故事出自《宋史》，讲的是北宋将领狄青虽出身不好，但因其勤奋刻苦而终立基业的故事。

韩琦、范仲淹刚到陕西的时候，有人向他们推荐，当地军官中有个狄青，英勇善战，有大将的才干。范仲淹正需要将才，听了这话，很感兴趣，要部下把狄青的事迹详细说一下。

原来，狄青本是京城禁军里的一个普通兵士。他从小就练得一身武艺，骑马射箭，样样精通，加上胆大力壮，后来被选拔做了个小军官。

西夏的元昊称帝以后，宋仁宗派禁军到边境去防守，狄青被派到陕西保安（今陕西志丹）。

　　不久，西夏兵进攻保安，保安的宋军多次被西夏兵打败，兵士们一听说打仗都有点害怕，守将卢守勤为了这件事正在发愁。狄青主动要求让他担任先锋，抗击西夏军。

　　卢守勤见狄青愿意当先锋，自然高兴，就拨给他一支人马，跟前来进犯的西夏军交战。

　　狄青每逢上阵，就先换一身打扮，他把发髻打散，披头散发，头上戴着一个铜面具，只露出两只炯炯的眼睛。他手拿一支长枪，带头冲进敌阵，东挑西杀。西夏兵士自从进犯宋境以来，没有碰到过这样厉害的对手，他们看到狄青这副打扮，已经胆寒了。经狄青和宋军猛冲了一阵，西夏军的阵脚大乱，纷纷败退，狄青带领宋军冲杀过去，打了一个大胜仗。

　　捷报传到朝廷，宋仁宗十分高兴，把卢守勤提升了官职，狄青提升四级。宋仁宗还想把狄青召回京城，亲自接见，后来因为西夏兵又进犯渭州，调狄青去抵抗，不得不取消了召见的打算，叫人给狄青画了肖像，送到朝廷去。

　　以后几年里，西夏兵不断在边境各地进犯，弄得地方不得安宁。狄青前后参加了二十五次大小战斗，受了八次箭伤，从没有打过一次败仗。西夏兵士一听到狄青的名字，就吓得不敢跟他交锋。

　　范仲淹听了部下的推荐，立刻召见狄青，问他读过什么书，狄青出身兵士，识字不多，要他说读过什么书，他答不上来。

　　范仲淹劝他说："你现在是个将官了，做将官的如果不能博古通今，只靠个人的勇敢是不够的。"接着，他还给狄青推荐了一些书。

　　狄青见范仲淹这样热情鼓励他，十分感激。以后，他利用打仗的空隙时间刻苦读书。过了几年，他把秦汉以来名将的兵法都读得很熟，又因为立了战功，不断得到提升，名声更大。后来，宋仁宗把他调回京城，担任马军副都指挥。

　　宋朝有个残酷的制度，为了防止兵士开小差，在兵士的脸上刺上字。

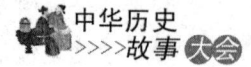
狄青当小兵的时候也被刺过字。过了十多年，狄青当了大将，但是脸上还留着黑色的字迹。

有一次，宋仁宗召见他以后，认为当大将的脸上留着黑字，很不体面，就叫狄青回家以后，敷上药，把黑字除掉。

狄青说："陛下不嫌我出身低微，按照战功把我提到这个地位，我已经很感激。至于这些黑字，我宁愿留着，让兵士们见了，知道该怎样上进！"

宋仁宗听了，很赞赏狄青的见识，更加器重他。

后来，因为狄青多次立功，被提拔为掌握全国军事的枢密使。一个小兵出身的人当上枢密使，这是宋朝历史上从来没有过的事。有些大臣嫌狄青出身低，劝宋仁宗不该把狄青提到这么高的职位，但是宋仁宗这时候正在重用将才，没有听进这些意见。

狄青当了枢密使，有人总觉得他的出身和地位太不相称。有一个自称是唐朝名相狄仁杰后代的人，拿了狄仁杰的画像，送给狄青说："您不也是狄公的后代吗？不如认狄公做祖宗吧！"

狄青谦虚地笑了笑说："我本来是个出身低微的人，偶然碰到机会得到高位，怎么能跟狄公高攀呢。"

故事心得

狄青得到重用，表明领导者在选用人才时，应当不拘一格，唯才是用，任人唯贤。

花石纲

本故事出自《宋史》，讲的是宋徽宗因爱好奇花异石，下面的臣子为投其所好四处搜罗奇花异石，随后便修建了专门运送奇花异石以满足皇帝喜好的特殊运输队伍的故事。

宋哲宗亲政后，对他祖母重用保守派的做法本来就不满意，等到他亲自执政，就重新起用变法派。但是后来的变法派不像王安石那样真心实意改革朝政，内部纷争不休，一批投机分子打着变法的幌子，趁机捣乱。等宋哲宗一死，他的弟弟宋徽宗赵佶即位后，朝政便更加混乱。

宋徽宗是个出名的浪荡子，不懂得管理国家大事，专门喜欢寻欢作乐。他身边有个心腹宦官童贯，迎合他的心意，替他搜罗书画珍宝供他赏玩。有一次童贯到苏州一带去搜集书画珍宝，有个不得志的官员蔡京想投靠童贯，每天陪着童贯鬼混，还把他自己书写的屏风扇面等送给童贯。童贯得到蔡京的好处，把这些书画马上送到东京，并且捎话给宋徽宗，说他物色到一个少有的人才。

蔡京到了东京，又拉了一帮子人替他活动。有个官员对宋徽宗说："推行新法是件大事，朝臣中是没有人能帮助办好这件事的。如果陛下要继承宋神宗的遗志，非用蔡京不可。"那个官员还画了一幅图献给宋徽宗，图表上列了大批朝臣名字，把保守派写在右面，把变法派写在左边。右边的名字都是当朝大臣，但左边的名单只有两个名字，其中一个就是蔡京。宋徽宗看了，满心喜欢，马上决定让蔡京当宰相。

蔡京一上台，就打起变法的旗帜，把一些正直的官员，不论是保守的或是赞成变法的，一律称作奸党。他还操纵宋徽宗在端礼门前立一块党人碑，把司马光、文彦博、苏轼、苏辙等一百二十人称作元（元是宋哲宗前期的年号）奸党，已经死了的削去官衔，活着的一律降职流放，这样一

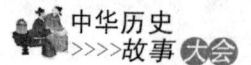
来，一些正直的官员就全部被排挤出朝，而蔡京的同伙却步步高升了。至于王安石制定的新法，到蔡京手里就完全变了样，像免役法本来可以减轻百姓的劳役负担，蔡京一伙却不断增加雇役的税收，反而变成敲诈农民的手段。

宋徽宗和蔡京又迷信道士，大造道观。有个道士叫林灵素，在宋徽宗面前胡吹说：天上有九霄，最高一层叫神霄，神霄宫有个玉清王，是上帝长子，宋徽宗就是上帝长子下凡。神霄宫还有仙官八百，蔡京、童贯就是仙官再世。这一番胡言乱语，居然把宋徽宗哄得心花怒放，天天请大批道士在宫中讲道，道士们还给宋徽宗献了个称号，叫教主道君皇帝。这一来，皇帝就成为道士头子了。

宋徽宗尽情追求享乐腐朽的生活。童贯替他在苏州、杭州两地征用几千名工匠，每天制作象牙、牛角、金银、竹藤的雕刻或织绣品，供他玩赏。所有制作材料，一律向百姓搜刮。日子一久，宋徽宗对那些玩意儿腻了，想找一些奇草、怪石来换换口味。蔡京、童贯为了讨好宋徽宗，派了一个二流子朱，在苏州办了一个"应奉局"，搜罗花石。朱手下养了一批差官，专门管这件事。听说哪个老百姓家有块石头或者花木比较精巧别致，差官就带了兵士闯进那家，用黄封条一贴，算是进贡皇帝的东西，要百姓认真保管。如果有半点损坏，就要被派个"大不敬"的罪名，轻的罚款，重的抓进监牢。有的人家被征的花木高大，搬运起来不方便，兵士们就把那家的房子拆掉，墙壁毁了。那些差官、兵士乘机敲诈勒索，被征花石的人家，往往被闹得倾家荡产，有的人家卖儿卖女，到处逃难。

朱把搜刮来的花石，用大批船运送到东京，运送的船只不够，就截劫运粮的船和商船，把船上货物倒掉，装运花石。这大批船只自然还要征用大量民夫。于是船只在江河里穿梭似地来往，民夫们为运送花石日夜奔忙。这种运送的队伍叫作"花石纲"。

花石纲一到东京，宋徽宗见了，果然高兴，给朱加官升职，花石纲越来越多，朱的官也越做越大，那些达官贵人，谁敢不讨朱的好？人们把朱主持的苏杭应奉局称作"东南小朝廷",可见朱权力之大了。

故事心得

"花石纲"的出现,是宋朝国君昏聩、国家衰落的一个重要迹象。随着花石纲的不断增加,北宋王朝也走到了尽头。

李纲守东京

本故事源于《宋史》,讲的是南宋时期,金兵南下直逼东京,而忠义之士誓死保卫都城的故事。

金太宗灭了辽朝之后,借口宋朝收留了一名辽朝逃亡的将领,分兵两路进攻北宋。西路由宗翰(又名粘罕)率领,攻打太原;东路由宗望(又名斡离不)率领,攻打燕京。

两路大军约定在东京会师。

前线的告急文书像雪片一样飞到北宋朝廷。金太宗又派出使者到东京,胁迫北宋割地称臣。满朝文武大臣吓得不知该怎么办,只有太常少卿(掌管礼乐和祭祀的官)李纲坚决主张抵抗金兵。

西路金兵攻下燕京,宋将郭药师投降。金将宗望叫郭药师做向导,领兵南下,直取东京。

宋徽宗看到形势危险,又气又急,拉住一个大臣的手说:"唉,没想到金人会这样对待我。"话没说完,一口气塞住喉咙,昏厥过去,倒在床上,大臣们手忙脚乱地把他扶起,把太医请来灌药急救,总算把他救醒过来。他向左右侍从要了纸笔,写下了"传位东宫"的诏书,宣布退位。不久,他带着二万亲兵逃出东京,到亳州(今安徽亳县)避难去了。

太子赵桓即位,就是宋钦宗。宋钦宗把李纲提升为兵部侍郎,并且下诏亲自讨伐金兵。其实,宋钦宗并不比他父亲强多少,他做了一番表面文

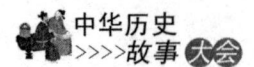
章，心里却七上八下没主意。

宋军在前线接连打败仗，东京吃紧起来，宰相白时中、李邦彦两人劝宋钦宗逃跑，宋钦宗也动摇了。

李纲得知这个消息，立刻求见宋钦宗，说："太上皇（指宋徽宗）传位给皇上，正是希望陛下能留守京城，陛下怎么能走呢？"

宋钦宗还没开口，宰相白时中就说："敌军声势浩大，哪能守得住？"

李纲驳斥说："天下的城池，没有比京城更坚固的。再说，京城是国家的中心，文武百官集中在这里，只要皇上督率抗战，哪有守不住的道理？"

旁边有个宦官也嘟嘟囔囔说东京的城池不牢固，抵挡不住金兵进攻。宋钦宗叫李纲视察城池。李纲去了一会儿，回来说："我视察过了，城楼又高又坚固，护城河虽然浅狭一些，只要安下精兵强弩，不愁守不住。"接着，他还提出许多防守措施，要宋钦宗团结军民，共同坚守，等各地援军到来，就组织反攻。

宋钦宗还有点犹豫，说："那么，谁能担当守城的重任呢？"

李纲把目光向大臣们扫视了一下，说："国家平时用高官厚禄供养官员，就是为了危急的时候要大家出力。白时中、李邦彦身为宰相，应当担当起守城的责任。"

白时中、李邦彦在旁边听了，急得直翻白眼。白时中气急败坏地嚷道："李纲你说得好听！你能打仗吗？"

李纲神色从容地说："如果陛下不嫌我没有能耐，派臣带兵守城，臣甘愿用生命报答国家！"

宋钦宗看李纲态度坚决，就派他负责全线防守。

白时中等和一批宦官并不死心，等李纲一走，又偷偷劝宋钦宗逃跑。第二天一早，李纲上朝的时候，只见禁军列队在皇宫两边，车马仪仗都已经准备停当，只等宋钦宗上车出发。

李纲大为恼火，厉声对禁军将士说："你们到底愿意守卫京城，还是想逃跑?"

将士们齐声回答说:"愿意保卫京城!"

李纲和禁军将领一起进宫,对宋钦宗说:"禁军将士的家属都在东京,不愿离开。如果强迫他们走,万一半路上逃散,敌人追来,谁来保护皇上?"宋钦宗一听逃跑也很危险,才不得不留下来。

李纲立刻出宫向大家宣布:"皇上已经决定留守京城,以后谁再提逃跑,一律处斩。"兵士们听了,激动地欢呼起来。

李纲稳住了宋钦宗,就积极准备防守,在京城四面都布置好强大兵力,配备好各种防守的武器;还派出一支精兵到城外保护粮仓,防止敌人偷袭。

过了三天,宗望率领的金兵已经到了东京城下。他们用几十条火船,从上游顺流而下,准备火攻宣泽门。李纲招募敢死队兵士二千人,在城下列队防守。金军火船一到,兵士们就用挠钩钩住敌船,使它没法接近城墙。李纲又派兵士从城上用大石块向火船投掷,石块像冰雹一样泻了下来,把火船打沉了,金兵纷纷落水。

宗望眼看东京城防坚固,一下子攻不下来,就派人通知北宋,答应讲和。宋钦宗和李邦彦一伙人早想求和,立刻派出使者到金营谈议和条件。

宗望一面向北宋提出苛刻条件,一面加紧攻城。李纲亲自登上城楼,指挥作战。金兵用云梯攻城,李纲就命令弓箭手射箭,金兵纷纷应弦倒下。李纲又派几百名勇士沿着绳索吊到城下,烧毁了金军的云梯,杀死几十名金将。金兵被杀死的、落水淹死的不计其数。

正当李纲指挥将士拼死抵抗的时候,宋钦宗的使者带来了金营的议和条件。

故事心得

　　在国家危难关头,李纲坚守东京,体现出一个民族不畏强敌、自强不息的奋斗精神。

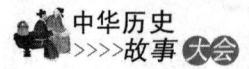
两个皇帝当俘虏

本故事出自《宋史》，讲的是南宋徽宋与钦宗被入侵的金军当俘虏的故事。

由于东京军民的坚决抵抗，金将宗望被迫退兵。种师道向宋钦宗建议，在金兵渡黄河退却的时候，发动一次袭击，把金兵消灭掉。这本来是个好主意，但是宋钦宗不但不同意，反而把种师道撤了职。

金兵退走以后，宋钦宗和一批大臣以为从此可以过太平日子了，他们把宋徽宗接回东京。李纲一再提醒宋钦宗要加强军备，防止金军再次进攻，可是每次提出来，总受到一些投降派大臣的阻挠，宋钦宗也嫌李纲啰唆。

谁能料到东路的宗望刚退兵，西路的宗翰率领的金兵却不肯罢休，加紧攻打太原。宋钦宗派大将种师中带兵援救，半路上被金兵包围，种师中兵败牺牲。投降派大臣正嫌李纲留在京城碍事，就撺掇宋钦宗把李纲派到河北去指挥战争。

一些正直的大臣认为朝廷不该在这个时候让李纲离开京城，但是宋钦宗却硬要把李纲调走。

李纲明知道自己遭到排挤，但是要他上前线抗金，他也不愿推辞。钦宗拨给他一万二千人，他向朝廷请求拨军饷银、绢、钱各一百万，朝廷只给了二十万。李纲想做好准备工作再走，宋钦宗嫌他拖拉，一再催促，李纲只好匆匆出兵。

李纲到了河阳，招兵买马，修整武器。但是朝廷却命令他解散招来的新兵，立刻前去太原。李纲调兵遣将，分三路进兵，但是，那里的将领直接受朝廷指挥，根本不听李纲的调度。三路人马没统一指挥，结果打了一个大败仗。

李纲名义上是统帅，实际上却没有指挥权，只好向朝廷提出辞职。投降派又攻击他专门主张抗金，打起仗来却损兵折将，宋钦宗把李纲撤了职，贬谪到南方去了。

金朝君臣最怕李纲，现在李纲罢了官，他们就没有顾忌了，金太宗又命令宗翰、宗望进攻东京。

这时候，太原城已经被宗翰的西路军围困了八个月，太原守将王禀率领军民坚决抵抗，金兵用尽一切办法攻城，都被王禀打退。日子一久，城里断了粮，兵士把牛马、骡子杀了充饥；牛马吃完了，就把弓弩上的皮革煮来吃。老百姓天天吃野草、糠皮，没有一个人投降。最后，太原城终于被金兵攻破。王禀带着饥饿的兵士跟金兵巷战之后，自己跳到汾水里牺牲了。

太原失守之后，两路金兵继续南下。各路宋军将领听到东京吃紧，主动带兵前来援救，宋钦宗和一些投降派大臣忙着准备割地求和，竟命令各路援军退回原地。

这时候，在黄河南岸防守的宋军还有十二万步兵和一万骑兵。宗翰的西路军到了黄河北岸，不敢强渡。到了夜里，他们虚张声势，派兵士打了一夜战鼓，南岸的宋军听到对岸鼓声，以为金兵要渡河进攻，纷纷丢了营寨逃命，十三万宋军一下子逃得精光。宗翰没动一刀一枪，就顺利地渡过了黄河。宗望率领的东路，也攻下大名（今河北大名），渡河南下。两路金兵不断向东京逼近，把宋钦宗吓昏了。一些投降派大臣又成天向宋钦宗嘀咕，说除了求和之外，没有别的出路，宋钦宗只好派他弟弟康王赵构到宗望那里去求和。

赵构经过磁州（今河北磁县），州官宗泽跟赵构说："金朝要殿下去议和，这是骗人的把戏。他们已经兵临城下，求和又有什么用呢？"

磁州的百姓也拦住赵构的马，不让他到金营去求和。赵构害怕被金朝扣留，就在相州（今河南安阳）留了下来。

没有多久，两路金军已经赶到东京城下，猛烈攻城。城里只剩下三万

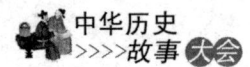
禁卫军，也是七零八落，差不多逃亡了一大半，各路将领因为朝廷下过命令，也不来援救东京。这时候，宋钦宗再想召回李纲，已经来不及了。

宋钦宗急得束手无策。京城里有个大骗子，名叫郭京，吹嘘会使"法术"，只要招集七千七百七十九个"神兵"，就可以活捉金将，打退金兵。一些朝廷大臣，居然把郭京当作救命稻草，让他找了一些地痞无赖，充当"神兵"，到金兵攻城的时候，郭京和他的"神兵"上去一交锋，就全垮了下来。东京城被金兵攻破。

宋钦宗眼看末日来到，痛哭了一场，只好亲自带着几个大臣手捧求降书，到金营去求和。宗翰勒令钦宗把河东、河北土地全部割让给金朝，并且向金朝献金一千万锭，银二千万锭，绢帛一千万匹。宋钦宗一一答应，金将才放他回城。

钦宗回到城里，向百姓大刮金银，送到金营。金将嫌他太慢，过不久，又把宋钦宗叫到金营，扣押起来，说要等交足金银后再放。宋钦宗派了二十四名官吏帮金兵在皇亲国戚、官吏、和尚道士等家里彻底查抄，前后抄了二十多天，除了搜去大量金银财宝之外，把珍贵的古玩文物、全国州府地图档案也一抢而空。

公元1127年4月，宗翰、宗望和他们率领的金军，俘虏了宋徽宗、宋钦宗两个皇帝和皇族、官吏二三千人，满载着搜刮去的财物，回到北方去。从赵匡胤称帝开始的北宋王朝统治了一百六十七年，至此宣告灭亡。

故事心得

宋徽宗、宋钦宗只知割地、赔款、求和，亲小人，远贤臣，他们成为阶下囚是理所当然的，可怜的是北宋的百姓遭了殃。

文天祥起兵

本故事出自《宋史》，讲的是南宋著名的民族英雄文天祥在面对国家危难之时挺身而出，救亡图存的故事。

元兵乘胜南下，进逼临安。四岁的皇帝赵㬎，只是个挂名的。他祖母谢太后和大臣们一商量，赶紧下诏书要各地将领带兵援救朝廷。诏书发到各地，响应的人很少。只有赣州的州官文天祥和郢州（今湖北钟祥）守将张世杰两人立刻起兵。

文天祥是吉州庐陵（今江西吉安）人。他从小爱读历史上忠臣烈士的传记，立志要向他们学习。二十岁那年，他到临安参加进士考试，在试卷里写了他的救国主张，受到主考官的赏识，中了状元。

文天祥在朝廷做了官之后，马上发现贾似道和一批宦官都是些祸国殃民的奸臣。有一回，蒙古军攻打南宋，宦官董宋臣劝宋理宗放弃临安逃跑，文天祥马上上了一道奏章要求杀掉董宋臣，免得动摇民心。为了这件事，他反被撤了职。后来，他回到临安担任起草诏书的工作，又因为得罪贾似道，在他三十七岁那年，竟被迫退休。一直到了南宋王朝快要灭亡的危急时刻，他才被派到江西去担任赣州的州官。

文天祥接到朝廷诏书，立刻招募了三万人马，准备赶到临安去。有人劝他说："现在元兵长驱直入，您带了这些临时招募起来的人马去抵抗，好比赶着羊群去跟猛虎斗，明摆着要失败，何苦呢？"

文天祥泰然回答说："这个道理我何尝不知道。但是国家养兵多年，现在临安危急，却没有一兵一卒为国难出力，岂不叫人痛心！我明知道自己力量有限，宁愿以死殉国。但愿天下忠义的人，闻风而起，人多势大，国家才有保全的希望。"

文天祥排除种种阻挠，带兵到了临安。右丞相陈宜中派他到平江（今

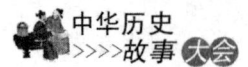

江苏苏州）防守。这时候，元朝统帅伯颜已经渡过长江，分兵三路进攻临安。其中一路从建康出发，越过平江，直取独松关（今浙江余杭）。陈宜中又命令文天祥退守独松关。文天祥刚离开平江，独松关已经被元军攻破，想再回平江，平江也失守了。

文天祥回到临安，跟郢州来的将领张世杰一起向朝廷建议，集中兵力跟元军拼个死战。但是胆小的陈宜中说什么也不同意。

伯颜带兵到了离临安只有三十里的皋亭山（在今杭州东北）。朝廷里一些没有骨气的大臣，包括左丞相留梦炎都溜走了。谢太后和陈宜中惊慌失措，赶紧派了一名官员带着国玺和求降表到伯颜大营求和。

伯颜指定要南宋丞相亲自去谈判。

陈宜中害怕被扣留，不敢到元营去，逃往南方去了；张世杰不愿投降，气得带兵乘上海船出海。

谢太后没办法，只好宣布文天祥接替陈宜中做右丞相，要他到伯颜大营去谈判投降。

文天祥答应到元营去，但是他心里另有打算。他带着大臣吴坚、贾余庆等到了元营，见了伯颜，根本不提求和的事，反而严正地责问伯颜说："你们究竟是想跟我朝友好呢，还是存心消灭我朝？"

伯颜说："我们皇上（指元世祖）的意思很清楚，并不是要消灭宋朝。"

文天祥说："既然是这样，那么请你们立刻把军队撤退到平江或者嘉兴。如果你们硬要消灭我朝，南方军民一定跟你们打到底，对你们未必有好处。"

伯颜把脸一沉，用威胁的口气说："你们再不老实投降，只怕饶不了你们。"

文天祥也气愤地说："我是堂堂南宋宰相。现在国家危急，我已经准备好拼一死报答国家，哪怕刀山火海，我也毫不害怕。"

文天祥洪亮的声音，庄严的语言，把伯颜的威胁顶了回去。周围的元将个个吓得面容失色。

双方会见之后，伯颜传出话来，让别的使者先回临安去跟谢太后商量，却把文天祥留下来。文天祥知道伯颜不怀好意，向伯颜抗议。伯颜装出若无其事的样子说："您别发火。两国和议大事，正需要您留下来商量。"

随同文天祥到元营的吴坚、贾余庆回到临安，把文天祥拒绝投降的事回奏谢太后。谢太后一心投降，改任贾余庆做右丞相，到元营去求降。伯颜接受降表后，再请文天祥进营帐，告诉他朝廷已另外派人来投降。文天祥气得把贾余庆痛骂一顿，但是投降的事已无法挽回了。

公元1276年，伯颜带兵占领临安。谢太后和赵显出宫投降，元军把赵显当作俘虏押送大都（今北京市），文天祥也被押到大都去。一路上，他一直在考虑怎样从敌人手里逃脱。路过镇江的时候，他和几个随从人员商量好，瞅元军没防备，逃出了元营，乘小船到了真州。

真州的守将苗再成听到文丞相到来，十分高兴，打开城门迎接。苗再成从文天祥那里知道临安已经陷落，表示愿意跟文天祥一起，集合淮河东西的兵力，打退元兵。

文天祥正在高兴，哪儿知道守扬州的宋军主帅李庭芝听信谣言，以为文天祥已经投降，是元军派到真州去的内奸，命令苗再成把他杀死。苗再成不相信文天祥是这样的人，但是又不敢违抗李庭芝的命令，只好把文天祥骗出真州城外，把扬州的来文给他看了，叫文天祥赶快离开。

文天祥没办法，又带着随从连夜赶到扬州。第二天天没亮，到了扬州城下，等候开门进城，城门边一些等着进城的人坐着没事都在闲谈，文天祥一听，知道扬州也正在悬赏缉拿他，不能进城了。

文天祥等十二个人为了免得被缉拿，改名换姓，化了装，专拣僻静的小路走，想往东到海边去，找船向南转移。

十几个人走了一程，正遇到一队元朝的骑兵赶了上来。他们躲进一座土围子里，幸亏没被元兵发现。

文天祥等日行夜宿，历尽千难万险，终于在农民的帮助下，从海口乘

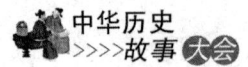
船到了温州。在那儿，他得到张世杰和陈宜中在福州拥立新皇帝即位的消息，最后决定到福州去了。

故事心得

　　文天祥是我国历史上著名的民族英雄。只可惜他生不逢时，此时的南宋朝廷已经病入膏肓、无力回天了。

刘伯温求雨

　　本故事出自《明史》，讲的是明朝谋士刘伯温神机妙算求雨的故事。

　　明太祖在统一战争中，依靠了一批英勇善战的将领争城夺地，又吸收了一些谋士，帮他出谋划策。在这些谋士中，刘基是最著名的一个。

　　刘基又叫刘伯温，本来是元朝的官员，因为对元朝的政治腐败不满意，常常写点文章，讽刺时事，后来，被解职回到他的家乡青田（在今浙江）。朱元璋的军队打到浙东的时候，把刘基请了出来，当他的谋士。在打败陈友谅、张士诚的战争中，刘基出了不少计策。由于他足智多谋，得到明太祖的信任，明太祖把他比作西汉初年的张良。

　　刘基不但谋略好，而且精通天文。在古代，往往把天文现象跟人间的吉凶联系在一起。刘基对天下形势观察仔细，考虑问题周到，他的预见往往比较准确。但是大家都认为这跟他精通天文有关。民间传说把刘伯温看作一个"未卜先知"的人物。

　　在朱元璋当吴王的时候，江南发生了一场旱灾。刘基掌管天文，朱元璋问他为什么发生大旱，怎样才能求上天下雨。刘基说："天一直不下雨，因为牢狱里关押的人有冤枉。"

　　朱元璋信了刘基的话，派他去查牢监里关的犯人，刘基一查，果然有不少冤案，他向朱元璋奏明后，平反了冤案，把错抓的人放了。

　　求雨和平反本来是毫不相干的两件事，刘基也不可能有求雨的法术，不过他懂得天文，观测到气象可能要发生变化，就借这个机会劝谏朱元璋平反冤案。果然不出几天，乌云密布，接着就下了一场透雨。刘基趁朱元璋高兴的时候，又劝他制定法律，依法办事，防止错杀无辜的人。

　　明太祖即位以后，叫刘基做御史中丞，负责司法工作，刘基严格执法。有一次，丞相李善长的一个亲信犯了法。李善长是明王朝开国功臣，又是明太祖的同乡，势力很大，但是刘基不顾李善长的阻挠，奏明明太祖，把那个亲信杀了。这件事当然招来了李善长的怨恨。

　　正巧这一年，京城又逢到大旱，明太祖十分着急。刘基乘机跟明太祖说："战争中的死亡将士，他们的妻子需要抚恤；一些在筑城中死亡的工匠，尸骨还暴露在田野上，没人收埋。把这些事办了，说不定能下雨。"

　　明太祖一心求雨，当然很快批准了刘基的要求，抚恤了将士妻子，掩埋了工匠的尸骨。刘基虽然办了一件好事，但是靠这种办法劝谏，毕竟靠不住。这一次，他的预测不准，过了十天，还是烈日当空，一滴雨也没下。

　　这可使明太祖生了气，再加上李善长在旁边说坏话，叫刘基不能不害怕。这时候，他妻子在家乡得病死去，刘基便请个假回老家了。

　　其实，明太祖对刘基是特别器重的。有一次，明太祖要拜刘基为丞相。刘基连忙推辞说："选丞相好比挑栋梁，要挑个大木材，如果用小木头当梁柱，房屋就有倒塌的危险。"

　　后来，明太祖撤了丞相李善长的职，又想请刘基出来当丞相。刘基说："我性子急，容不得坏人；再说年纪大了，也担当不了这样的重任。天下有的是人才，希望陛下好好物色。"

　　刘基回到青田，过着隐居生活，从来不跟人谈起他过去的功劳。青田县令一再求见，都被刘基婉言拒绝。有一次，县令换上便服，装扮个乡下人去拜访刘基。刘基正在洗脚，见来了陌生人，连忙穿了鞋子，把来人请进屋，热情地留饭。

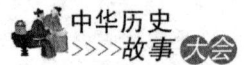
刘基请教来人姓名，县令只好实说："我是青田知县，特来拜见先生。"刘基大吃一惊，连忙起身作揖，自称是治下的普通百姓。打那以后，再也不跟县令见面了。

刘基住在家乡，仍旧很关心明朝的政事。有一次，明太祖派人到青田向刘基问天象吉凶。刘基说："冬天刚下过严霜冻雪；接下来便是阳春季节。现在国家已经安定，希望陛下施政稍为宽和一点。"

故事心得

刘基身为明朝的开国功臣，又颇得明太祖器重，但他很明白，只有功成身退，才能得善终。因此，刘基是一位"识时务"的俊杰。

康熙帝平定三藩

本故事出自《清史稿》，记述了大清康熙帝平定三藩的经过。

南明最后一个政权灭亡的那年，顺治帝已经病死，他的儿子玄烨即位，这就是清圣祖，也叫康熙帝。

康熙帝即位的时候年纪才八岁。按照顺治帝的遗诏，由四个满族大臣帮助他处理国家大事，叫作辅政大臣。四个辅政大臣中，有个叫鳌拜的，仗着自己掌握兵权，又欺负康熙帝年幼，独断专横，别的大臣和他意见不合，就遭到排挤打击。

清王朝进关后，用强迫手段圈了农民大片土地，分给八旗贵族。鳌拜掌权以后，仗势扩大占地，还用差地强换别旗的好地，遭到地方官的反对。鳌拜诬陷这些官员大逆不道，把反对他的三名地方官处死了。

康熙帝满十四岁的时候，亲自执政。这时候，另一个辅政大臣苏克萨哈和鳌拜发生争执。鳌拜怀恨在心，勾结同党诬告苏克萨哈犯了大罪，奏请康熙帝把苏克萨哈处死。康熙帝不肯批准，鳌拜便在朝堂上跟康熙帝争了起来，后来竟揎起袖子，拔出拳头，大吵大嚷。康熙帝非常生气，但是一想鳌拜势力不小，只好暂时忍耐，由他把苏克萨哈杀了。

打那以后，康熙帝决心除掉鳌拜。他派人物色了一批十几岁的贵族子弟担任侍卫，这些少年个个长得健壮有力，康熙帝把他们留在身边，天天练摔跤。

鳌拜进宫去，常常看到这些少年吵吵嚷嚷在御花园里摔跤，只当是孩子们闹着玩，一点儿也不在意。

有一天，鳌拜接到康熙帝命令，要他单独进宫商量国事。鳌拜像平常一样大模大样地进宫去。刚跨进内宫的门槛，忽然一群少年拥了上来，围住了鳌拜，有的拧胳膊，有的拖大腿。鳌拜虽然是武将出身，力气也大，可是这些少年人多，又都是练过摔跤的，鳌拜敌不过他们，一下子就被打翻在地，任凭他大声叫喊，也没有人搭救他。

鳌拜被抓进大牢，康熙帝马上要大臣调查鳌拜的罪行。大臣们认为，鳌拜专横跋扈，滥杀无辜，罪行累累，应该处死。

康熙帝从宽发落，革除了鳌拜的官爵。

康熙帝用计除掉了鳌拜，朝廷上下都很高兴。一些原来比较骄横的大臣知道这个年轻皇帝的厉害，也不敢在他面前放肆。

康熙帝亲自执政后，大力整顿朝政，奖励生产，惩办贪污，使新建立的清王朝渐渐强盛起来。当时，南明政权虽然已经灭亡，但是南方有三个藩王却叫康熙帝十分担心。

这三个藩王本来是投降清朝的明军将领，一个是引清兵进关的吴三桂，一个叫尚可喜，一个叫耿仲明。因为他们帮助清朝消灭南明，镇压农民军，清王朝认为他们有功，封吴三桂为平西王，驻防云南、贵州；尚可喜为平南王，驻防广东；耿仲明为靖南王，驻防福建，合起来叫作"三藩"。

三藩之中，又数吴三桂最强。吴三桂当上藩王之后，十分骄横，不但掌握地方兵权，还控制财政，自派官吏，不把清朝廷放在眼里。

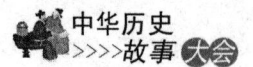
　　康熙帝知道要统一政令，三藩是很大的障碍，一定得找机会削弱他们的势力。正好尚可喜年老，想回辽东老家，上了一道奏章，要求让他儿子尚之信继承王位，留在广东。康熙帝批准尚可喜告老，但是不让他儿子接替平南王爵位。这一来，触动了吴三桂、耿精忠（耿仲明的孙子），他们想试探一下康熙帝的态度，假惺惺地主动提出撤除藩王爵位、回到北方的请求。

　　这些奏章送到朝廷，康熙帝召集朝臣商议。许多大臣认为吴三桂他们要求撤藩是假的，如果批准他们的请求，吴三桂一定会造反。

　　康熙帝果断地说："吴三桂早有野心。撤藩，他要反；不撤，他迟早也要反。不如来个先发制人。"接着，就下诏答复吴三桂，同意他撤藩。诏令一下，吴三桂果然暴跳如雷。他自以为是清朝开国老臣，现在年纪轻轻的皇帝居然要撤他的权，就非反不可了。

　　公元1673年，吴三桂在云南起兵。为了笼络民心，他脱下清朝王爵的穿戴，换上明朝将军的盔甲，在永历帝的墓前假惺惺地痛哭一番，说是要替明王朝报仇雪恨。但是，人们都记得很清楚，把清兵请进中原来的是吴三桂；最后杀死永历帝的，还是吴三桂。现在他居然打起恢复明朝的旗号来，还能欺骗谁呢？

　　吴三桂在西南一带势力大，一开始，叛军打得很顺利，一直打到湖南。他又派人跟广东的尚之信和福建的耿精忠联系，约他们一起叛变，这两个藩王有吴三桂撑腰，也反了。历史上把这件事称作"三藩之乱"。

　　三藩一乱，整个南方都被叛军占领。康熙帝并没有被他们吓倒，一面调兵遣将，集中兵力讨伐吴三桂；一面停止撤销尚之信、耿精忠的藩王称号，先把他们稳住。尚之信、耿精忠一看形势对吴三桂不利，又投降了。

　　吴三桂开始打了一些胜仗，后来清兵越来越多，越打越强，吴三桂的力量渐渐削弱，处境十分孤立。经过八年战争，他自己知道支撑不下去，连悔带恨，生了一场大病断了气。公元1681年，清军分三路攻进云南昆明，吴三桂的孙子吴世自杀。清军最后平定了叛乱势力，统一了南方。

故事心得

康熙帝是一位很有作为的皇帝，平定三藩显示了他的雄才大略。他执政期间，大力整顿朝政，奖励生产，惩治贪官，使新建立的清王朝逐渐强大起来。

三征噶尔丹

本故事出自《清史稿》，记述了清康熙年间，清军三次征伐漠西蒙古（卫拉特）准噶尔部首领噶尔丹的历史事件，是平定准噶尔噶尔丹的叛乱之战。是一次维护祖国统一、反对民族分裂的正义战争。

那时候，蒙古族分为漠南蒙古、漠北蒙古和漠西蒙古三个部分。除了漠南蒙古早已归属清朝外，其他两部也都臣服了清朝。准噶尔是漠西蒙古的一支，本来在伊犁一带过着游牧生活。自从噶尔丹统治准噶尔部以后，他野心勃勃，先兼并了漠西蒙古的其他部落，又向东进攻漠北蒙古。漠北蒙古抵抗一阵失败了，几十万的漠北蒙古人逃到漠南，请求清朝政府保护。康熙帝派使者到噶尔丹那里，叫他把侵占的地方还给漠北蒙古。噶尔丹自以为有沙俄撑腰，十分骄横，不但不肯退兵，还以追击漠北蒙古为名，大举进犯漠南。

康熙帝召集大臣宣布他决定亲征噶尔丹。他认为噶尔丹气势汹汹，野心不小，既然打进来，非反击不可。公元1690年，康熙帝分兵两路：左路由抚远大将军福全率领，出古北口；右路由安北大将军常宁率领，出喜峰口，康熙帝亲自带兵在后面指挥。

右路清军先接触噶尔丹军，打了败仗。噶尔丹长驱直入，一直打到离开北京只有七百里的乌兰布通（今内蒙古昭乌达盟克什克腾旗）。噶尔丹

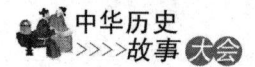
得意扬扬，还派使者向清军要求交出他们的仇人。

康熙帝命令福全反击。噶尔丹把几万骑兵集中在大红山下，后面有树林掩护，前面又有河流阻挡。他把上万只骆驼，缚住四脚躺在地上，驼背上加上箱子，用湿毡毯裹住，摆成长长的一个驼城。叛军就在那箱垛中间射箭放枪，阻止清军进攻。

清军用火炮火枪对准驼城的一段集中轰击，炮声隆隆，响得震天动地。驼城被打开了缺口。清军的步兵骑兵一起冲杀过去，福全又派兵绕到山后夹击，把叛军杀得七零八落，纷纷丢了营寨逃走。

噶尔丹一看形势不利，赶快派个人到清营求和。福全一面停止追击，一面派人向康熙帝请示。康熙帝下令说："快进军追击！别中了贼人的诡计。"果然，噶尔丹求和只是缓兵之计，等清军奉命追击的时候，噶尔丹已经带了残兵逃到漠北去了。

噶尔丹回到漠北，表面向清朝政府表示屈服，暗地里重新招兵买马。公元1694年，康熙帝约噶尔丹会见，订立盟约。噶尔丹不但不来，还暗地派人到漠南煽动叛乱。他扬言他们已经向沙俄政府借到鸟枪兵六万，将大举进攻。内蒙古各部亲王纷纷向康熙帝告发。

公元1696年，康熙帝第二次亲征，分三路出击：黑龙江将军萨布素从东路进兵；大将军费扬古率陕西、甘肃的兵，从西路出兵，截击噶尔丹的后路；康熙帝亲自带中路军，从独石口出发。三路大军约定时期夹攻。

康熙帝的中路军到了科图，遇到了敌军前锋，但东西两路还没有到达，这时候，有人传说沙俄将要出兵帮助噶尔丹。随行的一些大臣就有点害怕起来，劝康熙帝班师回北京。康熙帝气愤地说："我这次出征，没有见到叛贼就退兵，怎么向天下人交代；再说，我中路一退，叛军全力对付西路，西路不就危险了吗？"

当下，康熙帝决定继续进兵克鲁伦河，并且派使者去见噶尔丹，告诉他康熙帝亲征的消息。噶尔丹在山头一望，见到康熙帝黄旗飘扬，军容整齐，连夜拔营撤退。

　　康熙帝一面派兵追击，一面赶快通知西路军大将费扬古，要他们在半路上截击。

　　噶尔丹带兵奔走了五天五夜，到了昭莫多（在今蒙古人民共和国乌兰巴托东南）正好遇到费扬古军。昭莫多原是一座大树林，前面有一个开阔地带，历来是漠北的战场。费扬古按照康熙帝的部署，在小山树林茂密的地方设下埋伏，先派先锋四百人诱战，边战边退，把叛军引到预先埋伏的地方，清军先下马步战，听到号角声起，就一跃上马，占据了山顶。叛军向山顶进攻，清军从山顶放箭发枪，展开了一场激战。费扬古又派出一支人马在山下袭击叛军辎重，前后夹击。叛军死的死，降的降。最后，噶尔丹只带了几十名骑兵脱逃。

　　经过两次大战，噶尔丹叛乱集团土崩瓦解，康熙帝要噶尔丹投降，但是噶尔丹继续顽抗。隔了一年，康熙帝又带兵渡过黄河亲征。这时候，噶尔丹原来的根据地伊犁已经被他侄儿策妄阿那布坦占领；他的左右亲信听说清军来到，也纷纷投降，愿意做清军的向导。噶尔丹走投无路，就服毒自杀了。

　　打那以后，清政府重新控制了阿尔泰山以东的漠北蒙古，给当地蒙古贵族各种封号和官职。清政府又在乌里雅苏台设立将军，统辖漠北蒙古。

故事心得

　　康熙帝对噶尔丹的坚决打击，使清政府收复了阿尔泰山以东的漠北蒙古，捍卫了中国领土的完整。

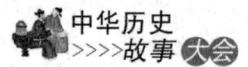
顾炎武著书立说

本故事出自《清史稿》，主要讲述了清朝有"开国儒师""清学开山"始祖之称的大师顾炎武经受住政治风波的波及，坚持著书立说的故事。

自从平定三藩之乱以后，清王朝在中国的统治稳定下来了。但是，还有一点叫康熙帝不大放心，这就是怕有些明朝留下来的文人心里不服。于是，他采用一个办法——开"博学宏词科"，命令各地官员和朝廷大臣，把有学问的文人推荐给朝廷，如果有真本事就马上封他做官。这一招果然很灵，不少全国著名的学者、文人应召到京城，做起官来。

但是也有一些学者认为，他们是明朝的臣民，到清朝做官是丧失气节的事。他们宁愿冒杀头的危险，也不肯应召。其中有一位是著名的思想家顾炎武，有人想推荐他应博学宏词科，他写信回答说："我这个七十岁的老翁还巴望个什么？欠缺的就是一死，如果一定要逼我应召，我只能一死了事。"

顾炎武是江苏昆山人，出身江南大族，他的祖父是位很有见识的人，认为读书一定要结合实际。顾炎武受祖父影响，从小就喜欢读《资治通鉴》《史记》和孙吴兵法等书，十分关心时事。后来参加科举，没有考中，就干脆下决心放弃科举，通读历代历史典籍，研究全国各地的地方志和历代名人奏章，开始编写一本重要的历史地理著作《天下郡国利病书》。

正当他用心治学的时候，明朝灭亡，清兵南下，江南各地人民都组织抗清斗争，顾炎武和他的两位好友也参加了保卫昆山的战斗。昆山军民跟清军激战二十一天后，因为兵力悬殊，终于失败。昆山城陷落的时候，顾炎武的生母被清兵砍断了右臂；抚养他长大的婶母（也是他的继母），听到清兵攻破常熟，就绝食自杀了，临死时嘱咐顾炎武说："我虽然是个女子，以身殉国也是理所应当的。希望你不要做清朝的臣子，我死后也可以闭上眼睛了。"

顾炎武痛哭一场，葬了他的继母，离开了他的家乡。他想渡海去投奔鲁王，还没有去成，鲁王政权已经覆灭了。从此顾炎武隐姓改名，在长江南北一带奔走，想组织一支抗清义军，但毕竟势孤力单，没能成功。

当时，沿海和太湖一带还有零星的抗清活动，清朝官府防备很严，发现有什么抗清嫌疑的人，就要加上"通海"的罪名，打进监狱。昆山有个官僚地主叶方恒，想吞没顾炎武家的田地，买通顾家的仆人，诬告顾炎武通海。叶方恒还把顾炎武抓起来，私设公堂，逼他自杀。

顾炎武的一些朋友为了搭救他，去找在清朝做官的钱谦益帮忙。钱谦益本来是南明弘光政权的礼部尚书，又是个出名的文学家，清兵下江南的时候，他投降了清朝，名声不好。钱谦益表示，只要顾炎武承认是他的学生，他愿意保顾炎武出狱。那位朋友知道顾炎武不肯那样做，就自作主张，假造了一张顾炎武的名帖，送给钱谦益求助。

这件事让顾炎武知道了，直怪那朋友多事，非要把名帖讨还不可。朋友不肯讨还，他索性在大街上贴告白，声明那张名帖是假的，弄得钱谦益十分尴尬。

经过朋友们的奔走，顾炎武才被释放出来。叶方恒还不肯罢休，派人追踪他。有一天，顾炎武在南京太平门外经过，遭到暴徒袭击，头部受了重伤，幸亏有好心人救护，才脱离危险。顾炎武知道，在江南他是待不下去了，决心到北方去游历。

顾炎武到北方去，一来想考察各地的地理形势，风俗民情；二来也想找机会结交一些志同道合的朋友，进行抗清活动。他在那长途跋涉的艰苦环境里，并没有放弃学术研究。一路上，他用两匹马、四匹骡子，驮着他的书箱。遇到关塞险要的地方，他就访问当地的退伍老兵，了解那里的风土人情，如果跟他在书本上读到的不一样，就拿出书本核对，这样他的知

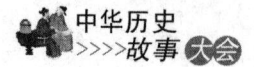
识就更丰富了。

顾炎武从四十五岁起，用了二十多年时间，在山东、山西、河北、江南来回奔走，每年差不多有一半时间住在旅店里。他还曾经和朋友一起，在雁北开垦荒地。到了晚年，才在陕西华阴定居下来。

顾炎武从小读书有个习惯，有一点心得就记下来，后来如果发现错误，又随时修改，发现跟古人议论重复的，就删掉。这样日积月累，再加上他从调查访问得到的材料，编成一本涉及政治、经济、史地、文艺等内容极其广泛的书，叫作《日知录》。这书被公认为是极有学术价值的著作。在《日知录》里，他写了一段精辟的话，他认为社会的道德风气败坏，就是亡天下，为了保天下不亡，每一个地位低微的普通人，都应负起责任。

跟顾炎武同时代的思想家，还有王夫之、黄宗羲，都是参加过抗清斗争，始终不愿应召到清朝做官的。他们在学术上都有很大成就，历史上把他们合称为"清初三先生"。

故事心得

顾炎武是明末清初的思想家，他有着很强的爱国主义情结，然而由于历史的局限性，顾炎武所爱的国仅仅是"明王朝"，是一种狭隘的民族主义。

文字狱

本故事出自《清史稿》，讲述了清雍正年间一件让人震惊的文字狱案的故事。

清朝统治者对明朝留下来的文人，一面采取招抚办法；一面对不服统治的，采取了严厉的镇压手段。就在康熙帝即位的第二年，有官员告发，浙江湖州有个文人庄廷，私自招集文人编辑《明史》，里面有攻击清朝统治者的语句，还使用南明的年号。这时候，庄廷已死去了，朝廷下令，把庄廷开棺戮尸，他的儿子和写序言的、卖书的、刻字的、印刷的和当地官吏，被处死的处死，充军的充军。这个案件，一共株连到七十多人。

公元1711年，又有人告发，在翰林官戴名世的文集里，对前明政权表示同情态度，又用了南明的永历帝的年号，就下令把戴名世打进大牢，判了死刑。这个案件牵连到他的亲友和刻印他文集的，又有三百多人。

因为这些案件完全是由写文章引起的，就被称为"文字狱"。

康熙帝做了六十一年皇帝，去世后，他的第四个儿子胤禛即位，这就是清世宗，又叫雍正帝。雍正帝是一个残暴成性、猜忌心又很重的人。在他的统治下，文字狱也变得更多更严重，最出名的是吕留良事件。

吕留良也是一个著名学者。明朝灭亡以后，他参加反清斗争没有成功，就在家里收学生教书。有人推荐他应博学宏词科，他坚决拒绝了，官员劝他不听，威胁他也没用，后来他索性跑到寺院里，剃光了头当和尚。官员们也拿他没办法。

吕留良当了和尚之后，躲在寺院里著书立说，书里面有反对清朝统治的内容。幸好书写成了，但是没有流传开去，最后吕留良死了，更没被人注意。

有个湖南人曾静，偶然见到吕留良的文章，对吕留良的学问十分敬

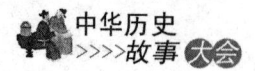
佩，就派了个学生张熙，从湖南跑到吕留良的老家浙江去打听他遗留下来的文稿。

张熙一到浙江，不但打听到文稿的下落，还找到吕留良的两个学生。张熙跟他们一谈，很合得来。他向曾静汇报后，曾静也约两人见了面，四个人议论起清朝统治，都十分愤慨。

大家就秘密商量，怎么想办法推翻清王朝。他们懂得，光靠几个读书人办不了大事。后来，曾静打听到担任陕甘总督的汉族大臣岳钟琪，掌握很大兵权，因为讨伐边境叛乱的时候立了战功，受到雍正帝重用。他想，要是能劝说岳钟琪反清，成功就会大有希望。

曾静写了一封信，派张熙去找岳钟琪。岳钟琪接见张熙，拆看来信，见是劝说他反清的，大吃一惊，问张熙说："你是哪里来的？胆敢送这样大逆不道的信。"

张熙面不改色说："将军跟清人是世仇，您难道不想报仇？"

岳钟琪道："这话从哪儿说起？"

张熙说："将军姓岳，是南宋岳忠武王（就是岳飞）的后代，现在的清朝皇帝的祖先是金人。岳王当年被与金人勾结的秦桧害死，千古称冤。现在将军手里有的是人马，正是替岳王报仇的好机会。"

岳钟琪听了，马上翻了脸，吆喝一声，把张熙打进了监牢，并且要当地官吏审问张熙，追查他是什么人指使的。

张熙受尽种种酷刑，就是不招，说："你们要杀要剐都可以，要问指使人，没有！"

岳钟琪心想，这个张熙是个硬汉，光使硬的治不了他，就另想一个软的办法。第二天，他把张熙从牢里放出来，秘密接见了他。岳钟琪假惺惺地说："昨天的审问，不过是试探，我听了你的话，十分感动，决心起兵反清，希望你帮我出主意。"

张熙开始不相信，禁不住岳钟琪装得郑重其事，还真的赌神罚咒，才相信了他。两人商谈了几天，渐渐热络起来，张熙无话不谈，把他老师曾静怎样交代的话都抖了出来。

岳钟琪哄得了张熙提供的情况，一面派人到湖南捉拿曾静，一面立刻写了一份奏章，把曾静、张熙怎样图谋造反的情节，一五一十都报告了雍正帝。

雍正帝接到报告，又气又急，立刻下命令把曾静、张熙解送到北京，严刑审问。这时候，张熙才知道上了岳钟琪的大当，要不招也不中用了。雍正帝再一查，知道曾静还跟吕留良的两个学生有来往。

这样，案子就牵连到吕留良家。吕留良已经死了，雍正帝把吕留良的坟刨了，棺材劈了，还不解恨，又把吕留良的后代和他的两个学生满门抄斩。还有不少相信吕留良的读书人也受到株连，被罚到边远地区充军。

像这样的案子还是真由反对朝廷的活动引起的。另外有不少文字狱，完全是牵强附会，挑剔文字过错，甚至为了一句诗、一个字也惹出大祸。有一次，翰林官徐骏在奏章里，把"陛下"的"陛"字错写成"狴"字，雍正帝见了，马上把徐骏革了职。后来再派人一查，在徐骏的诗集里找出了两句诗："清风不识字，何事乱翻书?"挑剔说这"清风"就是指清朝，这一来，徐骏犯了诽谤朝廷的罪，把性命也送掉了。

故事心得

文字狱是封建统治者的统治手段之一，清朝的文字狱尤为残酷，清朝统治者对不服从满清统治的明朝文人采取了严酷的镇压手段，从而使清朝的文学界陷入了"万马齐喑"的沉闷局面。

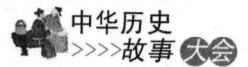

乾隆帝禁书修书

本故事出自《清史稿》，记述了清乾隆皇帝一方面大兴文字狱，镇压有反清嫌疑的文人，另一方面又招收文人学者，编写各种书籍。

清王朝统一中国后，经过康熙、雍正两朝的经营，经济有了很大发展。到雍正帝儿子清高宗弘历（也叫乾隆帝）在位的时候，国力强盛，财政富裕。清朝初期的文治武功（也就是文化和武力的统治），在这个时期都达到鼎盛的程度。公元1757年，原来已归服清朝廷的准噶尔贵族阿睦尔撒纳发动叛乱，乾隆帝派兵两路，进攻伊犁，平定了叛乱。准噶尔平定以后，原来被准噶尔俘虏的维吾尔族首领大和卓木（又名布那敦）、小和卓木（又名霍集占）兄弟逃回新疆天山南麓，起兵反清，乾隆帝又派兵征讨。大小和卓木在当地残酷压迫人民，遭到维吾尔族人民的痛恨，纷纷起来支持清军。清军顺利地平定了大小和卓木的叛乱。公元1762年清朝在新疆设置伊犁将军，加强对天山南北的管理。

乾隆帝跟他祖父、父亲一样，除了武功之外，还十分重视文治。他一面继续开博学宏词科，招收文人学者，编写各种书籍；一面又大兴文字狱，镇压有反清嫌疑的文人，乾隆时期文字狱之多，大大超过了康熙、雍正两朝。

但是，乾隆帝懂得，光靠文字狱来实行文化统治是不彻底的。还有成千上万的书籍贮藏在民间。如果里面有不利他们统治的内容，该用什么办法来解决呢？

他终于想出一个办法，就是集中全国的藏书，来编辑一部规模空前巨大的丛书。这样做一来可以进一步笼络大批知识分子，显示皇帝重视文化；二来借这个机会把民间藏书统统审查一下，可说是一举两得。

公元1773年，乾隆帝正式下令开设四库全书馆。派了一些皇室亲王和大学士担任总裁，那些皇亲国戚大多是挂个名、起监督作用的，真正担任编纂官的都是当时一些有名的学者，像戴震、姚鼐、纪昀等人。那套丛书名称就叫作《四库全书》。

我国古代常把图书分成经、史、子、集四个大类：经部，包括历来儒家的经典著作（像《诗经》《论语》《孟子》等）和研究文字音韵的书；史部，包括各种历史、地理、传记等书；子部，包括古代诸子百家学说和科技著作，像农学、医学、天文、历法、算法、艺术等；集部，包括文学的总集和专集等。

按照四大类集中贮藏起来就叫作"四库"。

要编一套规模巨大的丛书，先得把书籍收集起来。乾隆帝下了命令，叫各省官员搜集、收购各种图书上缴，并且定出了奖励办法，要私人进献图书，进献越多，奖励越大。这道命令一下，各地图书果然源源不绝送到北京，只隔二年，就有二万多种，再加上宫廷内部原来的大量图书，数量就很可观了。

书收集起来了。乾隆帝就下令四库全书馆的编纂官员对图书认真检查。凡是有"违碍"（对清统治者不利）字句的，一概销毁。一查下来，发现在明朝后期的大臣奏章里，提到清皇族的上代，不那么尊重，譬如他们的上代就接受过明朝的官职和封号，这在乾隆帝看来是很不体面的，于是就下令把这类图书一概烧毁。至于像吕留良、黄道周等抗清文人的著作，那就更不用说了。后来再一查，在宋朝人的著作中，也有许多反对辽、金、元朝的内容，这种内容很容易使人联想到反对清王朝，也该销毁，或者销毁一部分。还有一个办法，就是发现这类字句，就随时删改涂抹，这样，书虽然被保存下来，但是已经弄得面目全非。为了这件事，乾隆帝可以说是绞尽脑汁。据不完全统计，在编《四库全书》的同时，被查禁烧毁的图书也有三千种之多。当时就有不少爱护文物的人，冒着坐牢杀头的危险，把许多有价值的书藏了起来。到了清朝末年，就有不少被禁的书陆续出现了。

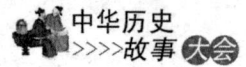

编纂《四库全书》的学者们对大批图书进行编辑、校勘、抄写，足足花了十年工夫，到公元1782年正式完成，共收图书三千五百零三种，七万九千三百三十七卷。当时把全书抄了七部，分别贮藏在皇宫、圆明园、热河行宫（今河北承德）、奉天（今沈阳）、杭州、镇江、扬州（其中三部后来在战争中被烧毁了）。

故事心得

不管乾隆帝的动机怎样，《四库全书》的编纂对后代人研究我国古代丰富的文化遗产，是一项重大又珍贵的贡献。而乾隆帝查禁销毁一批书，则对我国文化造成了一定的损失。

下篇

历史成语与历史典故

　　中国作为世界四大文明古国之一，几千年的历史文化，有着深厚的底蕴和内涵。其中，数不尽的国学典故更是为这座古老而文明的国度又增添了几分文化内涵。说到这儿，有人不禁要问，什么是国学呢？国学典故又是什么呢？

　　其实，"国学"这个名词最早出现在 20 世纪 20 年代，又称"汉学"或"中国学"。而国学典故就是通过故事的形式去解释国学中所蕴含的文化与哲学。它是通过小故事大道理的方式告诉我们国学中所蕴含的思想和智慧，将其吸收理解之后，不仅可以使我们在处世、学习、交友、修身等方面有很大的提高，还可以让我们眼光放宽，心态放正。丰富知识的同时更是学会了做人的道理与生活的意义。

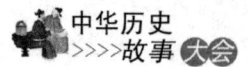

因人成事，三寸之舌

本成语出自《史记·平原君虞卿列传》，"因人成事"指自己没本事，而要依靠别人的力量成事。"三寸之舌"用来形容人能说会道、善于辩论。

平原君一行到楚国后，平原君马上求见楚王，要求楚王迅速派出援军，和赵国联合抗秦，可是楚王惧怕秦国，不肯答允。两个人从清早谈判到中午，也没谈出结果。毛遂等二十人，在殿前阶下，等得焦急起来。那十九人就对毛遂开玩笑说："毛先生，上殿去露露锥尖吧！"毛遂二话不说，提剑登阶，从容上殿，对平原君说："赵楚联合抗秦的利害关系，两句话就可以说清楚，为什么说了这么半天还决定不下来呢？"楚王问平原君："这是什么人？"平原君说："是我的家臣，也是我的随员。"楚王便转向毛遂呵斥道："还不快给我下去！我正在同你们君主谈话，你算什么？"毛遂按剑而前，对楚王说："你仗着楚国是个大国，就这样随意呵斥人？你要知道，眼前在这十步之内，大国也没用，你的性命全在我的手里，你叫嚷什么！"楚王不作声了。毛遂接着说："我听说商汤以七十里的地方取得了天下；周文王以百里的地方臣服了诸侯，难道他兵多吗？只不过能发挥他的优势，振奋他的威力罢了。现在楚国土地方圆五千里，雄兵百万，这是称霸天下的本钱。像楚国这样盛强，天下各国都不能对抗。白起，小娃娃罢了，带了几万兵来和楚国打仗，一战就夺去了你们的鄢、郢等地；再战就烧掉了夷陵的楚先王墓；三战干脆俘虏了大王你的先人，这是百辈的仇恨啊，连赵国都感到羞耻，而大王却不知道好歹！军事联盟是为了楚国，不是为赵国。在我主人面前，你叫嚷什么？！"楚王又害怕又惭愧，连连称是，满口应承说："确实像先生说的，我愿意把全国的兵力参加同盟。"毛遂又逼问："联合抗秦的事定了吧？"楚王忙说："定了。"毛遂就招呼楚王的左右说："快拿鸡、狗、马的血来！"血来了，毛遂捧着铜盘跪献给楚王说："请大王先用手指蘸血涂在唇边，这是定盟的仪式；接着是我的主人，最后是我。"涂完血，毛遂左手拿着血盘子，用右手招唤殿外的十九个人说："喂！你们接着在堂下涂血吧。你们这些老爷碌碌无能，就像所说的依靠别人成事的！"

这件外交大事，就这样靠着毛遂的口才而终于取得了成功。平原君因此很称赞毛遂，其余十九人也更信服他了。

平原君定盟后回到邯郸，感慨地说："我不敢再鉴别人才了！毛先生到了楚国一次，就使赵国的声望提高了百倍。毛先生三寸长的舌头，比百万雄兵还强啊！"后把毛遂奉为上等门客。

故事心得

无论是古代还是现代，人缘与口才都是成事的重要法宝。依靠别人的力量成事，是一种过人智慧；鬼谷子曰："口者，心之门户，智谋皆从之出。"与俊朗的外貌相比，良好的口才是脱颖而出的资本。

贫贱之交，知人未易

本典故最早见于《南齐书·刘悛传》，讲述了魏齐与虞卿之间的交际与友谊。

虞卿，是有正直节操的贤臣，不是一般的拨弄口舌以求富贵的游说之士。他穿着草鞋，扛着雨具，第一次见到赵孝成王，赵孝成王就赐给他黄金二千两，白璧一对；第二次见到赵孝成王，他就当上了赵国上卿。所以人们称他虞卿。

早先，魏国国相魏齐，为了避祸，逃到他的朋友平原君家里藏了起来。因为秦国国相范雎以前曾受过魏齐羞辱，所以秦昭王想抓到他为范雎报仇，于是秦王就写了封口气和好的信给平原君说："我早就听说过您的

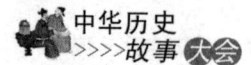

高尚行为，您如果有幸过访我，我愿意和您痛痛快快地喝上十天酒。"平原君害怕秦国，又相信秦王的诚意，果真来到秦国了。不想秦王和平原君只喝了几天酒，就变了脸威胁说："昔日周王得到吕尚，尊为太公；齐桓公得到管夷吾，敬为仲父。现在范君也是我的叔父。范君的仇人，在您的家里，但愿您派人回家把他的头拿来，不然的话，我便不让您回国！"平原君回答说："和尊贵的人交朋友，是因为自己卑贱；和富有的人交朋友，是因为自己贫困。那个魏齐，是我的朋友，现在有难，就是他在我家里，我也不会交出，何况他现在并没有在我家。"秦王当然不信平原君的话，就又送信给赵王说："您的弟弟在我手里，范雎的仇人魏齐在平原君家里，您快点派人把魏齐的头拿来！不然，我不但不放您弟弟回国，还要举兵讨伐赵国。"赵王害怕了，忙派兵包围平原君家，搜捉魏齐。魏齐趁天黑逃出了平原君家，偷偷跑到虞卿那里求救。虞卿考虑难以说服赵王收回成命，就解下相印，弃官和魏齐一块改装潜逃到魏国，打算通过信陵君的帮助到楚国去。他们未抵大梁城，信陵君已得到了消息，可是，信陵君也害怕秦国，不想会见他俩，只是一再追问门客："这虞卿是什么样的人啊？"这时候，魏国著名的义士侯嬴在旁，听了信陵君的问话，不由得叹了口气说："唉，真是人固然不容易被了解，了解人也真不容易！那个虞卿脚穿草鞋，肩扛雨具，赵王第一次见到他，就赏赐他白璧一对，黄金二千两；赵王第二次见到他，就拜他为上卿；第三次见到他，就授给他相印。封为万户侯。在那个时候，天下人都知道他了。而那个魏齐，在穷困潦倒，走投无路的情况下来找虞卿，虞卿不敢看重高官厚禄而置朋友的难处不顾，就解下相印，扔下万户侯，和魏齐悄悄出走。他是为了解救贤士厄难才来投靠公子，而公子您却还问什么'是怎样的人'！唉，真是人固然不容易被了解，了解人也真是不容易啊！"信陵君听了很是惭愧，立刻驾着车到郊外去亲迎虞卿和魏齐。不想魏齐听到信陵君开头不愿见他的消息，又急又气，还怕因为自己而拖累虞卿，就拔剑自杀了，等信陵君赶到时，魏齐早断气了，信陵君见状痛悔不及。后来，赵王听到消息，到底把魏齐的脑袋弄来了，派人送给秦王，秦王这才把平原君放回赵国。

故事心得

后来，人们就把那种相结以义，可以托生死，救急难的朋友交情叫作"贫贱之交"；用"知人未易"来表明要真的了解一个人的道德品质是不容易的。

胡服骑射

本故事出自《资治通鉴》，讲的是战国时赵武灵王为了国家的强大，推行"胡服"、教练"骑射"的故事。

战国时期的赵国，北方大多是胡人部落，他们虽然和赵国没有发生大的战争，但常有小的掠夺战斗。由于胡人都是身穿短衣、长裤，作战骑在马上，动作十分灵活方便，开弓射箭，运用自如，往来奔跑，迅速敏捷。而赵国军队虽然武器比胡人精良，但多为步兵和兵车混合编制，加上官兵都身穿长袍，甲胄笨重，骑马很不方便，因此，在交战中常常处于不利地位。鉴于这种情况，赵武灵王就想向胡人学习骑马射箭。要学习骑射，首先必须改革服装，采取胡人的短衣、长裤服式。

于是，武灵王于公元前302年开始改革。他的做法首先遭到以他叔叔公子成为首的一些人的反对，武灵王为了说服公子成，亲自到公子成家做工作，他用大量的事例说明学习胡服的好处，终于使公子成同意胡服，并表示愿意带头穿上胡服。公子成的工作做通之后，仍有一些王族公子和大臣极力反对。他们指责武灵王说："衣服习俗，古之理法，变更古法，是一种罪过。"武灵王批驳他们说："古今不同俗，有什么古法？帝王都不是承袭的，有什么礼可循？夏、商、周三代都是根据时代的不同而制定法规，根据不同的情况而制定礼仪。礼制、法令都是因地制宜，衣服、器械

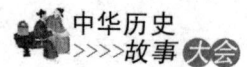
只要使用方便，就不必死守古代那一套的方法。"武灵王力排众议，在大臣肥义等人的支持下，下令在全国改穿胡人的服装，因为胡服在日常生活中做事也很方便，所以很快便得到人民的拥护。

武灵王在胡服措施成功之后，接着训练骑兵队伍，改变了原来的军事装备，赵国的国力也逐渐强大起来，不但打败了过去经常侵扰赵国的中山国，而且还向北方开辟了上千里的疆域，成为当时的"七雄"之一。

故事心得

郭沫若1961年秋游邯郸丛台时曾赋诗一首，诗中说到"骑射胡服思雄才"，便是引用赵武灵王实行胡服骑射改革的史绩，这段史实见诸于《史记·赵世家》。

奇货可居

本故事出自《史记》，讲述的是一个卫国大商人吕不韦在邯郸做生意，知道子楚（后来的秦庄襄王，曾在赵国都城邯郸做质子）的情况后，认为他是"奇货可居"，决定进行一次政治赌博，随后子楚回秦做上了大王，吕不韦也从中获得不少好处。

阳翟大商人吕不韦，经常出现在赵国京都邯郸的街头，来来往往，买买卖卖。他手头已经赚下了很多很多的钱，可说是家有万金了。

这一天，吕不韦正在街上走着，忽然对面走来一人，引起了他的注意。只见那人生得面如傅粉，唇若涂朱，虽然衣冠平常，但丝毫不失贵人之气，吕不韦不禁暗暗称奇。待那人走过之后，他问近旁一个小贩儿："请问适才走过的那位是谁？""他是……"原来，是秦国留在赵国的人质，名叫异人，他是秦昭襄王之子安国君的儿子。安国君有子二十余人，但全非正房华阳夫人之后，皆由那些姬妾所生。异人生母，名叫夏姬，夏姬不得宠，又早死，所以，秦赵渑池会盟两国互换人质时，异人便来到了赵国京都邯郸。异人来到邯郸之后，因秦国不断攻打赵国，赵王便迁怒于他，把他拘留在丛台之上，并由大夫公孙乾昼夜监守，他过着出无车，宿无妇，食无酒的枯燥无味的生活，终日里郁郁不悦……听罢小贩儿的介绍，吕不韦凝思片刻后爽朗大笑着说道："哈哈，他真是奇货。这奇货，可先囤积起来，然后做一笔大生意，哈哈哈哈！"吕不韦先以重金结交于监守异人的公孙乾，后又结识异人。有一次，他与公孙乾、异人一起喝酒，酒到半醉，趁公孙乾去厕所的机会，吕不韦问异人道："秦王已经老了。太子安国君所宠爱的是华阳夫人，可她没有儿子，你兄弟二十余人，至今没有一个得宠，你何不趁这个时候回归秦国，去找华阳夫人，求做她儿子。这样，以后你才可能有立储的希望呀！"异人含泪回道："我何尝不希望能如此呢？唉！怎奈身在他国，恨没有脱身之计呀！"吕不韦说："这好办，我可以设法救你回国！"异人说："能救我回国，日后倘能得到荣华富贵，你我共享！"为了救异人回国，吕不韦来到了秦国的京都咸阳。

　　不久，吕不韦便打听到华阳夫人有个姐姐也在咸阳城中，为了能见到华阳夫人，吕不韦设法先见到了华阳夫人的姐姐。见面之后，他先是以来时随身所带着赵国的金玉宝玩，取得了她的好感，接着他便把异人如何贤德，如何思念故国，如何想认华阳夫人为生母，以及日后他打算如何孝顺华阳夫人等等，详尽地说了一番。他的话，把华阳夫人的姐姐深深地打动了。事隔一日之后，华阳夫人的姐姐去见华阳夫人，她又把吕不韦对她说的话陈述了一回，华阳夫人大喜，当即，她便表示愿接异人回国，并收留在身边。说动了华阳夫人，这仅是第一步。当时，秦君还是秦昭襄王，异人若能回国，非他点头不可。可是，因渑池会盟时，秦昭襄王被蔺相如戏弄了一番，心中怀恨赵国，因此，根本不把异人回国当作一回事。怎么办呢？吕不韦又费心思了。后来，他得知王后的弟弟杨泉君也在咸阳，他想通过杨泉君去说服王后，再通过王后去说服昭襄王，于是，他用重金买通道路见到了杨泉君。吕不韦对杨泉君说："你居高官，享厚禄。可你这高官、厚禄和富贵能长久吗？自然，眼下有王后和大王保护你。可是，大王与王后年事已高，一旦山崩，太子嗣位，太子会继续保护你吗？太子安国君与华阳夫人无子。你为何不把今日留在赵国的王孙异人，设法引渡回国，让他去作安国君与华阳夫人的适子？如果真那样做了，安国君与华阳夫人会对你感激不尽的。那样，你的高官、厚禄和富贵，不就又有人保护了吗？"吕不韦之计，正中杨泉君心意，当日，他便去找王后，把吕不韦的话说了一遍。王后去见昭襄王，她又把杨泉君的话说了一遍。终于，秦昭襄王表示愿接异人回国，吕不韦这才收拾了一下行装，回邯郸去了。

吕不韦费了很多的钱财与精力，看来，异人归国之期就要来到了，可就在这时候，吕不韦却迟疑起来。他大动脑筋，思谋个不停。他想："异人回国，日后继位为王，对自己来说，最大不过是从一位秦王身上得利。如何能长久呢？将来异人山崩或者退位，又如何能从下一代秦王身上得利呢？"他想得很远，也想得很苦，这样，他便想到了赵姬。赵姬，是一位身姿艳丽，善歌善舞的美女，吕不韦很喜欢她，他俩早暗中同居，赵姬已怀孕两月有余。吕不韦想："应该把赵姬献给异人。日后生下我的骨血，长大继位，到那时，秦国的天下便是我吕氏的天下。那样，我吕不韦做的这生意，其利可就无穷了。"于是，不久他便不惜血本，设下华宴，在宴会上，他又让赵姬出面勾引异人，最终，让异人与赵姬结成了夫妻，达到了他的目的。异人得到了赵姬，非常爱恋。过了月余，赵姬便对异人言明她已有身孕，异人不知其来历，只道是他的骨血，愈加欢喜。又几个月过去，赵姬生下了一个男孩，给男孩取名叫"政"，他便是日后兼并六国的秦始皇嬴政。昭襄王五十年，秦兵重围邯郸，吕不韦领着化了装的异人，杂在百姓之中，混出邯郸，回到了咸阳。异人回到咸阳之后，由于吕不韦的"周旋"在前，他自然得到了华阳夫人、安国君乃至秦昭襄王的宠爱。不久，昭襄王逝世，立安国君为王；安国君又逝世，立异人为王。异人一当上秦王，便请吕不韦做了丞相，并封号文信君，到河南洛阳，坐享十万户的奉养。再后来，异人逝世，立政为王。政尊吕不韦为相国，号称仲父。做"奇货"的生意，吕不韦得到了大利后，又想得大名。当时，魏国有信陵君，楚国有春申君，赵国有平原君，齐国有孟尝君。这四位公子都喜欢招纳宾客。他们礼贤下士之名远扬天下。为了也能享有贤士的美名，吕不韦效仿四公子也广招宾客。他待宾客，仿佛比四公子还厚，所以，在很短的一个时间里，他门下便拥有三千多名能人智士。随后，他又效仿诸子百家，著书立说，命门客人人记下各自的所见所闻，分编成八览、六论、十二纪，洋洋二十万言，这本书，便是后来传世的《吕氏春秋》。

故事心得

后人往往用"奇货可居"比喻手里握着王牌可以随时按自己的利益适时出牌。

邯郸学步

本故事出自《庄子》，讲的是燕国寿陵有个少年，千里迢迢来到邯郸，打算学习邯郸人走路的姿势。结果，他不但没有学到赵国人走路的样子，而且把自己原来走路的步子也忘记了，最后只好爬着回去的可笑经历。

在一条崎岖的山路上，有一个年轻人在奔走……

在一条清透的河水里，又是那个年轻人在跋涉……

这个年轻人，来自北方燕国的寿陵地方。他不顾山高水险，也不顾路途遥远，下决心要到赵国的京都邯郸去。

他听人说，邯郸人走路的姿态非常美：那些老年人，走起来十分稳健；那些少年人，走起来十分活泼；男人，走起来十分庄重；女人，走起来十分优雅……

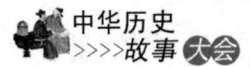
他决定要到邯郸去学走路。历经千辛，终于到了邯郸。

寿陵青年，顾不得休息几日，便极为认真地向邯郸人学起步来。

他先是整天整天地停留在邯郸的街上，或是站着，或是蹲着，目不转睛地观看邯郸人怎样走路。在他看来，那邯郸人走路的姿态也确是好看，那老的、那少的、那男的，尤其是那女的，走起路来，如花朵漫飞，如云霞轻动，如杨柳飘飘，如溪水潺潺……实在是妙不可言。

寿陵地方来的年轻人边看边总结着邯郸人走路的特点。子丑寅卯，甲乙丙丁，他给男的，总结出了几条，也给那女的，总结出了几条，他总结得有条有理，有层有次。

总结出邯郸人走路的特点，他便学着去走，学呀学呀，走呀走呀。然而，他学那老的，学得不像；学那少的，学得不像；学那男的，学得不像；学那女的，学得更是不像……

"这是怎么回事，原因何在呢?"寿陵青年，不知所以，皱起了眉头。

不过，寿陵青年毕竟不是痴子，很快，他的眉头舒展开来，这是因为，他找到了学不成的原因所在。那就是，因为他与邯郸人同站在一个地平线上，因而不能把邯郸人走路的姿态的全部，从头到脚看得清清楚楚。所以，他便这里走走，那里觅觅，在偌大的一个邯郸城里，为寻觅"最佳学步境地"而奔走不息了。功夫不负有心人。终于，他寻觅到了"最佳境地"——一座小桥的上上下下。是啊，邯郸人在桥上走，他站在桥下看，那邯郸人走路姿态的全部，自然能看它个清清楚楚……

现在，他已经站在了小桥之下。那小桥并不高，桥下，除了一条潺潺的细流外，大部分是长着蒿芥的荒草地。站在那荒草上，桥上的一切，自可一目了然。

这样，寿陵青年，便凝起眸子，久久地望着桥上。他的目的达到了，他看清了桥上那些来来往往的各种邯郸人，从头到脚看到了他们走路姿态的全部。

于是，他从小桥的下边，来到小桥的上边。效仿着就走在身边的邯郸人，他从小桥的这一头，学着走到了那一头，又从小桥的那一头，学着走到这一头。学呀学呀！走呀走呀！学得他头脑累了，走得他浑身是汗，然而，就是学得不像样子。

"这又是怎么回事，原因何在呢？"寿陵青年，不知所以又皱起了眉头……

经过细细的思考，聪明的寿陵青年，又找到了学不成的原因。那就是，因为自己固有的寿陵人走路的步法，还没有废弃掉，还在干扰他学步。不破不立嘛！破得不彻底，怎能学得好呢？

于是，他决定彻底废掉自己原来的步法。为此，他假设自己从来不会走路，扑通一声，故意跌卧在地上，然后，他又慢慢爬起来，模仿着邯郸人的脚，去学迈步，模仿着邯郸人的手，去学摆动，邯郸人每一步迈出多远，他也迈出多远……学呀学，他学得十分的专心与吃力。

如此这般，早起晚睡，他一连学了好几个月。

但结果如何呢？他不但没有学会邯郸人走路，而且把自己原来的步法也忘得一干二净了。

后来，他来时带的盘缠都花光了，他不得不返回寿陵去。可是由于原来的步法忘掉了，而邯郸人的步法又没有学会，他只好狼狈地爬着往回走。

他爬着涉水……

他爬着越山……

一路上碰到的人，对他都发出了惋惜与讥讽的笑声。

故事心得

后人用"邯郸学步"形容机械地模仿别人，而最终迷失自我的人。

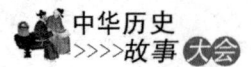

鹬蚌相争

本故事出自《战国策·燕策》，记载了辩士苏代借用民间流传的寓言故事来说明燕赵相持会给两国都带来祸害，从而阻止了赵国攻打燕国。

战国时候，秦国最强，它常常仗着它的优势去侵略别的弱国。弱国之间，也常常互有摩擦。

有一次，赵国声称要攻打燕国。当时，著名的游说之士苏秦，有个弟弟叫苏代，也很善于游说，苏代受燕王的委托，到赵国去劝阻赵王出兵。

到了邯郸，苏代见到了赵惠文王。赵惠文王知道苏代是为燕国当说客来了，但明知故问："喂，苏代，你从燕国到我们赵国做什么来了？"

"尊敬的大王，我给您讲故事来了。"

讲故事？他要讲什么故事呢？赵惠文王心中不禁一愣。

接下来，苏代讲开了他要讲的故事：

他说这次到赵国来，经过易水的时候，看见一只蚌，正张开双壳，在河边晒太阳。忽然飞来一只水鸟，伸出长嘴去啄蚌的肉。蚌立刻用力合拢它的壳，把水鸟的嘴夹住了。这时候，水鸟对蚌说："不要紧，只要今天不下雨，明天不下雨，你就会晒死的。等你死了我再吃你的肉。"

蚌不服气，它回敬水鸟说："不要紧，只要你的嘴今天拔不出来，明天拔不出来，你也会活不成的。咱谁吃谁的肉，还说不定呢！"

它俩争吵不休，谁也不肯相让。

正在它俩争吵的时候，有一个打鱼的人走了过来。那打鱼的人毫不费力地伸手把它俩一起提拿去了。

苏代讲完了故事，然后严肃地对赵惠文王说："尊敬的大王，听说贵国要发兵攻打燕国。如果真的发兵，那么，两国相争的结果，恐怕要让秦国做打鱼人了。"

赵惠文觉得苏代的话有道理，便主动放弃了攻打燕国的打算。

故事心得

这个成语用来告诫人们在处理矛盾时，要警惕第三者获利。

奉公守法

本故事出自《史记》，讲的是赵国负责收税的官员赵奢不畏权贵，秉公执法的事情。

赵奢，是赵国的田部吏，专门负责征收田赋，可当时，征收田赋特别难，尤其是征收官家的难。有一天，赵奢带着人来征收平原君的田赋，赵奢对平原君的一位家臣说明来意后，谁知这位家臣傲慢地看了一眼赵奢，说："你知道现在是站在谁家的府门外吗？"赵奢耐着性子点了点头。这位家臣更傲慢了："既然你知道，为何又来征收田赋？""难道平原君就不该上交田赋？""废话！平原君与惠文王是兄弟。还交什么田赋？还不快快与我滚开！"赵奢怒了："岂有此理！大王有令，违抗君命不交赋者，斩！来人，将他绑了，就地斩首！"

杀了家臣，岂不是虎口拔牙？平原君怒不可遏，命令武士把赵奢擒进府内，二话不说就要问斩。赵奢毫无惧色，挺着胸膛问平原君："因何斩我？"平原君说："你先回我，为何斩我家臣？"赵奢说："拒交田赋，王法不容。"平原君又问："我是何人你可知道？"赵奢说："你是赵国相国，名扬天下的贤公子，可你却纵容家臣拒交田赋，不奉公守法。不奉公，王法则削弱。如果都像你这样，有法不行，那谁还交田赋？赋税难征，那国家还能维持下去吗？法弱而国贫，内，必定发生混乱；外，必遭强夷来侵。到那时候，国家保不住，你的地位，你的财富，你的名誉，又怎能保得住？反过来说，如果你能奉公守法，带头交付田赋，那举国上下也会跟着

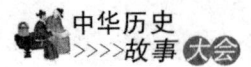
奉公守法。那样，国家必定富强，社会必定安定，你必定更有地位、财富与名誉，天下人也必定会更加尊敬你。"

赵奢的一番话使平原君心悦诚服，最后他不但没有杀赵奢，而且还向惠文王举荐了赵奢。

故事心得

　　一个国家的强盛在于懂得维护法律的威严，衰弱在于"有法不守"，赵奢这种不畏权贵，秉公守法的做法值得每个执法者去学习。

旷日持久

　　本故事出自《战国策》，讲的是战国时期，赵国投入一场得不偿失的消耗战，付出了极大的代价。

　　处在北方的燕国，把宋国人荣封为高阳君，派他带领大军攻打赵国。赵国的国相平原君和赵王商议，准备把济东的卢高、唐平、原陵三个县区的大小五十七座城市割让给齐国，以换取齐国的大将安平君田单来赵，率领赵军来抵抗燕军。马服君赵奢知道了这件事，气冲冲来见平原君，质问说："我们的国家，难道竟没有人到这种程度了吗？您为了请安平君来当赵军的统帅，就把济东的三个县五十七座城池白送给齐国。这些城池，是我和敌国苦战，消灭敌军杀掉敌将才从敌国手里夺来的。现在您把它给了齐国，只不过是为了请安平君来带领我国的军队。我国难道竟没有人到这种程度！再说，您为什么不让我去带兵呢？我为了抵罪，曾经在燕国待过一段时间，燕王任命我做过上谷的镇守官，燕国的军事要塞和运兵险路，我全知道。让我带兵迎战，保证在百天之内，不等他国的援燕军队来到，我就把燕国拿下来了。那么，您为什么还请求安平君来为赵将呢？"平原君不愿听赵奢的意见，摇着手说："将军您消消气，我已经向君王说过了，君王有幸采取了我的意见。请将军不要再说了！"赵奢不肯罢休，反而抗声叫道："您错了！您错了！"接着，进一步阐明自己的观点说："您所以一定要请安平君带兵抗燕，大约是认为齐国和燕国，有着来国血战的深仇大恨，他会出死力替我国打仗吧？但在我看来，却不是这么回事。因为，假使安平君是愚蠢的人，固然对付不了荣盼；假使安平君是聪明的人，又不肯会认真和燕国人作战。这两种情况，安平君必然处于一种。就算往好的一面说，安平君假使是聪明人，那么他为什么会为赵国的强大出力呢？要知道，赵国打胜了，强大起来，齐国就别想当霸主了！现在齐国拿着赵国的强兵，去阻拦燕将，避免了自己受侵，对他们有好处。安平君肯定会空废时日，拖延战事，打它好几年，把我国的兵力和后备力量，全消耗在战场里，把我们的战车、衣甲、兵器等搞坏弄损；把我们的军需储备库和粮仓用光吃空。直到燕赵两国同样被拖得精疲力尽时，他才收兵归来。有意削弱两国的实力，没有比这再明显的了。"可是，平原君到底没有采纳赵奢的意见，还是用五十七座城池把安平君请了来，让他带领赵军和燕军对抗。到了夏天，就把赵军弄得吊起锅儿没饭吃了，虽然也从燕国手里夺过来三座城，但是没有一座城的长度超过三百丈的。果然像马服君赵奢所预料的那样。

另一则故事发生在赵惠文王三十年。这时田单因为避祸逃难到赵国，被赵王封为都平君。田单在一次和赵奢谈话中，曾表示对赵奢打仗靠兵多有点不佩服，遭到赵奢的反驳。赵奢驳语里有"现在把古代的所谓万国，划分为七个大国，每个大国都拥有几十万大军，可以旷日持久好几年"的话。经过赵奢的详细分析实例，最后使田单心服了，他羞愧地长叹说："在知兵这点上，我达不到您这样的地步啊！"

故事心得

在这个效率至上的时代，凡事在做之前都要计算时间成本，否则即便得到了回报，也会得不偿失。

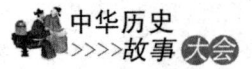
利令智昏

本故事出自《史记》，针对于"坐收十七城"的这一历史事件，《史记》作者司马迁做出评论说：平原君赵胜，在当时虽然也算个著名人物，但是他"未睹大体"，眼光短浅，贪图私利，头脑发热，理智不清，"利令智昏"。

秦国派大将白起，带领人马，攻打韩国，占领了韩国的野王（今河南沁阳市）。野王是韩国上党通韩国内地的重要通道。野王被占，上党孤立了。上党的地方官冯亭想"嫁其祸于赵"，希望能得到赵孝成王的保护。他给赵孝成王写了一封信，信上写道：

"秦国进攻我们韩国，情况十分危急，上党很可能要陷于秦手。我等上党吏民不愿附秦，而愿附赵。今将所辖十七城，拜献给大王。祈大王辱收之……"

坐收十七城，天下竟有这等美事！看着冯亭的来信，赵孝成王不禁喜形于色了。这时候，他想起了前不久的一梦。

他梦见他穿着一件偏傍结扣的衣裳，乘着从天上降下来的一条龙，往天边飞去。但是，尚未飞到天边，驮着他的那条龙就突然坠落到地上。他转过脖颈一看，只见身两侧各有金山玉山一座，且山景清秀，光辉夺目……

这梦是什么意思呢？

为解梦意，赵孝成王召大夫赵禹来询问。赵禹说："偏衣者（指偏傍结扣的衣裳），合也；乘龙上天，升腾之象；坠地者，得地也；金山玉山者，货财充溢也。大王目下必有广地增财之庆。此梦大吉。"

人，大凡都爱听吉庆之言，赵孝成王大悦。他仿佛觉得，只有他这个做大王的，才会有这样的好梦。

后来，赵孝成王又召来一个名叫"敢"的巫吏来解梦。敢说："偏衣者，残也；乘龙上天不到天边而坠地者，事多中变，有名无实也；金山玉山者，可观而不可用也。此梦不吉，愿大王慎之。"

……

想着那个梦，赵孝成王想：同样一个梦，却有着一吉一凶两种解释。那么，坐收十七城这件事呢？或利或害，会不会也会有两种不同的解释呢？

他召平阳君赵豹上朝来商量这件事。赵豹说："我听说，无故之利便是祸殃。上党十七城不可收。"

显然，平阳君的话有些倒胃口。赵孝成王反问道："上党臣民愿归附我们赵国，这是民心所向，怎么能说是'祸殃'呢？"

赵豹说："秦国已占了韩地野王。在秦王看来，上党十七城已成了他掌中之物。我们若接收过来，那秦王岂能善罢甘休？如因我们接收上党十七城而致使秦王发兵攻打我们赵国，那岂不就是祸殃吗？"

赵孝成王无法反驳。

但赵孝成王的心里总觉得不把上党十七城接收过来是吃了亏似的。所以，当平阳君赵豹退朝之后，他又把平原君赵胜召来商议。

平原君欣喜地说："用百万军士去征战，征战数年，也未必能得一城。而今不费寸兵斗粮，便可得十七座城池，这是多么大的利益呀！机不可失，不可失。"

接下来，赵孝成王又问平原君坐收十七城是不是"无故之利"，是不是"祸殃"？

平原君说："什么'无故之利'！'有故之利'又在何方？又说什么'祸殃'，冯亭愿意依附我们，我们又愿意接收，'祸殃'又会从何而来呢？"

平原君的话，赵孝成王觉得很顺耳，便立即派遣平原君代他前往上党接收了十七城，封冯亭为三万户，号为华阳君。

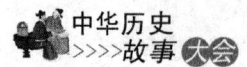
可是，这样一来，果真激怒了秦国。秦国又派白起来攻打赵国，这就爆发了历史上有名的长平之战，赵国大败，最终四十万赵军全部覆灭。

故事心得

欲望可以使人丧失理智，而一个人若被欲望牵着走，那么他就极容易做出许多愚蠢的事情。

不遗余力

本故事出自《史记》，讲述的是战国时期，秦国在长平攻打赵国的经过。

秦国发兵攻打赵国，在长平（今山西省高平市）摆开了战场。赵军抵挡不住秦兵，连连溃败。怎么办呢？赵王召来大臣楼昌和虞卿商议对策。赵王说："长平战事，我们不胜，新近又战死一员都尉。我想再增派军队往长平去抵挡秦兵，你们的看法如何？"

楼昌说："再增派军队也没用。不如派大使到秦国去求和。不然，我们的军队将会彻底被秦兵消灭。"

但虞卿不同意楼昌的见解。他说："我看现在不必去求和。主张求和的人，总是强调'不求和，必破'。其实，未必是这样。大王，你说，秦国攻打我们是不是一定要消灭我们军队呢？"

赵王说："是啊！秦国不遗余力，看来是定要消灭我们的部队才甘心啊！"

虞卿说："就按大王说的，秦国要消灭我们军队，我们应该去求和，现在也不能派大使到秦国去。请听我的话，先派使者带着宝物去赠送给楚国和魏国。楚王和魏王要是得到了赵国赠送的宝物，便一定会高兴地接纳我们的使者。一旦我们的使者进入楚国和魏国，秦王必定会怀疑天下人要联合起来对秦，因而感到惶恐。那时，和谈就好进行了。"

可是赵王不以为然，最终没有接受虞卿的意见。

不久，赵王派郑朱为特使，到秦国去求和。郑朱走后，赵王又召来虞卿，问道："我已派郑朱到秦国去和谈，您对这件事有什么看法呀？"

虞卿回答说："和谈不会成功。但这样一来，赵国的军队很可能为秦国所破灭。这是因为，郑朱是我们赵国的一位显贵的人物。他到了秦国，秦王以及应侯范雎一定会借机宣扬他们的胜利。天下的诸侯也一定向秦国祝贺，而楚、魏两国以为我们跟秦和谈了，也不会派兵来援助了。在这种情况下和秦国和谈，秦国的条件一定会很高，如果我们不应允，秦国是一定不肯让步的。所以我说，和谈不一定能成功。"

果然，郑朱一到秦国，秦王和应侯范雎便借郑朱的到来向天下扬言说他们攻打赵国取得了胜利。还说，秦国不肯与赵国和谈。

随之，长平之战爆发，赵国溃不成军，赵国的京都邯郸也被秦兵包围了。

结果，赵王割了六县送给秦国作为求和条件，秦兵才解除了对邯郸的围攻。事后，虞卿问赵王说："秦兵不围困邯郸了。您以为是秦兵疲倦了才撤退的呢？还是他们的力量能持续下去，因割了六县给他们才撤退的呢？"

赵王说："秦国部队攻打我们是不遗余力的，我看也许是因为兵卒疲倦才撤退的。"

虞卿说："是的，秦国以它的力量击他所不能取得的，结果，搞得疲惫不堪而退兵。可是您又以它的力量所不能得到的奉送给它，这无疑是帮助对方来攻击自己啊！我看明年秦国还会再来攻打我们的。到那个时候，我们也许就无可救药了。"

虞卿一席话，引起了赵王的深思。

后来，赵王又把虞卿的一席话说给一个名字叫作赵郝的臣子去听。对于虞卿的话，那赵郝很不以为然，说道："虞卿说的真是那么一回事吗？六座县城不过像是弹丸之地。现在不割让给秦国的话，秦国可能明年还要来攻打我们赵国，到那时候恐怕还得割让土地去求和呀！"

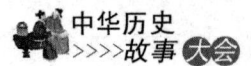
听了赵郝的话，赵王更不知道如何是好了。

故事心得

后人用此成语形容投入全部的精力去做一件事情，为了一个目的的实现而不计成本。

退避三舍

本故事出自《左传》，讲的是晋文公因受到楚成王恩惠，他履行当年的誓言，即在两军交战时，主动退守九十里，避免冲突的故事。

晋文公即位以后，整顿内政，发展生产，把晋国治理得渐渐强盛起来。他也想能像齐桓公那样，做个中原的霸主。

这时候，正好周朝的天子周襄王派人来讨救兵。周襄王有个异母兄弟叫太叔带，联合了一些大臣，向狄国借兵，夺了王位。周襄王带着几十个随从逃到郑国。他发出命令，要求各国诸侯护送他回洛邑去。各国诸侯有派人去慰问天子的，也有送食物去的，可就是没有人愿意发兵打狄人。

有人对周襄王说："现在诸侯当中，只有秦、晋两国有力量打退狄人，别人恐怕不中用。"周襄王才打发使者去请晋文公护送他回朝。

晋文公马上发兵往东打过去，把狄人打败，又杀了太叔带和他那一帮人，护送天子回到京城。

过了两年，又有宋襄公的儿子宋成公来讨救兵，说楚国派大将成得臣率领楚、陈、蔡、郑、许五国兵马攻打宋国。大臣们都说："楚国老是欺负中原诸侯，主公要扶助有困难的国家，建立霸业，现在正是好进机。"

晋文公早就看出，要当上中原霸主，就得打败楚国。他就扩充队伍，建立了三个军，浩浩荡荡去救宋国。

公元前632年，晋军打下了归附楚国的两个小国——曹国和卫国，把两国国君都俘虏了。

楚成王本来并不想同晋文公交战，听到晋国出兵，立刻派人下命令叫成得臣退兵。可是成得臣以为宋国迟早可以拿下来，不肯半途而废。他派部将去对楚成王说："我虽然不敢说一定打胜仗，但也要拼一个死活。"

楚成王很不痛快，只派了少量兵力归成得臣指挥。

成得臣先派人通知晋军，要他们释放卫、曹两国国君。晋文公却暗地通知这两国国君，答应恢复他们的君位，但是要他们先跟楚国断交。曹、卫两国真的按晋文公的意思办了。

成得臣本想救这两个国家，不料他们倒先来跟楚国绝交。这一来，真气得他双脚直跳。他嚷着说："这分明是重耳这个老贼逼他们做的。"他立即下令，催动全军赶到晋军驻扎的地方去。

楚军一进军，晋文公立刻命令往后撤退。晋军中有些将士可想不开啦，说："我们的统帅是国君，对方带兵的是臣子，哪有国君让臣子的理儿？"

狐偃解释说："打仗先要凭个理，理直气就壮。当初楚成王曾经帮助过主公，主公在楚成王面前答应过：要是两国交战，晋国情愿退避三舍。今天后撤，就是为了实现这个诺言啊。要是我们对楚国失了信，那么我们就理亏了。我们退了兵，如果他还不罢休，步步紧逼，那就是他们输了理，我们再跟他们交手不迟。"

晋军一口气后撤了九十里，到了城濮（今山东鄄城西南），才停下来，布置好了阵势。

楚国有些将军见晋军后撤，想停止进攻。可是成得臣却不答应，一步盯一步地追到城濮，跟晋军遥遥相对。

成得臣还派人向晋文公下战书，措辞十分傲慢。晋文公也派人回答说："贵国的恩惠，我们从来都不敢忘记，所以退让到这儿。现在既然你们不肯谅解，那么只好在战场上比个高低了。"

大战展开了。才一交手，晋国的将军用两面大旗，指挥军队向后败退。他们还在战车后面拖着伐下的树枝，战车后退时，地下扬起一阵阵的

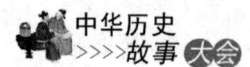
尘土，显出十分慌乱的模样。

成得臣一向骄傲自大，不把晋人放在眼里。他不顾前后地直追上去，正中了晋军的埋伏。晋军的中军精锐，猛冲过来，把成得臣的军队拦腰切断。原来假装败退的晋军又回过头来，前后夹击，把楚军杀得七零八落。

晋文公连忙下令，吩咐将士们只要把楚军赶跑就是了，不再追杀。成得臣带了败兵残将回到半路上，自己觉得没法向楚成王交代，就自杀了。

晋军占领了楚国营地。把楚军遗弃下来的粮食吃了三天，才凯旋回国。

晋国打败楚国的消息传到周都洛邑，周襄王和大臣都认为晋文公立了大功。周襄王还亲自到践土（今河南原阳西南）慰劳晋军。晋文公趁此机会，在践土给天子造了一座新宫，还联系了各国诸侯开个大会，订立盟约。这样，晋文公就当上了中原的霸主。

故事心得

晋文公退避三舍，说明他是一位讲仁义、守信用的国君，但他不像宋襄公那样无原则地讲仁义，当楚军步步紧逼时，晋文公凭借强大的实力坚决打击了楚军，为自己赢得了威望。

破釜沉舟

本故事出自《史记》，讲述的是秦朝末年，项羽为鼓舞士气，在漳河边命士兵将渡船全都砸沉，同时烧掉所有的行军帐篷，誓死要与秦军决一死战的故事。

秦朝末年，秦始皇死后，他的小儿子胡亥继位。

秦始皇称霸于列国，他的小儿子胡亥继承父业，也想称霸于列国。为此，他刚刚登上王位，就派大将章邯率领大军首先打败了陈胜、吴广的起义队伍，然后北渡黄河前去攻打赵国。

赵国哪里是秦国的对手，于是，赵王就派使者前往楚国去请求援助。

赵国的使者到楚国后，就直奔楚宫去见楚怀王，一五一十地哭诉起了秦将章邯攻打赵国的暴行……

当时，项羽正好在场，项羽怒火中烧，他对楚怀王说道："我们应当马上发兵救赵，我愿去跟章邯拼一个死活……"

楚怀王说："将军愿往，再好不过。"

随之，楚怀王就派项羽作为上将军宋义的副将，领兵前往救赵……

但谁知宋义是个胆小之徒！楚国的兵马行至安阳（今山东省曹县）后，就安营下寨，不再前进，一连四十六天按兵不动，不敢与秦军决战。这可把项羽气坏了，一怒之下，便把宋义杀了。

杀了宋义之后，项羽就立即派他的手下将领英布等人带领两万人马要渡过漳河去打秦将章邯。听说楚军要渡河，章邯派秦将司马欣和董翳带兵去拦阻，那两个秦将不是英布等人的对手，一交锋就打了败仗，急忙后退。于是英布等人就顺利地渡过了漳河并牢固地占领了河的对岸，接着，项羽即率领所有的军队都渡过河去。就在全军刚刚渡过河后，项羽便吩咐士兵，每人只许带上三天干粮，把所有做饭的釜（即锅）砸了，把所有渡河的舟沉在了河底，把兵营也毁了。他并对将士们说："成败在此一举。这次咱们打仗，只准进，不准退；三天里头必须将秦兵打败。我们要和敌人血战到底，不获全胜，誓不收兵！"

将士们看到锅砸了，船沉了，一点退路也没有了，因此，就都抱着死战到底的决心和秦军拼杀起来。结果，楚兵以一当十，喊声震天，锐不可当，大败秦军，救了赵国。

故事心得

这个成语常用来比喻不给自己留退路，逼着自己只能成功。

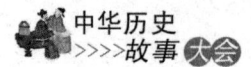
背水一战

本故事出自《史记》，讲的是韩信背后临近汉水摆阵，为求得出路而决一死战的故事。

公元前204年，汉王刘邦派大将韩信和张耳，率领汉军去攻打赵国。赵王歇和赵国统帅陈余，率领二十万兵马，集结在井陉口（今河北省井陉山上的井陉关），准备迎战。

赵国谋士李左车向陈余献计说："韩信这次领兵前来，一路上打了许多胜仗，他乘胜而来，其势不可挡。但是他们经过长途跋涉，必定粮草不足，士兵不饱，战马也缺乏草料。我们井陉地方的山路很窄，车马很难通过。因此，我倒有个主意，可派三万兵从小路截断他的粮车。你再把沟挖得深些，墙垒得高高的，固守营寨，不与他们交战。这样一来，他们前不得战，后不得退，用不了十天，我们就可捉住韩信。"

李左车虽然说得条条在理，可陈余是个书呆子，不听从他的意见，反而说："我读过不少兵法。兵法上说，兵力比敌人大十倍，就可以包围敌人；兵力比敌人大一倍，就可以和敌人对阵。现在汉军号称几万人，其实不过几千人，况且远道而来，疲惫不堪。我们的兵力超过汉军许多倍，难道还不能把他们消灭掉吗？如果今天避而不战，别人会讥笑我胆小。"

就这样，陈余没有采纳李左车的正确意见。

韩信探知陈余不用李左车的计策，十分高兴，于是他就把兵马驻扎在离井陉口30里的地方。待到后半夜，韩信又派出两千名轻骑兵，每人带一面汉军红旗，从小路迂回到赵营的侧后方，埋伏起来，准备袭击赵营。然后，韩信再派一万人马作先头部队，沿着河岸摆开阵势。

陈余探知韩信兵马沿河布阵，哈哈大笑说："韩信空有虚名！背水作战，不留后路，这是自己找死！"

天亮了，韩信带领后队兵马，打出帅旗，大张旗鼓地向井陉口杀来，赵军立即迎战。交战后，汉军假装败退，抛掉旗鼓，向河岸阵地退去，陈余不知是计，指挥赵军拼命追击。这时，韩信埋伏的两千轻骑兵，见赵军倾巢出击，立即杀入赵营，拔掉了赵军旗子，换上了汉军的旗子。

赵军追得汉军退到了背靠汉水的阵地上，汉军后退无路，于是他们返转过身，一个个背水拼命死战。赵军久战不能获胜，士气开始低落，后来，当他们忽然又发现背后自己的营垒上都插上了汉军的红旗，军心顿时大乱，纷纷四外溃逃。

于是，汉军乘机前后夹攻，大破赵军。他们杀了陈余，活捉了赵王歇。

胜利之后，有军士问韩信："兵书上说，布列阵地要右后靠山，左前临水。这次将军反而令我们背水为阵，竟然取得了胜利，这是什么战术呢？"

韩信说："这也出自兵法。兵法上说：'陷之死地而后生，置之死地而后存'。这是因为，置之死地，兵士们为保存自己生命便会拼死作战；如果留下生路，一和敌人交手，稍有不利，有的就可能逃跑。"这场战役后，人们都称赞韩信很有谋略。

故事心得

背水一战后来通指将自己逼入绝境，只能成功，不能失败。

围魏救赵

本故事出自《史记》，讲的是战国时期，齐军用围攻魏国的方法迫使魏国撤回攻赵部队而使赵国得救的故事。

公元前 353 年，魏国国君魏惠王派大将庞涓带兵去攻打赵国，团团地

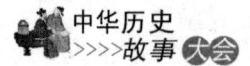
围住了赵都邯郸。情况非常危急，赵国的国君赵成侯派使者到齐国去求援兵。齐国的国君威王很痛快，立刻拜田忌为大将，拜孙膑为军师，发兵去救赵国。

田忌打仗非常勇敢，但智谋不足，又是个急性子，奉命之后，便想立刻赶到邯郸去与魏兵厮杀，可孙膑不同意。

孙膑，是我国历史上很有名的军事学家孙子的后代子孙，也是我国历史上一位有名的军事学家，田忌很佩服他。有这样一件事：田忌常喜欢与齐国宗室的公子们举行跑马比赛，押重金，赌输赢，可他赢的次数并不多。田忌去向孙膑请教，问怎样才能多赢，孙膑没回答，却去看了看田忌和公子们比赛时用的马。孙膑发现，马的脚力相差不大，但可分为上、中、下三种等级，于是孙膑便胸有成竹地对田忌说："下次有跑马比赛时，您只管放大胆量下重金与他们赌输赢，我自有办法叫您获胜。"不久，又逢跑马比赛，田忌就去报名参赛，并押下千金。等到临场比赛时，孙膑向田忌面授机宜说："第一场，您用您的下等马去同他们的上等马周旋；到第二场，您用您的上等马去对付他们的中等马；到末场时，您则用您的中等马去对付他们的下等马。"待三场赛完下来，田忌只输一场而赢了两场，结果以总分之多取胜，赢得了齐王的千金奖赏。

这时候，田忌想着赛马的故事又问孙膑为什么不同意赶赴邯郸去与魏军厮杀，孙膑说："凡是要解开杂乱打结的绳索，一定要冷静地找出它的结头，然后慢慢去解，切不可心急地使劲去扯，或用拳头猛捶；还有，要排解开两个人相互的斗殴，万不可卷入去打，而要避开双方拳来脚往的地方，寻找机会用拳猛击其中一方空虚无备的腹位，待挨揍者双手捧着肚子跪下，原来对打的形势，便会有所改观，而斗殴的局面，也会顿然停止。现在魏国出兵攻打赵国，魏国的精兵锐卒，一定倾巢开赴邯郸，只剩一些老弱残兵留守国内。咱们为何不利用这个机会，带兵直驱魏国都城大梁，占据他们的交通要道，袭击他们守备空虚的地方呢？那样，他们在外的大军，必然会放下赵国赶回相救。这样一来，我们岂不是一举解决了赵国的危急，同时还可以让魏国尝尝我们的厉害！"

田忌认为孙膑的话很有道理，便带兵直驱魏国都城大梁。

齐国的大军刚到桂陵（今河南省长垣县西北），孙膑便叫田忌下令停了下来，孙膑说，当魏军从邯郸返回的时候，一定要经过桂陵，因此，应该在此设伏，布下阵势，到时好一举把魏军歼灭。田忌又依孙膑的计谋而行，很快地埋伏了下来。

齐兵要攻打大梁的军情，很快，庞涓就知道了，他立刻命令从赵国退兵救大梁。

魏军久围邯郸，已经非常疲惫，庞涓救大梁心切，又来了急行军，这使魏军更为疲惫不堪。

魏军进入了齐兵埋伏的桂陵地带，只听一声号令，齐军从路的两侧一齐奋勇杀出。突遭袭击，疲惫不堪的魏军哪里还能抵挡得住？他们战死的战死，受伤的受伤，不多时，魏军大败，死伤两万多人，齐军大胜而归。

孙膑、田忌这一仗打得漂亮！既为邯郸解了围，又教训了魏国。

故事心得

后来，围魏救赵往往被人们看作是一条军事上的妙计，也用来指达到目的要讲究曲线手段。

智者千虑

本故事出自《史记》，讲的是赵国谋士李左车被韩信活捉后，其为韩信出谋划策攻打燕国的故事。

刘邦派韩信去攻打赵国。韩信用计杀退了赵兵，杀死了赵军统帅陈余，也活捉了赵国出名的谋士李左车。

韩信知道李左车是一位有才能的人，便亲自为他解下绑绳，并且十分

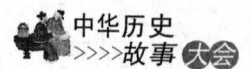

客气地向他请教说："我打算向北攻打燕国，向东边讨伐齐国，什么办法才会成功呢？"

李左车感到很羞愧，说："败军之将，不可以言勇；亡国之大夫，不可以图存。我是一个吃了败仗的俘虏，哪有资格谈论这样的事情呢？"

韩信说："百里奚在虞国而虞国灭亡，在秦国而秦国称霸，这并非是在虞国百里奚愚蠢，到了秦国又变得聪明，而在于国君是不是信任他，能不能听他的谋划。陈余的失败，是他没能听取你的计谋，如果他按照你的意见作战，我也要被你们俘虏了。今天我是诚心诚意地想听听你的高见，请你别再推辞了。"

李左车见韩信很诚恳，便讲出了自己的看法。他说："聪明的人考虑千次，可能有一次是错的；愚蠢的人考虑千次，也可能有一次是对的。俗话说：狂人的话，至贤也可以选择。只恐怕我的计策不值得您采用，但我愿意献愚忠，为您效劳。您背水作战，不到一个上午打垮赵军二十万，杀死陈余，名闻海内，威震天下，这是将军在战略上的长处。然而，农民遭受兵灾，非常贫苦，士卒经过激战，非常疲惫，如果您现在用这样疲惫的军队，去攻打燕国的牢固城池，恐怕难以攻下，而且，战事如果拖得久了，士卒们会更疲惫。再说，军粮也会发生困难。因此，我认为，你如马上用兵，这便是您的战略短处。善于用兵的人不会用自己的短处去攻击敌人的长处，而是用自己的长处去攻击敌人的短处。"

韩信问："那么，我目前应该怎样呢？"

李左车说："现在应该按兵不动，先安定赵国的秩序，抚恤赵国阵亡将士的遗孤，这样做，人们就会拥护您，方圆百里之内，就可能有人送来牛肉和酒，犒劳您的将士。到那时，您可以一面摆出向北进攻燕国的姿态，一面派遣说客，拿着您的亲笔信到燕国去，把自己战略上的长处显示给燕国看，那样，十有八九燕国会自行投降的。燕国投降后，再派遣说客到齐国去，把燕国投降的事告诉齐国，齐国也会像草随风倒一样，很快降服。这样，夺取天下就不难了。用兵向来讲究先虚后实，我说的就是这个道理。"

韩信按着李左车的意见去做，果然获得了成功。

故事心得

智者千虑后来指聪明的人也有疏忽，提醒人们考虑问题一定要
周到。

攻难守易

本故事出自《藏书·九国兵争》，讲的是兵法上的一种谋略。

决定战局优劣的有三大要素，就是天时、地利、人和。一般情况下，守的一方是据有地利条件的，如果双方军队的数量和战斗力，相差并不悬殊，攻方没有全面优势，确实是难以战胜守方的。这在战国兵争中不乏实例。请看这则故事：

赵国在长平战役惨败后，打算通过掠夺燕国的领土来补偿自己遭受的损失。平原君问他的大将冯忌说："我要出兵攻打燕国，您看怎么样?"冯忌回答说："这是不可以的。您看，秦国乘着连打七次胜仗的威风，在长平和咱们交手，事后又用全部兵力来围攻邯郸城；咱赵国呢，只靠收集到的散兵败卒，守着一座破城。可是尽管这样，秦兵到底也攻不下邯郸，反而把他们的锐气消耗尽了。什么缘故呢，就是因为攻起来困难守起来容易啊！现在赵国并没有连战连捷的威风，而燕国也没有受到像长平战役那样的损失。现在我国多次战败的元气还没有恢复，却想用疲惫的军队去攻打强大的燕国，那样的话，就是叫弱小的赵国仿效强大的秦国去攻城；而叫强大的燕国效法弱小的赵国来守城；结果反而给了秦国休息兵马的机会，让他们再钻空子找赵国的便宜。所以，我看不出您这个做法有什么可取。"

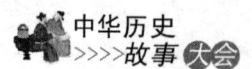
"攻难守易"是近代还在使用的军事熟语之一。早在战国时期，就有这句话了，可以说是在当时的军事技术装备条件下，通过战争实践总结出来的经验。

犹豫不决

本故事出自《战国策·赵策三》，讲的是平原君在处理是否尊秦昭王为皇帝一事时变得迟疑，拿不定主意。

长平战役结束后，秦军乘胜包围了赵都邯郸城。魏国的安王差他的将军晋鄙去解围，由于惧怕秦军，晋鄙走到汤阴就按兵不进了。魏王又派了个客籍将军辛垣衍，化装从小路偷偷地进入邯郸城，通过平原君向赵王传达魏王的意见说："秦国所以要急迫地围困赵国，是因为以前和齐闵王争僭皇帝的称号，后来秦国取消了皇帝的称号，实因齐国的缘故，本心是不愿取消的。现在齐国更加虚弱了，天下只有秦国实力最强。我看秦王不一定是贪图贵国的邯郸，他的意思是想做皇帝呢。赵国如果真能派使者去秦国，尊秦昭王为皇帝，他一定高兴，就会把军队撤回去了。"平原君听了，很是犹豫，一时拿不定主意。

这时候，鲁仲连正巧在赵国游历，碰上了秦军围困邯郸。他听到魏国的将军要叫赵国尊奉秦王做皇帝的消息，就急忙来见平原君，问道："这件事怎么样了？"平原君焦躁地说："咳，我还敢说什么事呢！百万大军折损在国外；现在邯郸也给人包围了，魏王派了客将军辛垣衍来，要叫赵国去尊奉秦王做皇帝，这个人还在这里没走。我还敢说什么事呢！"鲁仲连责备平原君说："我起初以为您是天下的贤公子呢，我到现在才知道您并不是天下的贤公子！那个魏国来的客人辛垣衍在哪儿？我请求代替您斥责他，把他打发回去。"平原君答应说："让我把他召来见见先生吧。"

故事心得

　　后来，人们常用"犹豫不决"来比喻遇事拿不定主意，下不了决心，也指不果断的人或者事。

一狐之腋

　　本故事出自《史记》，讲的是春秋时期晋卿赵简子乐于听直话的高尚美德。

　　春秋时，晋卿赵简子（也是后来赵国君王的先祖之一），有一个臣子名叫周舍。周舍喜欢直谏。据说，有一次他曾立于简子门下三天三夜不去。简子使人问他何故如此，他说道："他愿意做一个传直话和说直话的臣子，并使其改正，从而收到良好的效果。"

　　赵简子为人也耿直。周舍的这几句话，他很欣赏，也使得他很感动。

　　后来，周舍死了。周舍之死，叫赵简子很伤心，他经常是愁眉苦脸的样子，尤其是当朝时，他更是满脸的不欢快。他这样，有些臣子大夫以为是自己有过错，便请求简子治他们的罪。简子说："你们无罪。我听说千羊之皮不如一狐之腋。诸大夫来朝见，我只能听到唯唯诺诺之声，听不到像周舍那样的谔谔直言。我是为此而懊恼啊！"

　　简子的话，使在场的臣子大夫们都非常震惊……

　　而简子也正是靠了他有这样乐以听"谔谔直言"的美德，才使他的事业顺利而昌达。

故事心得

　　这个成语后来指贵重或珍贵的东西不在于多，其价值往往超过很多俗物。

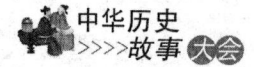

前倨后卑

本故事出自《战国策》，讲的是苏秦成功前后，回到家中嫂子对他表现出不同态度的经历。

苏秦是战国时期一位著名的政治活动家。他曾游说列国，联合起来共同抵抗秦国，因此，他在当时享有很高的声望。

但是，在开初的时候，他也有过不少次的失败，受过不少次的挫折。

比如，有一回他到一个国家去游说，没想到那个国家的大王竟不接待他。这叫他把钱花得精光，穷困不堪，人也累得黑瘦黑瘦的，闹得很不像个样子，无奈，他只好满面羞愧地向老家归去。

但回家后，没想到家人也都看不起他，妻子不给他缝衣服，嫂子不给他做饭吃，连父母也仿佛不愿意与他说话。而且，嫂子和妻子还在背地里讥笑他说："咱们这样的人家，治家产，做买卖才是正业。而他呢！却不干正业专门去游说。他今天落到这步田地，真是活该啊！"

听到这些话，苏秦自然十分伤心，但他却没有灰心。仍旧他行他素，闭门不出，专心读书，认真研究如何游说的学问，发愤要干出一番事业。

后来，他的事业果然成功。有一回，他到赵国去游说，他对赵王说："燕、赵、齐、楚、魏、韩六国的土地合起来，有秦国的五倍大；六国的兵卒加起来有秦国的十倍多。假如六国联合起来，共同去攻击秦国，秦国必定被击破而听从我们的摆布，否则，秦国必将把咱们各个击败，那咱们六个国家，一个个都得服从它，向它称臣。夫破人之与破于人也，臣人之与臣于人也，岂可同日而言之哉（击破别人和被别人击破，统治别人和被别人统治，那就大不一样了，岂可同日而语呀）？"

终于，赵王同意了苏秦的意见，表示愿意与别的国家联合起来共同对秦。因觉得苏秦的话有道理，赵王还送给了苏秦一百辆装饰得很漂亮的车子，一千镒黄金，一百双白璧和一千束锦帛……并支持他到别的国家再去游说。就这样，在赵王的支持下，他游说最后成功，列国联合起来抗秦。

因此，那时候，他成了人人皆知的显赫人物。

功成名就以后，苏秦又回到老家去了。

他这一回的回家与上一次就大不相同。他父母听说他要回来了，急忙洒扫居室，修整道路，准备乐队，陈设酒器，带着家人到离城三十里以外的地方去迎接他。见了面他的妻子很羞愧，不敢正面看他，只是侧着耳朵听他讲话，他的嫂子更是伏在地上，拜了又拜，向他赔罪……

看到这个场面，苏秦笑了。

他笑着去问嫂子："嫂子，你为啥先前那么傲慢，连饭都不给我做，而现在，为啥又如此谦卑呢？"

嫂子低头而回答："因为你的地位已变得非常尊贵，又有许多的金钱，当然和以前是不一样的。"

嫂子的话，使得苏秦感慨万分。他长长地叹了一声之后，自言自语地说："穷困的时候，父母都不把儿子当作儿子，亲人也不把亲人当作亲人。如今，我有了地位，我有了金钱，所以，父母也把儿子当成了儿子，亲人也把亲人当成了亲人。人生在世，对权势，名利和金钱，为什么看得这么重呢？"

故事心得

前倨后卑成语，后来一般用于讽刺趋炎附势的小人。这也给我们以启示：做人贵在正直善良，趋炎附势终会受人唾弃。

鹿死谁手

本故事出自《晋书》，讲的是晋时石勒在建立了后赵政权后，向大臣们吹嘘自己功业堪比光武帝刘秀的故事。

晋时，北方有五个少数民族纷纷独立，先后出现了十六个国家，史称"五胡十六国"。在"五胡十六国"之中，以氐族的前秦和羯族的后赵势力

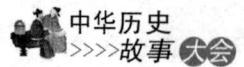
最大。后赵的都城就建在今日邯郸市境内的古邺城。

后赵的建立者石勒，字世龙，上党武乡（今山西榆社北）人，羯族。石勒健壮有胆量，喜好骑马射箭。他在二十多岁时，被晋官吏掠卖到山东为奴隶，后来，与汲桑等人聚众起兵。汲桑死后，石勒率众投奔前赵国君刘渊，刘渊拜他为大将。石勒重用汉族失意官僚张宾，让他为谋士，发展成一种割据势力。公元319年自称赵王，建立政权，即为后赵。

建国为王，石勒自然十分高兴。有一次，在欢迎外国使臣规模很大的宴会上，石勒乘着酒兴问他的大臣徐光："我的功绩可以和历史上哪个君王相比？"

徐光想趁机恭维他的主人，便奉承地说道："陛下的智谋和武勇，都超过了汉高祖刘邦和魏太祖曹操。自古以来的帝王，没有一个能比过您的。"

但石勒却笑着说："说得太夸张了。我岂能不了解自己？我如果遇到汉高祖刘邦，一定甘心做他的部下，服从他的指挥，和韩信、彭越一样争先效力。如果遇到汉光武帝刘秀，就要跟他在中原争个高下较量较量。那可就不知鹿死谁手，天下会落到谁的手中去了。"

石勒的这一番话叫徐光很汗颜，可群臣们却很称赞。

故事心得

后来，鹿死谁手往往用来指竞争十分激烈，难以分出胜负的场面。

市道之交

本故事出自《史记》，讲的是战国时期，赵孝成王在秦国的反间计下罢免廉颇的大将军职务，启用纸上谈兵的赵括，长平之战损兵四十万。后来意识到上当，重新启用廉颇，很多与廉颇断交的人又重新回到廉颇的座上，廉颇对这些势利小人不屑一顾的经历。

廉颇，是战国时期赵国的一位很有名望的将军。他曾多次战败齐、魏等国，为赵国立下了屡屡战功。因此，赵惠文王拜他为上将军。

这个时候，前来登门拜访和奉承他的人便很多，他们中间，有朝臣贵族，有名人贤士。廉颇的府门关不住，常常是，太阳刚刚升起，拜访和奉承的人已经叩门来了；太阳已经落山，拜访和奉承的人还没有走尽；有的时候，拜访和奉承的人晚上也来；有的还常常坐到深更半夜……

秦赵长平之战爆发了，赵惠文王的儿子赵孝成王拜廉颇为帅，让他带着二十万精兵到长平去迎战秦军。他到长平后，从战情的实际出发，采用了"坚壁持久"之策，眼看拖得远离本土的秦军已溃不成军，可就在这时赵孝成王中了秦国的"反间"之计，改用赵括为将，廉颇被罢了"官"。

被罢了官的廉颇回到了邯郸。这时候，拜访和奉承的人一个也不见来了，不仅那些朝臣显贵不来，就是文人贤士也不见来登门了。廉颇府上的大门不仅夜间关着，白天也不见开了。

因赵括只会"纸上谈兵"，长平大败，一夜之间，秦国坑杀赵军四十多万。这场战役结束之后不久，燕国的相国栗腹认为：赵国年富力强的人全死在了长平，他们的孤幼尚未长大，很可以发兵去攻打。燕王采纳了栗腹的计谋，举兵攻赵。赵孝成王又起用廉颇为将，让他带兵去迎击燕军，在高地一带摆开了战场。廉颇不愧为名将，高地一仗打得很好，不仅把燕兵打得溃不成军，而且还杀死了燕国相国栗腹，又乘胜进兵，围攻燕国都城。结果，燕国提出以割让五座城给赵国，作为求和的条件，赵军才答应退兵。这一仗结束后，赵孝成王把尉文邑封给廉颇，号称"信平君"，并又使廉颇代行相国的职务，廉颇的声望又高了起来。

这样一来，那些因廉颇被免职而不再登门的拜访和奉承的人，又陆陆续续登门拜访和奉承来了。

廉颇是个正直的人，很看不惯这些人的市侩作风。于是，见那些人又找上门来，便下了逐客令。他说："喂！诸位，你们还是请回去吧！"

这时候，有一个客人站出来对廉颇说："廉将军，你得势时，我们来追随你；失势时，我们就离去。天下人以利害相交往，这是很自然的事。

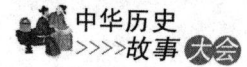

你何必怨恨与发火呢？"

"唉！"廉颇没说什么，只是叹了一口气。

故事心得

后来，市道之交就用来形容因为功利而交朋友，友谊不可能有牢固的根基。

坐怀不乱

本故事出自《荀子》，讲的是春秋时期鲁国大夫柳下惠不为美色所动的经历。

春秋时期鲁国大夫柳下惠，任士师（掌管弄狱的官）。鲁僖公二十六年（公元前634年），齐国进攻鲁国时，他派人到齐国去，劝说齐国退兵，受到鲁僖公的称赞。

在当时，柳下惠以善于讲究贵族礼节而著称，是个道德高尚的人。有一次柳下惠到外地办事，耽搁了出城时间，此时，客店也已住满了客人，他只好到城门下夜宿。

不久，一位年轻貌美的女子也来到城门下夜宿。

柳下惠见那女子衣服单薄，冻得索索发抖。

柳下惠恐怕那女子冻死，就用自己的棉衣把她裹在怀里，一直到天亮，丝毫没有其他行为。

故事心得

此后，人们就用"坐怀不乱"来形容男子在两性道德方面的情操高尚，作风正派。

成败萧何

本故事出自《容斋续笔·萧何给韩信》，讲的是韩信由萧何举荐，后又被萧何擒获的故事。

在故事的最初，韩信还是一名在项羽手下的郎中小官，因为屡次献策都不被采用，便从楚军逃亡到了汉军，做了一名小小的治粟都尉。萧何是西汉初期有名的政治家，他曾几次与韩信谈话，发现此人是个奇才。于是便向刘邦大力推荐韩信。就这样，韩信在萧何的推荐下，从一个小军官变成了一个统率全军的大将，而韩信也是不负萧何期望，率领汉军屡战屡胜。攻下齐后韩信被封为齐王，后来更是在楚汉战争中帮刘邦打败了项羽，从而又被封为楚王。

就在韩信出任齐王的时候，他身边有一个叫作蒯通的谋士就鼓动韩信造反，但韩信不忍。后来刘邦平定天下，有人密告韩信谋反，于是刘邦便用计策逮捕了韩信，后来虽然赦免，但却将其由楚王降为了淮阴侯。从此，韩信便开始怨恨刘邦，经常是称病而不去上朝。后来巨鹿守将陈郗造反，韩信事前与其达成默契，愿为其内应，刘邦亲自率兵前去平叛，韩信借病不从，与一群亡命之徒密集一起欲袭击吕后和太子。但此时泄露，吕后便用萧何之计，假称皇上已经平定陈郗，让群臣前来拜贺，骗韩信入朝，从而将其抓获。

故事心得

这个典故用来比喻事情的成败、好坏，都是由一个人造成。同时也说明了世界上的一切事物都是包含两个方面，既统一、又矛盾的。

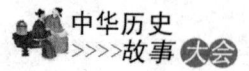

坐山观虎斗

本故事出自《战国策·秦第二》，讲的是战国时期，韩、魏连年打仗，秦惠王想出兵，但他听取了谋士陈轸的建议，先使两国打一阵，等两国力量削弱后再出兵。

故事发生在战国时期，有一年韩、魏两国打仗打了很长的时间，不分胜负。秦国国君秦惠王则打算在这个时候派兵援助，于是他便询问大臣们的意见。这时，有个叫作陈轸的人便为秦惠王讲了这样一则故事：

很久以前，有个叫作卞庄子的人，有一次他去野外，见到了一大一小两只老虎在吃一头牛，于是他就想捕杀这两只老虎。正要举剑，旁边的人却劝他说："你不要着急刺杀他们，你看这两只老虎正在吃一头牛，等一会儿这两只老虎快把牛吃光时，它们两个就一定会争夺，到时候你便可以毫不费力地得到两只老虎了。"这个卞庄子怀着一分好奇放下了已经举起的剑。等了一会儿，果不其然，这两只老虎在吃最后一块肉的时候开始撕咬争夺了起来，最后稍大一点的老虎受伤，稍小一点的老虎死亡。于是卞庄子走过去，用剑刺死了受伤的老虎，轻轻松松就一举得到了两只老虎。

听了故事的秦惠王恍然大悟，对陈轸说道："你的意思是想让韩、魏这两个国家打一阵子，等到一个大败另外一个受损的时候，我们再出兵讨伐，就可以一次收复两个国家。"陈轸点头，秦惠王采纳了陈轸的意见，最后真的获得了胜利。

故事心得

有时学会稍微等一等，可能就会为自己省下很多力气。

坐观成败

本故事出自《史记·田叔列传》，讲的是汉武帝晚年因为相信巫蛊之术，错将太子杀害的故事。

汉武帝在晚年的时候身体变得很不好，整个人也变得昏庸起来，随意相信奸臣，其中一个叫作江充的奸臣特别受到汉武帝的宠爱。而江充见汉武帝对自己这样的宠爱，便想利用汉武帝把与他对立的那些官吏都铲除。

因为汉武帝常常生病，江充就说这是因为有人在背地里埋下了木头人诅咒他的结果。于是汉武帝便让江充去调查这件事情，心狠手辣的江充，便将此事为由把平时与自己作对的人全都杀害了。当时太子刘据和江充也是死对头，江充便向汉武帝诬告太子宫中有大量的木头人，想置太子于死地，太子对其实在是忍无可忍，于是就发兵将江充杀了。江充的同党见状急忙向汉武帝禀告，并欺骗汉武帝说是太子要起兵造反。汉武帝信以为真，于是就派人去捉拿太子，太子被逼无奈，只好率军抵抗，最终兵败在湖县被杀。

当时太子刘据是以"皇上病重，奸臣作乱，特来肃清权奸"的名义去发兵抵抗的。他曾亲自来到当时负责守卫京城的北军任安的营寨中，并授他兵符，让他发兵支持自己。其实任安只是假装接受了兵符，但却没有发兵。当时任安军队里有一个管理钱粮的小官，因为曾受过任安的鞭打，所以怀恨在心，就向汉武帝写信告发说任安听从太子的命令，答应出兵，是太子的支持者。汉武帝看了这封信之后非常的生气，说道："任安是个资格很老的大臣了，老奸巨猾，眼看着战事的发生却脚踏两只船，坐观成败，准备哪一方打赢以后就投靠哪一方，这样一个怀有二心的人怎么还能留着？"于是下令将任安逮捕并杀了。

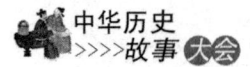

故事 心 得

以旁观者的态度坐视别人的成功或失败，这样心怀二心的人是不会得到重用的。

调虎离山

本故事出自《三十六计》，讲的是东汉末年孙策计取江北卢江郡的故事。

东汉末年的时候，东吴始祖孙坚的儿子孙策想要夺取江北卢江郡。那时占据卢江的军阀刘勋势力很强大，孙策心里清楚，自己不是他的对手，于是便与众将商议，准备用计取胜。

孙策派人拿着厚礼和自己的一封信去看望刘勋，并在信中将刘勋夸赞了一番，表示想与其交好。信中孙策还以弱者的身份向刘勋求助，说上缭经常侵扰自己，希望刘勋可以发兵降服上缭。信中还写了很多讨好的话，这让看过信后的刘勋非常的开心且十分得意。于是便决定发兵上缭，虽然有部将劝阻，但刘勋早已被信中的甜言迷惑住了，根本没有心思去犹豫。

另一面的孙策时刻监视着刘勋的行动，见刘勋亲自率几万兵马去进攻上缭，城内空虚，大喜道："老虎已经被我调出山了，我们赶快去占据它的老窝吧。"于是率领人马顺利地控制了卢江。而刘勋那面，猛攻上缭却一直不能得胜，突然得到报孙策已经占据了卢江才明白自己中计，可后悔已经来不及了，于是投奔了曹操。

故事 心 得

无论是生活中还是在作战中，我们都要学会这样的变通，当敌方占据了有利地势且兵力还比自己强大的时候，就要将敌人引出坚固的据点或者引入对我们有利的地方，简单的变通，就会使胜算大很多。

好逸恶劳

本故事出自《后汉书·郭玉传》，讲的是东汉时期名医郭玉医病救人的故事。

东汉时期，在汉和帝在位的时候，有一个精通医术的太医名字叫作郭玉。凡是经过他治疗过的病人，都很有效果。

汉和帝对郭玉的医术十分的赞叹，同时更是特别惊讶。一次，汉和帝为了试探郭玉的医术，故意让一个手长得像女人一样的侍臣和一名宫女躲在帷幕后面各伸出一只手，假装是一个人，郭玉把过脉之后说道："这个人左阳右阴，脉有男女。"汉和帝听了之后哈哈大笑。

郭玉是一个很有爱心的人，为人医治的时候从来不看这个人是否有钱有地位，哪怕十分的贫困，郭玉都会为其用心治疗。不过有个奇怪的现象，往往越是地位高的人，郭玉越是医治不好他们的病。汉和帝对此也很纳闷，于是就让一个原来郭玉没有医治好的贵人患上破衣服，假装成穷人，让郭玉为其医治，奇怪的是，郭玉为其针灸过后，居然很快就痊愈了。这让汉和帝非常的疑惑，于是就问郭玉原因。

郭玉听了汉和帝的疑惑之后回答说："因为贵人的地位高，所以我在为他们看病的时候总是心存顾虑，在医治的过程中，自然效果就很差。给地位高的人医治有四个难处，第一是贵人自己心中就有主意，不愿听从我的建议；第二是他们总是不能谨慎地调养自己的身体；第三是贵人的筋骨不够强健；第四是贵人往往好逸恶劳。所有这些原因往往是他们的病不好被治愈的原因。"

汉和帝听了之后连连点头，认为郭玉讲的很有道理。

故事心得

好逸恶劳，不仅是郭玉医治不好贵人的其中一个原因，同时也是贵人生病的原因，这个典故也告诉我们，做人不要好逸恶劳，不仅身体会生病，慢慢人也会丧失斗志，变得堕落。

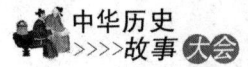
杨布打狗

本故事出自《列子·说符》，讲的是先秦思想家杨朱的弟弟杨布打狗的经历。

杨朱是我国先秦的思想家，哲学家，战国时期的魏国人。

杨朱有一个弟弟，名字叫作杨布。一天，杨布穿了一件白色的衣服外出办事，在半路遇上了大雨，于是杨布就将白色的衣服脱下换了一件黑色的衣服。办好事情之后，杨布返回家中，却不想，在进门的时候，家中养的狗竟没有认出来他，上前拼命地冲他叫唤，甚至还要张口咬他。这让杨布非常生气，想动手打狗。这时杨朱走进院子说道："你干吗要打狗呢？如果换作是你，你也会这样做的啊。假如刚才离开的狗是白色的，回来变成了黑的，你怎么会感到不奇怪？"杨布听了哥哥的话之后就不打狗了。

故事心得

当被人误会的时候，我们首先不要头脑发热地去冲动解决问题，要学会换位思考，将心比心地去理解别人。

讳疾忌医

本故事出自《周子通书·过》，讲的是战国时期名医扁鹊为蔡桓公看病的故事。

扁鹊是战国时期有名的医学家，医术精湛，被尊为医祖。

有一次，扁鹊去见蔡桓公。在其身旁站了一会儿便对桓公说："您有病了，不过好在病还在皮肤纹理间，很好医治，但如果不赶快医治的话，病情会加重。"蔡桓公听后笑笑说："我怎么可能有病呢？我自己身体没有任何异样的感觉。"后来等到扁鹊离开的时候，蔡桓公对身边的人说："这些医生，就是喜欢医治那些没有病的人，然后假装把这个当作是自己的功劳。"

十天之后，扁鹊又来见蔡桓公，并告诉他："您的病情已经发展到肌肉里面了，如果不治疗的话，病情会越来越严重的。"蔡桓公听了这番话没有理睬扁鹊。扁鹊走了之后，蔡桓公很不高兴。

又过了十天，扁鹊又去见了蔡桓公，又讲起了他看到的病情，说蔡桓公的病已经转移到了肠胃里面，再不从速医治的话，就会更加严重的。蔡桓公又听到扁鹊说他的病，于是非常的不高兴，根本没有理睬扁鹊。

又十天，扁鹊再次去见蔡桓公，但只是望了一望便转身离开，这使蔡桓公很奇怪，扁鹊不仅没有说自己有病的问题，还直接转身离开了。这是怎么回事儿呢？于是便派人去问扁鹊。扁鹊见有使者来找他，便对使者说："如果病情在皮肤的纹理之间，使用熨烫的疗法就可以治疗。如果病情在肌肤，那就要用针灸的疗法。如果病在肠胃中，就需要用火剂来医治。如果病已经到了骨髓里，那就是司命（神名，掌管生命的神）所掌管的事情了，我是没有办法了。现在桓公的病已经深入到了骨髓里，我也不再请求他了。"结果五天之后，蔡桓公真的开始浑身酸痛，便连忙派人去找扁鹊，可那时扁鹊人已经在秦国，没办法赶回。就这样，桓公不久之后就去世了。

故事心得

犯错就同生病的道理是一样的。每个人都会生病，同样，每个人也都会犯错。有病不治最终就会一命呜呼，而如果自身有错而不改正，那么这个人最终也将浑身缺点、不可救药。

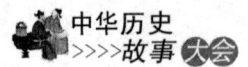
玄石好酒

本故事出自《搜神记》，讲的是玄石一味地饮酒过度而致死的故事。

古时候，有个叫玄石的人。这个人很爱喝酒，几乎每天都要喝得烂醉。

一次，玄石因为饮酒过量烧坏了内脏，肌肤和骨头疼痛得好像要被烧断了一样。没有药可以缓解，煎熬了三天之后，玄石才脱离了生命危险。有了这样痛苦的教训之后，玄石发誓再也不喝酒了。

一个月后，玄石的酒友来到玄石家中。聊了一会儿，便提议喝酒。玄石原本拒绝，但那个酒友劝他说："少喝一点没关系的。"于是，玄石喝了三杯。第二天，酒友又来，玄石喝了五杯。又几天，改喝十杯。再后来，干脆改用大杯，并且完全忘记了之前因饮酒过量差点醉死的教训。

最后，玄石还是没有控制住，因为饮酒过量而死。

故事心得

每一次的犯错我们都要牢记在心中，告诫自己下次不要再犯。这样才会慢慢进步，如果总是不能吸取前一次的教训，终有一天，我们会因同一个错误而毁掉自己。

趾高气扬

本故事出自《左传·桓公十三年》，讲的是春秋时期将军屈瑕骄傲自满的故事。

春秋时期，有个不学无术却非常骄傲的将军叫屈瑕。这个人肚子里没什么墨水，做事情总是只重视表面，如果有一点点的成就，就会骄傲得不得了，谁都看不起。一次，这个将军因为打了胜仗，整个人都骄傲得不得了，朝中的大臣没有一个是他能看得起的。

后来朝中又下命，要这个将军去攻打罗国，并让一个叫作斗伯比的将军去给他送行。送走了屈瑕，斗伯比紧锁着眉头坐上了回朝的马车。车夫见他担忧的表情，便好奇地问道："您是在担心屈瑕大将军不能打胜仗吗？"斗伯比回答说："是啊，他这场战争是一定会失败的，你看他刚才走路的样子，趾高气扬，心思根本就没有用在打仗上，只不过是装装样子去吓唬敌人罢了，这样怎么可能会打胜仗呢？"

回到朝中，斗伯比来不及休息就进宫去见楚王，将屈瑕的情况同楚王说了，楚王听了并没有相信，反而是楚王的一个叫作邓曼的宠妃，认为斗伯比的见解很对，应该立刻出兵去救援，以防战败。楚王认真地想了想之后，派兵前去救援，希望可以将战势挽回。可一切已经晚了，屈瑕因为轻敌而最终大败。他最后自觉无脸见楚王也只好自杀了。

后来，人们就用趾高气扬这个词语形容一个人的骄傲，不把任何人放在眼中。

故事心得

屈瑕之所以失败是因为过于骄傲自大，如果他能够稍微谦虚一点，最终也不会败得那么惨。所以，人生还有一门大学问，叫作"谦虚"。

拾人牙慧

本故事出自《世说新语》，讲的是东晋时期韩康伯拾取殷浩的只言片语在他人面前炫耀的经历。

东晋时期，有个名叫殷浩的人，因为曾经当过"中军"这个官职，所

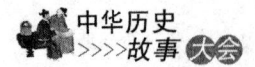
以被人称为"殷中军"。殷浩还曾被任命为"建武将军",统领扬州、豫州、徐州、兖州、青州的兵马,但后来因为作战失败而被罢官,流放到信安(今浙江省境内)。

殷浩是一个很有学问的人,通读古今,爱好《老子》《易经》,并能引据经典谈得头头是道。殷浩有个外甥名叫韩康伯,十分聪明,善于谈吐,殷浩非常喜欢他,并希望他可以成才,所以对他的要求也是十分的严格。在殷浩被流放的时候,康伯也随之前往。一次,殷浩见康伯正在对别人发表言论,于是就感兴趣地凑上前去,可仔细一听才发现,康伯所讲的,都是抄袭自己的只言片语,套用自己说过的话,完全没有他自己的个人创见,却一副自鸣得意的样子。这使殷浩非常不高兴,说道:"康伯连我牙齿后面的污垢还没有得到,就这样自以为是,实在是不应该啊。"

故事心得

多读书并不代表要完全抄袭别人的看法去当作自己的观点,我们要将知识学活,将其化成自己的东西,而不是一味地抄袭和模仿,有自己独到的见解才是学习的真谛。

悬梁刺股

悬梁一词出自《汉书》,刺骨一词出自《战国策·秦策一》,后来人们将这两词合二为一成为典故,用来说明古人刻苦学习读书的经历,这两则故事讲的是孙敬与苏秦为警醒自己下苦功的事情。

悬梁:古时候有个人名字叫作孙敬,他去洛阳求学的时候每天从早到晚都在读书,经常是废寝忘食。读书读的时间久了,他就会疲倦的直打瞌睡,于是他便想了一个办法,找一根绳子,一头绑在房梁上,一头束在自己的头发上,每当他读书打盹儿的时候,头一低,绳子就会扯住头发,弄疼头皮，人自然会就不会犯困，然后接着好好读书。从此，每天晚上读书的时候，他都用这种方法。日复一日，年复一年，饱读诗书的孙敬终于成为了一名通晓古今的大文学家。

刺股：苏秦是战国时著名的纵横家，在他很小的时候便有大志，跟随纵横家鼻祖鬼谷子学习多年。为了求取共鸣，苏秦变卖家产，置办华丽行装，去秦游说秦惠王，欲以连横之术逐步统一中国，却未被采纳。

因为在秦国待了太久，身上的盘缠都用光了，只能衣衫褴褛地回到老家，亲人见到他如此落魄，对他十分冷淡。苏秦因此受了很大的打击，决心努力学习，将师父送给他的《阴符》拿出来昼夜攻读。读书的时候他在身边准备了一把锥子，每当打瞌睡的时候，他就用锥子往自己的大腿上刺，强迫自己清醒过来，专心读书。因为如此执着的坚持，后来苏秦又来到了秦国，这次终于说服齐、楚、燕、韩、赵、魏"合纵"抗秦，并手握六国相印。苏秦缔约六国，联合抗秦，投纵约书予秦，使秦王不敢窥函谷关达十五年之久。

故事心得

只要你肯努力，就一定会收获成功。

造父学御

本故事出自《列子》，讲的是驾车能手造父学习驾车的经过。

古代时候，有个驾车的能手叫作造父，他的老师叫作泰豆氏。学习初期，造父对老师谦虚有礼，但泰豆氏却没传授造父什么东西。三年过去了，泰豆氏依旧什么也没传授给造父，可造父依旧毕恭毕敬地对待自己的老师。

一天，泰豆氏对造父说："古语说，擅长造弓箭的人就要先学会编织

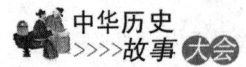

簸箕；擅长冶金炼铁的人，就一定要先学会缝接皮袄。如果你想将驾车的技术学好，那你首先要学会的就是快步走。你什么时候走路能像我这样快了，才可以手执六根缰绳，驾驭六匹马拉的大车。"造父说："我一定按照老师的教导去做。"

为了练习走路，泰豆氏在地上竖起了一个个木桩，铺成一条很窄、仅可立足的道路。他先示范地踩在上面来回疾走，快步如飞，从不失足跌下。于是造父开始按照老师的示范练习。仅过了三天，造父就掌握了全部快步走路的技巧。这使泰豆氏不禁感慨造父的机敏与灵活。于是便将自己全部的驾车技术传授给了造父，并特意强调说："要学会一门高超的技术，必须先掌握好过硬的基本功，然后才能得心应手，运用自如。不管是学习驾车还是其他事情，都是这样的道理啊。"

于是造父按照老师所教授的方法，勤加练习，最终成为了驾车的高手。

故事心得

无论做什么事情，做好基本才能慢慢进步，基本功扎实了，提高的也就快了。

奴子傅显

本故事出自《阅微草堂笔记》，讲的是一个叫傅显的人读死书，做事不懂变通的故事。

古时候，有个叫傅显的人，是个死板的读书人。虽说读了不少书，可做事却一点也不懂得变通。

一天，傅显拖着慢腾腾的步子走在集市上，每遇到一个熟人就向人打听他的邻居魏三在哪里。后来有人告诉了他魏三所在的地方，傅显依旧拖着慢腾腾的步子前往。找到魏三，魏三问他找自己有什么事，傅显不慌不忙地将气喘匀后方才开口说道："我刚才在回家的路上，见到你的妻子在一棵树下打盹儿，可能是因为做针线活做累了。但树的旁边是一口枯井，你的小孩子就在旁边玩耍，离得很近，这样子是很危险的，我本想叫醒你的妻子，告诉她看管孩子，可毕竟男女有别，不太方便，所以就只好过来找您了。"魏三听了傅显慢吞吞的叙述之后大惊，急忙跑向井边，可等他到了的时候，他的妻子已经蹲在井边哭儿子了。

故事心得

我们读书的目的就是让自己明白更多的道理和知识，可如果只是死读书，而不懂得将书本中的知识变通运用，那么这同没读过书有什么区别呢？

董狐之笔

本故事出自《左传·宣公二年》，讲的是古时候的史官董狐尊重历史事实，不因个人好恶或利害关系而曲意捏造不实言论的经历。

晋灵公继位后，十分荒淫骄横，他常站在楼上，用弹弓射路上的行人，让身边的美人取乐。

有一次厨师煮熊掌不合口味，晋灵公便把厨师杀了，并命人分尸八块，用竹篓装了抛尸荒野。

相国赵盾（赵国君王的先人）对这些肆无法纪的行为非常愤慨，屡次向晋灵公苦苦进谏。晋灵公不但不听，还怀恨在心，准备秘密除掉赵盾。

赵盾闻讯，赶忙逃走避难。

赵盾的侄儿赵穿早已看清了晋灵公的腐败本质，有一天趁他酒醉时将他杀死了。之后，赵穿立晋成公为国君，赵盾复任相国。由于赵盾精明强

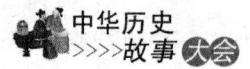

干，得到朝野的普遍赞誉。

史官董狐却持有不同意见，他毫不隐瞒地在史简中写道："赵盾杀其君。"

赵盾见后极为震惊，去找董狐解释自己并无杀君之罪。

董狐坚持说："你身居相位，国君被杀时虽然离开了都城，但并未走出国境；国君被杀后，你也没有惩办凶手，杀君罪名国相不负，当属何人？"

后来，孔子听到了这件事，他评论道："董狐，古之良史也，书法不隐，应受到称赞；赵盾也是古之良大夫也，为法受恶，实属冤枉。"

故事心得

身为史官，最重要的就是尊重事实，刚正不阿，这是史官最基本的品德，后人也将"董狐之笔"作为史家秉公直书的典范。

圆木警枕

本故事出自《司马温公布衾铭记》，讲的是司马光刻苦勤勉的故事。

司马光是我国北宋时期著名的政治家、文学家、史学家。主持编纂了中国历史上第一部编年体通史——《资治通鉴》。司马光之所以一生能有这么高的成就，主要是因为他读书刻苦。

司马光睡觉的时候有个习惯，那就是一定要枕着用圆木做的枕头。这是为什么呢？原来，司马光每当读书太困倦的时候，总是会睡的很久，这让他觉着很浪费时间，于是用圆木做成枕头。圆木放在硬邦邦的板床上，很容易滚动，人躺在上面，只要稍微动一下，圆木就会滚走，圆木一滚走人的头就会跌在板床上然后瞬间惊醒。每当司马光被惊醒之后，都会立刻起床读书。司马光给这个圆木枕头起了个名字——警枕。

故事心得

多给自己些时间读书，刻苦总是没有错的。

洛阳纸贵

本故事出自《晋书·文苑·左思传》，讲的是晋代文学家左思的作品风行一时，广为流传的故事。

左思是晋代时候的文学家，博学多识，但在左思小时候却不是这样子的。在左思很小的时候，他并不喜欢读书，他的父亲也是经常因为这件事情而对他发脾气。但无论父亲怎样"软硬兼施"，小左思就是不肯好好用功学习，依旧很淘气。

一天，左思的父亲和朋友们聊天，朋友们纷纷说夸赞小左思的聪明可爱。左思的父亲却叹了口气说道："小儿左思从不知学习，还不如我小的时候，我看他以后也不会有什么太大的出息了。"说完，脸上流露出了一丝失望的神色。这段话被小左思听到了，于是他便暗下决心，一定要刻苦学习给自己的父亲看。

从那之后，小左思便开始发奋学习，年复一年，左思渐渐长大了，成为了一个学识渊博的人，文章写得也非常好。他用一年的时间写成了《齐都赋》，这本书充分地体现出了他在文学方面的才华，也为他日后成为杰出文学家奠定了基础。后来，左思又想以三国时魏、蜀、吴、的风土、人情、物产为内容，撰写一部《三都赋》。为了使这部书达到完美，他潜心研究，精心撰写，经常是废寝忘食。用了整整十年的时间完成了《三都赋》这部文学巨作。

后来《三都赋》也受到了至高的评价。因为当时还没有印刷术，所以当时喜欢这部书的人们争相抄阅。因为抄写的人太多，所以京都洛阳的纸

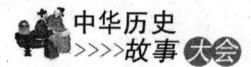
张都供不应求了，一时间全城纸价大幅度上升。由此而来"洛阳纸贵"。

故事心得

左思最终完成了《三都赋》这部文学巨作，这与他废寝忘食的努力是分不开的。这则典故告诉我们，只要你开始努力，用心，就一定能到达成功的彼岸。

开卷有益

本故事出自《渑水燕谈录》，讲的是宋太宗勤奋好学，以身示范告诫下人多读书就会有得益的经历。

宋朝初年，皇帝宋太宗令文臣编写一部规模宏大的分类百科全书。这部书到了宋太平兴国年间才编成，所定其名为《太平总类》。此书共五十五个门类，共一千卷，字数多达四百七十八万之多。对于这样一部巨著，宋太宗更是规定自己每天至少要看两三卷，如果当日因为事物繁忙而未完成阅读计划，次日一定要挤些时间补上。于是便有大臣劝宋太宗说："陛下既要处理国事，又要读这本大书，实在是太辛苦了。"宋太宗则回答说："开卷有益，朕不以为劳苦。"当时的大臣们见到皇帝都如此勤奋地读书，于是也纷纷开始努力读书，所以当时读书的风气很盛，就连平时不读书的宰相赵普都开始阅读起《论语》。

后来"开卷有益"便成为了广为流传的成语。

故事心得

只要是打开书本开始阅读，一段时间之后，总会有些多多少少的感悟和进步。

愚公移山

本故事出自《列子·汤问》，讲的是一个叫愚公的人，有毅力、有恒心，立志移山的故事。

古时候有个叫愚公的人，面对着山居住，出行很不方便，于是他便聚集全家老少来商量说："我们尽力将前面这座大山铲除，这样道路就可以一直通向豫州的南部到达汉水南岸，可以吗？"大家纷纷表示赞同。于是愚公便率领他子孙当中最能挑担子的三个人开始上山凿石掘土，用箕畚装了土石运到渤海的边上，冬夏换季，他们才往返一次。

有一个处事精明的老头叫智叟，当他知道愚公移山这件事情之后嘲笑并阻止愚公，说："你太不聪明了，就凭借你残余的年岁，又怎么可能将一座山移走呢？"愚公听了智叟的话之后长叹一声说道："是你的思想太过顽固。就算以后我死了，我还有我的儿子，儿子又生孙子，孙子又生儿子，儿子又有儿子，子子孙孙没有穷尽，然而山却不会增加高度，何必担忧移不平呢？"

后来山神听说了这件事情，担心愚公不停地干下去，于是就向天帝报告了。天帝被愚公的诚心所感动，遂命令大力神夸娥氏的两个儿子背负着两座山，一座放在朔东，一座放在雍南。从此，冀州的南部到汉水南岸，便没有高山阻隔了。

故事心得

要克服困难就必须要下定决心，持之以恒，坚持不懈。

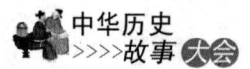

胸有成竹

本故事出自《文与可画筼筜谷偃竹记》，讲的是北宋画家文同因为长期观察竹子的生长变化而下笔就能画出竹子的模样。

北宋时期有个著名的画家名字叫作文同，字与可。此人尤其擅长画竹子，画出来的竹子远近闻名，很多人都特意去他家求画。

要说这文同为什么能将竹子画得这么传神呢？他可是在其中下了不少的功夫。文同在自己家的房前屋后种上了各种各样的竹子，无论春夏秋冬，不管刮风下雨，文同总是喜欢去观察竹子的生长变化情况，不断地琢磨竹子的长短粗细、叶子形态、颜色，一旦有新的感受他就回到书房，将心中的印象画在纸上。久而久之，竹子的各种形象就都深深地印在了他的心中。所以每次作画竹子的时候，他都会非常从容，而且画出的竹子无不传神逼真。当别人夸赞他的时候，他总是谦虚地说："我只是把心中琢磨成熟的竹子画下来罢了。"这便是所谓的胸有成竹。

故事心得

因为总是在琢磨，反复地练习，所以文同画竹才会那样的从容。日常生活中，我们无论是学习还是做事，也应该有文同这样的精神，不断琢磨，反复推敲，最终达到胸有成竹。

投笔从戎

本故事出自《后汉书·班超传》，讲的是东汉班超放弃做文人，转而习武，建立战功的故事。

班超是东汉时期很有名气的将军。他在很小的时候学习就很用功，并对未来充满了理想。汉明帝永平五年的时候，班超被汉明帝召到了洛阳，做起了一名校书郎，他的母亲也随其一同去了。因为班超当时的家庭并不富裕，于是他就又找了一份替官家抄书的差事挣钱养家。班超是个志向远大的人，这样的日子久了他自然会觉着不甘心。一天，班超正在抄写文件，写着写着，忽然觉得很闷，忍不住站起来将笔丢下说道："大丈夫就该像傅介子、张骞（生在西汉，曾经出使西域，替西汉立下无数功劳）那样，在战场上立下功劳，怎么可以每天在这种抄抄写写的小事中浪费生命呢？"

后来，班超出使西域，并立下了战功被封了侯。再后来，班超当上了一名军官，并在对匈奴的战争当中取得了胜利。接着，他建议和西域各国来往，以便共同对付匈奴。公元 73 年的时候，朝廷采取了班超的建议，并派他带着数十人出使西域。最后，班超凭借自己的机智和勇敢，通过联络西域几十个国家，终于断了匈奴的右臂，使汉朝的社会经济保持了相对的稳定，同时也促进了西域同内地的经济文化交流，为朝廷做出了卓越的贡献。

故事心得

我们在一个不适合自己的领域或许永远达不到一份好成绩，但如果转换到一个适合自己的领域，或许会收获一份更大的成功。

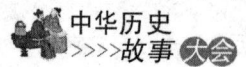
闻一知十

本故事出自《论语·公冶长》，讲的是孔子告诫弟子们的学习方法，即听到一点就能理解很多，形容善于类推。

圣人孔子有两个得意的学生，一个叫作子贡，另一个叫作颜回。

一次，孔子的弟子们听说齐国想要攻打楚国，于是纷纷想前去劝阻，但孔子最终只同意了子贡的请求。子贡不但去了齐国，还到了南方的吴国、越国，还有北方的晋国。在子贡的"挑唆"下，引起了这几个大国间的混战，于是小小的鲁国就免去了一场浩劫。

虽然子贡很能干，但是孔子还是认为其要比颜回差一些。

一天，孔子故意问子贡："你和颜回相比较，谁更强一些呢？"子贡回答说："我怎么敢和他相比呢？他是闻一知十，而我却只是闻一知二。"孔子点了点头说道："你不如他，我也不如他啊。"

故事心得

这则典故不仅说明了颜回的聪慧，而且也让我们看到了子贡的谦虚与矜持，面对与比自己强的人相比较，实事求是，毫不遮掩。这种精神才是最难得的。

生吞活剥

本故事出自《唐诗纪事》，讲的是唐代一个叫张怀庆的人，一味生硬地模仿、照搬别人诗作的事情。

唐朝的时候，有个县的武官叫作张怀庆，他为了追求名利，常常是弄虚作假，写不出什么作品，就将别人的作品改动几个字然后当作自己的作品。当时有名的诗人有王昌龄、郭正一等人，于是张怀庆便常常抄袭他们的作品。

一次，有一个叫作李义的大臣写了一首五言诗，其中两句是这样的"镂月为歌扇，裁云作舞衣"，意思是要把天上的明月雕刻成歌舞时用的扇子，把空中的彩云剪裁成跳舞时穿的衣服。想象奇特，喻法新颖。后来这首诗被张怀庆看到了，于是便抄袭了下来，并在每句诗的开头加上了两个字，就当成了自己的诗句：生情镂月为歌扇，出性裁云作舞衣。这首五言变成七言的诗句经过他这样的改动，变得连诗句都不通了，也没有人知道是什么意思。

就这样，张怀庆的这首诗一经传出，人们便开始纷纷议论起来。于是就有人根据他常常抄袭王昌龄、郭正一作品的行为编了成顺口溜："活剥王昌龄，生吞郭正一。"后来就简化成了"生吞活剥"。

故事心得

有求学之心是好事，可在学习的过程中如果不讲求学习的方式方法，那不仅不会学习到东西，反而还会被人所耻笑。

歧路亡羊

本故事出自《列子·说符》，讲的是一个叫杨白的人因岔路太多无法追寻而丢失了羊的经历。

古时候有个人叫作杨白，是个知识很渊博的人。有一天，杨白的邻居丢失了一头羊，于是便让周围的朋友邻居一起帮忙寻找，还找了杨白的一个童仆帮忙追赶。杨白不明白，便问这个邻居："只不过是丢了一只羊，为什么要这么多人一起追赶啊？"邻居解释说："因为路上有很多的岔路，

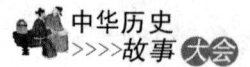
所以人多一点帮忙会容易抓到。"

不久，杨白的小童仆回来了。于是杨白问道："找到羊了吗?"小童仆回答说："羊逃跑了。"杨白不解："这么多人去追怎么还会逃跑?"童仆回答说："因为路上有很多岔路，岔路之中还有岔路，我们不知道该往哪边去追，所以就只好回来了。"杨子听了童仆这番话突然脸色变得忧郁起来，闷闷不乐，脸上一整天都没有笑容。见到杨白这样，他的学生就觉着很奇怪，便问杨白："羊，不过是最下贱的畜生，而且丢的那只还不是老师您的，您为什么要闷闷不乐呢?"杨子面对学生这样的疑问并没有做出回答，而他的学生最终也没有得到答案。

这个故事引申为学习的方法，学习就像是各种岔路，如果我们没有找到好的学习方法，那最终可能就会迷失方向，丧失本性。而杨白闷闷不乐的原因就是因为觉着他的学生并没有找到一个好的学习方法。

故事心得

做事也好，学习也好，我们都不应该慌张，要静下心来去分析，理清思路，最后才能做出最正确的判断。

纪昌学射

本故事出自《列子·汤问》，讲的是古时三个分别叫作甘蝇、飞卫、纪昌的人刻苦学箭，使箭术达到十分高超的程度。

古时候，有个叫作甘蝇的人，非常善于射箭，只要他拉开弓箭，就没有他射不到的东西。甘蝇有一个徒弟，名字叫作飞卫。飞卫学习射箭的悟性很高，又很有天赋，学成之后，他的本领甚至已经超过了他的师傅甘蝇。

后来，又有一个叫作纪昌的人，他想拜飞卫为师学习箭术，但飞卫却对他说："你想学习射箭？还是先学会看东西不眨眼睛再说吧。"纪昌听了飞卫的话，便回到家里仰面躺在妻子的织布机下，用眼睛由下向上注视着织布机上提综的踏脚板，用这样的方法来练习不眨眼睛。就这样练习了三年，后来，就算有人用针刺他的眼皮他也不会眨一下眼睛。

纪昌将自己练习的情况告诉了飞卫，飞卫又对他说："学会看东西不眨眼睛还不够，还要学会视物才行。你什么时候练到看小物体像看到大东西一样清晰、看细微的东西像显著的物体一样容易，再来找我吧。"于是纪昌又回家开始练习，他用牛尾巴上的一根毛系住一只虱子，悬挂在窗口朝南面的一棵树上，每天远远地看着虱子。十天之后，虱子在纪昌的眼里果然变大了，三年之后，一只虱子在纪昌的眼里就仿佛有车轮那么大。再转头看其他的东西，在纪昌的眼里就像山丘一样大。于是纪昌便拿出了一只弓箭射虱子，剑射穿了虱子但牛尾巴的毛却没有断。

纪昌又找到了飞卫，将自己的练习情况告诉了飞卫，飞卫听后对纪昌说道："很好，你现在已经掌握了全部射箭的诀窍了！"就这样，纪昌成为了一个射箭能手。

故事心得

学习是门苦差事，想要学有所成是没有捷径的，唯一的路，只有刻苦、刻苦、再刻苦。

孺子可教

本故事出自《史记·留侯世家》，讲的是张良学习兵法的经历。

古时有一个人叫张良，他原本是韩国的公子，姓姬，曾行刺秦始皇未遂，为了很好地隐藏自己，他将自己的名字改成了张良。

一天，张良到下邳附近的圯水桥上散步，看到了一个不小心把鞋子掉

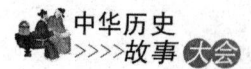
到水里的老人，老人见张良走过来，便让张良帮他把鞋捡起来。张良虽然不情愿，但见其是老人便也没多话，帮他把鞋捡了起来。捡完鞋老人又支使张良帮他把鞋穿上。这下张良可有些不高兴了，但想，鞋子都捡起来了，帮忙穿上就穿上吧，何必计较？于是又恭敬地替老人穿好了鞋。但谁想，帮老人穿好鞋后，老人不仅半个谢字都没有，反而转身直接离开了。

这个举动让张良有些发愣，他猜想，老人举止如此古怪，一定有来历。果然，老人在走了一段路之后又转身走回到了张良的身边，对张良说道："你这个小伙子很有出息，值得我指教。五天后一早，你到桥上来见我。"张良听后连忙答应。

五天后，张良一早赶到了桥上，老人已经站在那里了，见到张良走过来便生气地说道："你跟老人约会应该早点来，五天之后，早些来见我！"说完便转身离去了。

又过了五天，张良虽然早早就赶到了桥上，可老人还是比他到的早，于是老人又让他五天之后来见他。

又是五天，这回张良下定了决心一定要比老人到的早，于是刚过半夜他就摸黑来到了桥上等候，等到天蒙蒙亮的时候，他看到老人一步一挪地往桥上走来，于是赶忙上前去搀扶。老人高兴地说道："你这样才对啊。"于是拿出了一部《太公兵法》交给了张良，并告诉他，要刻苦钻研这部书，钻研透了以后可以做帝王的老师。说完老人便扬长而去。

后来张良潜心钻研这部书，认真学习，并很有成效，最后成为了汉高祖刘邦手下的重要谋士，为刘邦建立汉朝立下了汗马功劳。

故事心得

虽然勤能补拙，但资质较高的人的确更容易达到成功。

囫囵吞枣

本故事出自《碧岩录》，讲的是古时有个人将整个枣吞下去的经历。

古时候，有个人在看书的时候很喜欢把书中的文章大声地念出来，但他在看书的时候从不动脑筋想一想书中的道理。而他就是这样还很骄傲地以为自己读过很多的书，懂得了许多别人不懂的道理。

有一天，这个人和一群朋友聚在一起吃饭聊天，说说笑笑，气氛欢愉。就在这时，酒桌上有一个人忽然感慨说："唉，这个世上可真是很少有两全其美的事情啊，就拿吃水果这件事情来说吧，吃梨对我们的牙齿很好，可吃多了却伤害我们的胃；吃枣对我们的胃有好处，但是吃多了却会伤害我们的牙齿。"说完，桌上的其他人纷纷表示有道理。唯有那个喜欢大声读书的人，他想借机表现自己的聪明，于是对桌上的人说道："想要解决这个问题还不简单？我们只吸收对我们有益的那一面不就行了吗？比如，我们吃梨的时候只咀嚼但是不咽下果肉，这样就不会伤害到我们的胃；吃枣的时候我们不咀嚼，直接吞下去，这样就不会伤害我们的牙齿了。"这时，桌子上正好有一盘枣，这个人便拿起一颗放进嘴里直接吞了下去。大家怕他噎到，连忙劝他说："可千万别卡在喉咙里啊。"有个喜欢开玩笑的人说道："你这可真是囫囵吞枣啊。"桌上人听后都笑得前仰后合。后来，这个囫囵吞枣的典故便流传了下来。

故事心得

这虽然是一则幽默的故事，但是他却告诉了我们一个深刻的道理，在现实生活当中，无论是对待事情还是学习，都应该仔细分析，充分理解，这样才有利于我们的生活和工作。

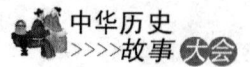

以人为鉴

本故事出自《新唐书·魏征传》，讲的是唐王李世民对敢于直言的忠臣魏征的评价。

唐朝著名政治家魏征重病卧床的时候，皇帝李世民特意和太子一起来到他的府邸看望他，并将衡山公主指定给魏征的儿子做妻子。后来魏征去世，皇帝亲自撰写碑文，并且刻于石祭之上。由此可见皇帝对魏征的重视。

魏征死后，皇帝对身边的侍臣说："人以铜镜作为对照，可以把衣服、帽子穿戴得整齐端正；以历史作为对照，可以知道国家的兴衰更替；以他人作为对照，可以知道自己的成功失败。我曾经用这三样东西来防止自己的过失，可如今魏征死了，我就失去了一样了。"

故事心得

我们在做事的过程中，不断积累经验的同时，也要以他人的成败得失作为告诫自己的启示。

近悦远来

本故事出自《论语·子路》，讲的是春秋时期，楚国大夫叶公向孔子求教的故事。

春秋时期，楚国有一名大夫叫作沈诸梁，是著名的军事家、政治家。因为被封到叶邑为尹，所以被称为叶公。

一次，圣人孔子周游列国来到楚国的叶邑，于是叶公便向其去请教该怎样去治理一个地方，孔子告诉他说："你要先让近处的人受到好处而高兴，这样远处的人就会慕名来投奔你了。"

故事心得

每个人都希望自己地方的管理者是"明君"，如果一个地方的管理者可以让自己周围的百姓安居乐业，那么别的地方的百姓听说了这样明智的管理者，自然就会过来投奔了。

楚庄忧亡

本故事出自《新序·杂事第一》，讲的是楚庄王早朝之后忧愁自己国家的故事。

楚庄王是春秋时期楚国最有成就的君主，春秋五霸之一。一次，楚庄王正谋划一件事情，希望有人能提出更好的建议，就在第二天上朝的时候同大臣们商议，可谁知，大臣们没有一个人能想出更好的方案，于是楚庄王只好宣布退朝。

退朝之后，楚庄王一直愁眉紧锁，在他身边的一个大臣见他面露忧愁，于是就问他原因。楚庄王回答说："我听说过这样一件事，如果诸侯之中，有可以选择的老师，那他就一定可以称王；如果诸侯之中有可以选择的朋友，那么这个人就一定可以称霸；一旦这个人自己满足在自己的世界里，而群臣中也没有一个能给他好意见的，那么这样的国家就一定会灭亡的。如今，我在朝廷上同群臣商议大事，而群臣之中又没有一个人可以比得上我的，不能给我提出好的建议，你说，我们的国家岂不是就要灭亡了吗？"楚庄王说着，面上的表情更加忧愁了。

故事心得

我们做事的时候也应该像楚庄王一样，多多反省自己，检查其中的错误，可以使国家更昌盛，同时也可以使一个人提高得更快。

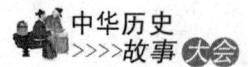

愚公之谷

本故事出自《说苑·政理》，讲的是齐桓公善于听取老百姓的意见，治理好国家的故事。

春秋时期，齐国国君齐桓公外出打猎，因为追赶一只野鹿而跑进一个山谷。在山谷里，齐桓公看见一个老人，便问："这个山谷叫什么名字？"老人家回答说"叫愚公之谷。"桓公说："为什么叫这个名字？"老人回答说："是以我的名字命名的。"桓公说："我看你的仪表举止不像是个愚笨的人，为什么起这样一个名字呢？"老人家回答说："请让我为您来解释：我原来养了一头母牛，母牛生下一头小牛，小牛长大后卖了换买了一匹小马。一个少年看到我的小马之后便说：'牛不能生马。'然后就把小马牵走了。附近的邻居听说了这件事情之后都认为我很傻，所以就把这个山谷命名为愚公之谷。"桓公笑说："老人家的确够傻了，您为什么要把小马给他呢？"说完便回宫了。第二天上朝，桓公将这件事情讲给了宰相管仲听，管仲听后跪地对齐桓公说道："这根本不是老人的愚笨，老人是想通过这件事情告诉您如今的国家断案不公正，所以只能将小马给了那个少年，请让我下去修明政治吧。"

后来孔子在教育弟子的时候将这件事情讲给他的弟子们听，并说："齐桓公是霸主，管仲是贤明的宰相，他们尚且有把聪明当作愚蠢的情况，更何况那些不如桓公和管仲的人呢！"

故事心得

君王该多听取百姓的意见才能治理好国家。

取道杀马

本故事出自《吕氏春秋·用民》，讲的是宋人驯马的经历。

相传在很久之前，有一个着急赶路的宋国人，可越是着急，他的马越是不肯走。于是这个宋国人很生气，便掉转了马头，将马赶到附近的一个溪水里，将马淹得半死。然后又重新掉头赶马，可马还是一步不肯走，这个宋国人就更加生气了，又掉转马头，将马赶进了溪水，再次将马淹得奄奄一息。可尽管是这样，当他再次掉转马头赶马的时候，马还是不肯走。于是他反复三次将马淹进溪水，可马依旧是不肯前进。

其实这个宋国人只是学习了著名驭马能手造父驯马时的威严，却没有学习到其中的诀窍，而这对于驭马，是没有丝毫益处的。

故事心得

其实这篇寓言讽刺了当时昏庸无道的国君，只知道用威严的手段去管理百姓，镇压百姓，可最终的结果却往往是事与愿违，百姓更加不肯为他效力。在日常生活中也是这样的，我们做事的时候没有正确的方法与条理，最终收获的，便只能是失败。

安居乐业

本故事出自《老子》，讲的是老子对理想国度的设想。

老子是我国春秋时期著名的思想家，因为老子对于他当时生活的现实社会非常不满意，并认为是物质的进步和文明的发展破坏了人民的淳朴，才给人们带来了痛苦，于是便渴望出现"小国寡民"的理想社会。

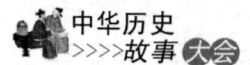
老子对于他的"小国寡民"是这样设想的：国家很小，人民很稀少。即使有很多的器具但是也不需要去用它们。人们不需要用生命去冒险，也不需要向远处迁移，即使有车辆和船只，人们也不需要乘坐它们；即使有兵器装备，人们也无处去使用它们。人民重新使用古代结绳记事的方法，吃得好，穿得舒服，住得也很安逸，满足了所有的原有风俗习惯。相临近的各国都互相望得见，鸡鸣狗叫都听得见，但直到人们老死，也不会相互有所往来。

故事心得

人民安乐，国家自然会昌盛繁荣。

道不拾遗

本故事出自《战国策·秦策一》，讲的是战国时期秦国实行商鞅的以法治国后，社会风气一片和谐的局面。

商鞅是战国时期的政治家，秦孝公执政的时候出任秦国的宰相。商鞅制定了一系列新法，废除了维护贵族特权的旧法，也就是历史上有名的"商鞅变法"。

他主张法律面前人人平等，不管什么人，只要对国家有功，就应该予以奖励。他鼓励耕织，生产多的可以免去徭役。他认为，贵族世袭的制度应该废除，应当按军功的大小给予不同的爵位等级，执法应该严明，不讲私情，以法为准。虽然商鞅的变法遭到了贵族势力的强烈反对，不过在秦孝公的支持下，商鞅的变法还是很快就推行开了。

变法实行一年后，老百姓的生产积极性提高了，军队纪律严明，民风也变得淳朴起来了，人们不会随意去拿取别人的东西，夜不闭户，道不拾遗，就这样，秦国开始一天天的强大起来了，别的国家都对秦国心存畏惧了。

正因为有好的治理，才最终有好的民风。

克己奉公

本故事出自《后汉书·祭遵传》，讲的是东汉祭遵约束自己的私欲，以公事为重的高尚德行。

东汉初年的时候，有个叫作祭遵的人，知书达理，为人正直。在祭遵很小的时候就喜欢读书，虽然出身豪门，但生活却非常俭朴。

公元 24 年的时候，刘秀攻打颍阳一带，祭遵前去投奔，被刘秀收为门下吏。后来随军转战河北，被刘秀封为军中的执法官，负责军营中的法令。在其任职期间，执法严明，不徇私情，为大家所称道。

一次，刘秀身边的一个小侍从犯了罪，祭遵查明真相之后，依法将这个小侍从处以死刑。后来刘秀知道了这件事情，非常生气，想，我身边的人你都敢处罚，于是便想降罪于祭遵。但身边有人劝谏刘秀说："大王您本来就是要严明军令，祭遵如今只是坚守了法令，上下一致，这样在军中才有威信啊。"刘秀听后觉着很有道理，于是便没有治祭遵的罪，而且还封他为征虏将军，颍阳侯。

祭遵为官清廉，处事谨慎，经常受到刘秀各种各样的赏赐，但他经常将这些赏赐拿出来分给手下的人，而且生活十分的节俭，家中也没有多少财产。直到祭遵在为自己安排后事的时候，他依然是嘱咐手下的人不要铺张浪费，只要用牛车装载自己的尸体和棺木，拉到洛阳草草下葬就可以了。

后来在祭遵死后很多年，汉光武帝刘秀依然对祭遵克己奉公的精神十分的怀念。

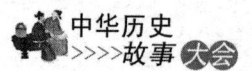
远交近攻

本故事出自《战国策·秦策》，讲的是战国时期秦国用来吞并六国的一种策略，主张的是结交距离远的国家，而攻打邻近的国家。

战国末期，七雄争霸，秦国在经过商鞅变法之后发展的速度很快，瞬间成了七雄之中很凸显的一个。于是国君秦昭王便想谋划吞并六国，独霸中原。

公元前270年，正当秦王准备兴兵伐齐的时候，丞相范雎向秦昭王献上了"远交近攻"的策略，阻止秦国攻打齐国。范雎认为，齐国的实力相对强大，而且距离秦国又很远，如果秦国决定攻打齐国，整个部队要经过韩、魏两个国家。如果军队派少了，就很难取胜，如果军队派对了，就算打胜了也无法占领齐国的土地。不如就先从攻打韩、魏两国开始逐步推进。为了防止齐国与韩、魏两国结盟，秦昭王派使者主动与齐国联盟。此后的四十余年中，秦国始终坚持着"远交近攻"的策略，远交齐、楚，并首先攻下了韩、魏，随后又从两翼进兵，攻破赵、燕，统一北方。再后来又攻破楚国，将南方平定，最后攻下了齐国。十年征战，秦国终于实现了统一中国的愿望。

故事心得

在生活中，我们做事也应该学习"远交近攻"的这种打仗策略，在自己实现宏伟目标的过程中，为自己设定几个就近的目标，在不断实现小目标的过程中逐渐接近大未来，慢慢的，我们就会实现自己最初的理想与愿望了。

与民偕乐

本故事出自《孟子·梁惠王上》，讲的是孟子劝诫梁惠王要施行仁政，与百姓休戚与共，同享欢乐的治国策略。

战国时期，思想家孟子去朝见魏国国君梁惠王。当孟子见到梁惠王的时候，梁惠王正在御花园里观赏鸟兽游鱼，孟子见梁惠王正兴致浓厚，于是便没上前打扰，站在一旁等待。后来梁惠王见到孟子来了，于是就问："有道德的人也喜欢享受这样的快乐吗?"孟子回答说："只有有道德的人才能享受这种快乐，没道德的人是没法享受这种快乐的。"梁惠王问："这是为什么呢?"孟子说："《诗经·大雅·灵台》中说：周文王在修建灵台的过程中，经常告诉百姓们慢慢修，不着急，百姓们听了这样的话之后就觉着是皇帝在关心他们，于是就十分卖力地修建，结果灵台很快就修好了。灵台修建好之后，里面养着油光水滑的麋鹿、羽毛洁白的飞鸟，池塘里也是有各种各样的鱼鳖，非常的美丽。周文王一进灵台就觉着非常的快乐。所以有这样一句话：'古之人与民偕乐，故能乐也。'"

梁惠王听了孟子的话之后，默然不语。

故事心得

孟子用很巧妙的语言方式劝说了梁惠王，其实对于快乐这个名词，自然是大家在一起才更值得期待，将自己的快乐与别人分享，一份快乐就变成了多份的快乐，无论是领导还是下属，众人共享快乐才能更快乐，使社会更加稳定和谐。

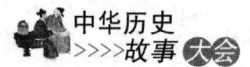

为虎作伥

本故事出自《正字通·听雨记谈》，讲的是一个神话故事。

很久很久以前，在某个地方有一个山洞，山洞里面住着一只老虎，每天都捕食生活在附近的小动物，渐渐的，附近的动物就被这只老虎吃光了，于是老虎便开始吃人。

一天，这只老虎走出山洞像往常一样觅食，可走啊走，过了很久，老虎都没有发现一只猎物，这让饥饿的老虎非常难受。而正在这时，远处一个步履蹒跚的人缓缓地向老虎走近，看样子应该是没有发现老虎，于是老虎便悄悄躲在树丛当中，等到那个人走近之后猛地扑上前去，将那个人咬死吃掉了。吃掉了那个人之后，老虎却依旧没有饱腹，于是便抓住了那个人的灵魂不放，让其再帮自己找到另外一个人享用，不然就不让那个人获得新生。被抓的那个灵魂想了想便同意了。于是他便开始给老虎当起了向导，四处寻找人。终于，在林中的另一处找到了第二个人。而那个灵魂更是为了想让自己早些解脱，就帮老虎把那个人的衣服给脱了——为了老虎吃起来方便。后来人们将这个帮助老虎吃人的鬼魂叫作伥鬼，又根据这个传说，将帮助坏人做伤天害理的事情称为"为虎作伥"。

故事心得

在生活中，无论怎样，我们都不可以为了自己的私心为虎作伥，助纣为虐，这样只会伤害到更多无辜的人。

苛政猛于虎

本故事出自《礼记·檀弓下》，讲的是孔子对统治者的暴政比吃人的老虎更加可怕的感叹。

春秋时期，圣人孔子喜欢四处游走，一次，在路过泰山的边上，看见一个妇人在坟前哭得十分悲伤，于是孔子便停下来靠在横木上，让弟子子路去问那个妇人为什么哭。于是子路上前问道："你为什么哭得这么伤心啊？应该是有很多伤心的事情吧？"那个妇人看了看子路回答说："是的，不久之前，我的公公被老虎给咬死了，后来丈夫也被老虎给咬死了，现在我的儿子也被老虎给咬死了，我怎么能不伤心呢？"子路又问："既然这里有食人的老虎这么危险，你为什么不离开这里呢？"妇人回答说："那是因为这里没有残暴的政令啊。"后来子路回去同孔子讲了妇人的话，孔子听后教育弟子们说道："看来统治者的残暴政令比老虎还要凶猛可怕啊。"

故事心得

故事中的妇人宁愿每天心惊胆战地居住在可能被老虎咬死的地方，也不愿意搬到暴政肆虐的地方，由此可见暴政的危害。

邴吉问牛

本故事出自《幼学琼林》，讲的是官员看到牛的异常想起天气变化，赞扬官员关心百姓疾苦的故事。

邴吉，西汉时期的鲁国丞相，深沉忠厚。一次，邴吉乘车外出体察民

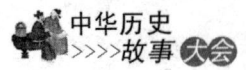

情。按照当时的惯例，丞相出巡，应该是要有人提前清理道路的，并且闲杂人等回避。却不想，那天居然有一伙人在清理好的道路上打架，死伤的人横七竖八的就那么躺在路上。坐在车上的邴吉看到这个情形，一句话都没说，直接就过去了。对此，在他身边的掾史觉着很奇怪，但没有问什么。

邴吉继续坐车往前走，路上看到了有赶牛的人，只见那头被赶的牛已经累喘得吐出了舌头，于是邴吉便停下车，叫身边的随从骑马过去问那头牛走了几里路了。这个好奇邴吉不关心打架群众的掾史终于绷不住说话了，说道："大人，您毫不关心群众打架却这么关心赶牛的事情，这实在是不太符合常理啊。"于是就有不少人开始讽刺邴吉。邴吉知道了之后说道："百姓们相互争斗，相互杀伤，那应该是长安令、京兆尹的职责，是他们应该禁止、防备和追捕的事情，而我的职责就是在年终的时候奏请皇帝实行赏罚。所以我的职责不是去管理斗殴的百姓。而现在正当是春天，按理来说天气还不是很热，可牛还没有走多远就已经喘得厉害，这意味着气候不合节令，我担心会有地区因此而受到灾害，所以才会过问此事。"听了这番话的众人恍然大悟，而那个觉着邴吉做事不恰当的掾史也在听完了邴吉的一番话后心悦诚服，并深深佩服邴吉注重大事并关心百姓的精神。

故事心得

不在其位，不谋其政，这是邴吉的做官原则，但他看到牛便想到百姓的安危，这实在是难得的爱民好官，而治理一个地方，就是需要这样的好官，百姓才会安居乐业。

亡国怨祝

本故事出自《论衡·解除》，讲的是东周时期，晋国国家衰亡时，统治者不从自身找原因的故事。

东周时期，晋国贵族中行寅面临大敌，眼看家族就要灭亡，于是他找来了给自己负责祭祀的太祝（官名，主管祭祀），准备问罪于他。

中行寅怒气冲冲地问道："一定是因为你在为我祭祀的过程中祭品不够肥厚，斋戒不够诚心，结果触犯了天上的神灵，所以导致我现在要亡国，你为什么要这样？"

太祝回答说："原来的君主只有十乘车，但他却从不觉着少，只是担心自己是不是德行不够，生怕有一点过错。而您现在已经有百乘战车，您还是嫌少，而且丝毫不担心自己有没有道义德行。您只知道多造战车战船，这样一来势必增加了对百姓的赋税。赋税劳役一多，百姓自然不满意，对您不断地诅咒责骂。而您真的以为单纯地靠向上天祷告就可以为家族带来幸运吗？民心不服，全国的百姓都会对您进行咒骂，我一个人的祈祷又怎么可能比过全国人民的诅咒呢？这样一来，您家族的灭亡，那不就是很自然的事情吗？我又有什么罪过呢？"

中行寅听了太祝的一番话之后羞愧得无话可说。

故事心得

中行寅面对自己家族的即将灭亡，不仅不去找自身的原因，反而还去责备太祝。其实导致家族灭亡的，并不是别人，而是因为他自己的贪婪。

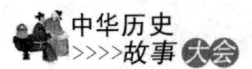
兼听则明，偏听则暗

本故事出自《资治通鉴·唐太宗贞观二年》，讲的是魏征劝谏的故事。

魏征是唐朝时期有名的政治家，以敢于直谏著称，是中国历史上最负盛名的谏臣。

一次，唐太宗问魏征："君主怎样才能做到明辨是非，怎样又是昏庸糊涂呢?"魏征回答说："能广泛地听取意见的就是明辨是非，偏信某个人的意见那就是昏庸糊涂。从前尧帝向下面民众清楚地了解情况，所以对作恶只是有了及时的掌握；舜帝耳听四面眼观八方，所以才不会被小人所蒙蔽；秦二世偏信赵高，所以最终在望夷宫被赵高所杀；隋炀帝偏信虞世基，死于扬州的彭成阁兵变。由此可见，君王应该广泛听取他人意见，让宦官不敢轻易对您蒙蔽，民众的情况才得以反映。"唐太宗听了魏征的一番话，连连称好，从此也广泛听从群臣意见。

故事心得

无论是帝王还是平民，我们都应该养成广泛听取他人意见的好习惯，这样才不会犯片面性的错误。

广开言路

本故事出自《后汉书·来历传》，讲的是东汉时期大臣来历劝解安帝不要废太子的故事。

东汉安帝时期，内侍京江和中堂侍樊丰等人联合起来诬告太子刘保企图谋反。安帝信以为真，便决定废掉太子刘保，为此，向大臣们征求意见。其中大将军耿宝等人主张废掉太子，而大臣来历则认为太子尚年幼无知，就算是谋反，其主要责任也不在于他，不应该被废掉。可汉安帝从来不听取来历的意见，于是便把刘保废为了济阴王。

来历见自己的意见没有被采纳，于是便约了十几个大臣一同到安帝那里去为太子说情。安帝见此情形，便派人拿着诏书去威胁这群大臣说："来历等人不识大体，让大家尽量发表意见，他们却把一切责任推给别人，谁再坚持错误见解，就要杀头问罪。所有的大臣都被诏书吓得退缩了，唯有来历坚持自己的意见，结果被罢了官。后来，人们便用"广开言路"这个词语来指尽量创造让人们发表意见的机会。

故事心得

作为一个君王，应该多多听取群臣的意见，广开言路，这样才能将国家治理得更好，使百姓安定。

约法三章

本故事出自《史记·高祖本纪》，讲的是刘邦为了取得民心，订立法律与人民相约遵守的故事。

公元前206年，汉高祖刘邦率领大军攻入关中，秦朝灭亡。在刘邦进入秦都咸阳之后，原本想住在豪华的王宫里面，但他的心腹告诉他不要这样做，免得失去人心。于是刘邦接受了心腹的意见，下令封闭王宫，并留下了少数的士兵保护王宫和藏有大量财宝的库房，随即还军霸上（在今西安市东）。

为了取得民心，刘邦还将关中各县的父老、豪杰召集到一起，郑重地向他们宣布说："秦王朝的严刑苛法让众百姓陷入水深火热中，应该全部废除。现在我要和众位约定，无论是谁，都要遵守三大法律——杀人者要

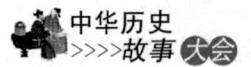

处死、伤人者要抵罪、盗窃者要判罚。"父老、豪杰们听了刘邦的这约法三章之后都表示十分拥护。接着，刘邦又派了大批的人员到各乡各县去宣传约法三章。百姓们听了之后都是热烈拥护，纷纷拿着牛羊酒食来慰劳刘邦的军队。

正是因为坚守了约法三章，刘邦才得到了老百姓们的信任与支持，最后取得了天下，建立了西汉王朝。

故事心得

身为君王，一定要对百姓有所承诺，这样才会获得民心，得到百姓们的拥护。

穷兵黩武

本故事出自《三国志·吴书·陆抗传》，讲的是三国时期，陆抗劝诫吴王不要恣意发动战争、消耗国力的故事。

三国时期，东吴有个著名的将领，名字叫作陆抗，是吴国丞相陆逊的儿子。陆抗在二十岁的时候就被任命为建武校尉，统帅五千人马。后来孙皓做了东吴的国君，陆抗被任命为镇国大将军。当时的东吴朝政在孙皓的领导下非常腐败，残暴交涉、滥用酷刑。陆抗曾多次上书劝谏，但孙皓对此的态度一直是置之不理。公元272年的时候，陆抗奉命率军讨伐叛将步阐，在吴晋边境与晋军对峙。后来陆抗与晋国互派使者往来，以示友好。孙皓听说了这件事情之后便派人去责问陆抗，为什么不出兵进攻晋国，陆抗上奏说："朝廷现在不采取富国强兵的政策，反而要发动战争，最终导致资财耗费，兵将疲惫，百姓不得安抚。而敌国的国力不仅没有被削弱，反而我们自己却像是大病了一场一样。"陆抗还指出了吴、晋两国的实力悬殊，应该停止用兵，增强国家的实力。但孙皓还是没有听从陆抗的忠告，最终导致了吴国的灭亡。

故事心得

在国家实力还不足的情况下，用兵打仗只会使国家的实力越来越弱，最终导致灭亡。

疾首蹙额

本故事出自《孟子·梁惠王下》，讲的是孟子劝诫齐宣王的故事。

战国时期，有一次，著名思想家孟子去齐国谒见齐宣王，问道："大王，您喜好音乐是吗？"齐宣王有些不好意思地回答说："是啊，不过我不喜欢先王清净典雅的音乐，只不过是喜欢些一般的流行音乐罢了。"孟子说："不管是什么音乐，既然大王喜欢音乐，那么齐国就一定会被治理好的。"齐宣王听了之后很开心，并问道："您能说说这其中的道理吗？"孟子回答说："在欣赏音乐的时候，您是喜欢独自一人欣赏还是喜欢同别人一起欣赏呢？"齐宣王回答："当然是同别人一起欣赏。"孟子又问："那同少数人一起欣赏与同多数人一起欣赏音乐相比较，哪一种您觉着更快乐？"齐宣王回答："当然是多数人。"

说到这，孟子解释说："那给大王谈谈音乐吧，假如您在这里击鼓奏乐，而百姓们听到这样的钟鼓齐鸣却觉着头痛而紧皱着眉头议论说：'我们的大王这么喜欢音乐，那为什么还会使我们的生活穷苦到这种地步呢？父子不能相见，妻子、兄弟东离西散。'如果您在这里打猎，百姓们听到了您的车马声，看到了您漂亮的旌旗，也会感到头痛而紧皱着眉头相互传言说：'我们的大王这么喜欢打猎，那为什么还会使我们的生活穷苦到这种地步呢？父子不能相见，妻子、兄弟东离西散。'造成这种情况的没有别的原因，就是因为大王您不与民同乐啊。如果现在您在这里击鼓奏乐，

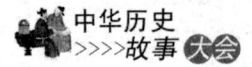
百姓们听到音乐声便会高兴地奔走相告说：'我们的大王一定是很健康的吧，不然怎么会击鼓奏乐呢？'如果您在这里打猎，百姓们听到了您的车马声，见到了你的旌旗，高兴地相互说道：'我们的大王一定是很健康的吧，不然怎么会打猎呢？'这没有别的原因，主要是因为大王您与民同乐啊。现在大王您与民同乐，那么国家一定会兴旺发达，普天之下也就会全部归服您的统治了。"

齐宣王听了孟子的一番话之后深受启发，说："夫子所言极是，我一定按夫子的话照办。"后来齐宣王经常体恤百姓与百姓在一起，齐国也很快就富强起来了。

故事心得

只有深入到群众当中去，了解民众，爱护民众，整个国家才会兴旺发达。

生灵涂炭

本故事出自《晋书·苻丕载记》，讲的是十六国时期，前秦被后秦、后燕联合攻打，使百姓深受其苦的故事。

十六国时期，前秦被后燕和后秦联合攻打，国都长安很快被人包围，皇帝苻坚逃跑，本想等到适当的时机重新来过，但最终还是被后秦捉住并处死了。

苻坚的儿子苻丕一直驻在邺城，前秦幽州刺史王永听说苻坚已经死了的消息之后就请苻丕到晋阳，并拥护其当了皇帝。苻丕当了皇帝之后，就加封王永为左丞相。后来王永想要找前秦的部队去讨伐后秦和后燕，于是就写了一篇昭告，昭告中说："自从苻坚被害，国都长安沦陷，国家就开始一蹶不振。百姓们好像生活在泥沼和炭火之中一样，十分的痛苦。各地官员接到这份昭告之后，要派出兵马临晋会师，准备作战。"

接到昭告之后的各地官员，纷纷派出兵马，但可惜的是，后秦的军队实在是太强了，王永最终无法获得胜利，前秦也随之逐渐衰弱，不久之后便被后秦消灭了。

故事心得

因为动荡时期的混乱，百姓才会深陷生灵涂炭的困苦境地，这也充分地说明了，一个时期的时局动荡，深受其害的，其实就是百姓。

剖腹藏珠

本故事出自《资治通鉴·唐太宗贞观元年》，讲的是唐太宗与侍臣们讲了一位商人剖腹将珍珠藏在肚子里的故事。

有一天，唐太宗李世民和侍臣们闲谈，唐太宗讲了一个西域商人"剖腹藏珠"的故事。

唐太宗说："西域有个商人，偶然得到一颗珍珠，真是见所未见的一件无价之宝。这个商人非常喜爱这颗珍珠，生怕被人盗走，搁在哪儿都不放心。后来，这个商人剖开了自己的肚子，把珍珠藏在肚子里，这样，珍珠是藏严实了，可商人的命也没有了。"

唐太宗讲完故事问："这故事是我听来的，你们说现实中真会有这样的人吗？"

侍臣们嗫嚅地说："恐怕有吧。"

唐太宗说："这个商人爱珠而不要命的愚蠢行为是多么可笑，就像有些官员因贪赃受贿而丧命，有的皇帝因追求无限止的享受而亡国，这些人和这个商人不是一样的愚蠢可笑吗？"

这时，在座的谏议大夫魏征接着说："由于利欲熏心，贪得无厌，而

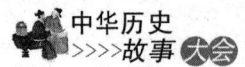

连自己的身体性命都忘了的人，确实是有的。从前鲁哀公对孔子说："有个健忘的人，搬家而遗忘了妻子。"孔子说："这不算稀奇，还有健忘得更严重的呢，桀、纣乃忘其身'！"

故事心得

　　这则典故告诉我们，人是难以经受住利欲的诱惑，很容易为了它们而丧失性命，为此我们要恪守原则，懂得节制欲望。

狗咬吕洞宾

　　本典故出自《红楼梦》，讲的是吕洞宾救人一命，反落对方埋怨的故事。

　　相传，在蓬莱八仙当中有个叫作吕洞宾的仙人，是著名的道教仙人。

　　在吕洞宾成仙后，一次外出游行，看见一名男子死在河中，于是就想将这个男人救活。吕洞宾先是将男子尸体从河水中捞出，然后又杀了路边的一条狗，挖了它的心脏给男子。将男子救活后，却不想，这个男子醒来就是破口大骂，说道："我本来是想死的，你干吗要将我救活？"吕洞宾被骂得憋了一肚子气，转身离开，见到身旁那条已经死去的狗，于是就用泥捏了个心脏，填在狗的胸腔中，可谁知，救活的狗又开始追着吕洞宾咬。

　　后来人们便说：狗咬吕洞宾，不识好人心。

故事心得

　　在我们交友的过程中，一定会遇到那些"不识好人心"的人，而对于这种人，我们所采取的态度只能是敬而远之。

一丘之貉

本典故出自《汉书·杨恽传》，讲的是汉朝杨恽口不择言，被皇帝免职的事情。

汉朝时有个名人叫作杨恽，出生在官宦之家，从小受到良好教育，还未成年时就成为了当朝的名人。后来做了官，立了些功，杨恽便开始逐渐变得骄傲自满，经常当众发表自己的言论。

一次，杨恽听见匈奴降汉的人说匈奴的领袖单于被杀了，杨恽便说道："单于这样白白的送了性命，还不是因为自己不够明智，不用大臣给他拟好的治国策略。就像我国秦朝时的君王一样，总是听信小人的谗言，将忠贞的大臣全部杀害了，结果国家自然灭亡了。如果当年秦朝的君王们能听进去忠言，或许他们的国家到现在还存在。从古至今的君王们都是喜欢听信小人的话，就像是一个山丘里出产的貉一样。"

后来这句话传到了皇帝的耳朵中，杨恽也就因此被免了职。

故事心得

在交友过程中，一定要分清朋友的好坏，不然成为一丘之貉，堕落的便是自己。

林回弃璧

本典故出自《庄子·山林》，讲的是林回抛弃珠宝救幼婴的故事。

古时候，有个财主叫林回，十分的富有。一次，林回得到了一块价值连城的宝玉，十分高兴，对这块宝玉也珍爱有加，小心翼翼地放在箱子中，不时地拿出来放在手中欣赏。

后来，林回住的县城被敌人攻破了，县城中的每个人都是带着一些珠

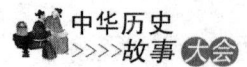
宝逃跑，唯独林回，丢弃了价值连城的宝玉，背着一个婴儿逃跑。这让所有逃亡的人都感到很奇怪，问他："你为什么要背着婴儿逃跑呢？婴儿的价值那么少，而且还是个累赘，让你消耗掉大量的精力。还有，婴儿在短时间内又不能成大成人，对你没有任何的帮助，你在这样危机逃难的时候，选择放弃宝玉背着婴儿，这是为什么？"林回毫不犹豫地回答说："我和宝玉的关系只有利，而我和婴儿却是血脉相连。你或许以后会衣食无忧，但如果没有了亲人的关怀，就会感到孤独。只有和亲人在一起，才会有依靠，才会奋发向上，宝玉何患没有？"一行逃跑的人听了林回的话之后都不由得对他产生敬佩之情。

故事心得

没有钱固然生活会很艰难，但钱绝对不是这世上最重要的东西。没有情感支撑的生活将是索然无味。如果因为拼命热爱金钱而失去一份支撑你生活的感情，那则是一个愚蠢之极的选择。

东道主

本典故出自《左传·僖公三十年》，讲的是烛之武说服秦穆公退兵郑国的故事。

公元前 630 年，晋、秦两国联军围攻郑国，包围了郑国国都。郑国国君郑文公在走投无路的情况下向老臣烛之武请教解围之计。烛之武思考再三之后，当天夜里就趁天黑出城私会了秦穆公。

秦国和晋国两国都是大国，两国之间本来就不和谐，明争暗斗也是家常便饭。于是烛之武就巧妙地利用这两国的矛盾劝服秦国退兵。烛之武对秦穆公说："秦、晋两国联合攻打郑国，郑国肯定是会灭亡，但这对贵国也是一点好处也没有的事情啊。从地理位置上来说，秦国和郑国中间隔着一个晋国，如果秦国想要越国晋国来控制郑国，这恐怕是很难做到的事情吧。到头来，郑国灭亡得到好处的还是晋国。而晋国的实力增加一分，秦国的实力就相对减少一分啊。"秦穆公听了烛之武的话之后，点头示意赞同，于是烛之武继续说道："如果您能把郑国留下，将其当作你们在东方道路上的主人，如果有使者来往经过郑国，郑国可以给予招待，这有什么不好的呢？"

最终，秦穆公被烛之武说服，单方面与郑国签订了合约，而晋国也只好无奈地退兵。就这样郑国被保住了。

故事心得

> 既然是东道主，就要讲求热情的待客之道。

牛衣对泣

本典故出自《汉书·王章传》，讲的是汉朝一个叫王章的人与妻子过着贫困的日子，后来听到妻子的劝言后，发奋学习，终成功名的故事。

汉朝时，有个叫王章的书生去京城学习，成绩虽好但家境贫寒，每天只能和妻子躺在用来盖牛的蓑衣里抵御风寒。一次，王章生病了，浑身发抖地蜷缩在牛衣里，王章以为自己快死了，于是就哭着对自己的妻子说："我的病很重，可现在却连被子都没有，看来我就要死了，我们就此诀别吧。"他的妻子听了之后十分生气地说道："你胡说什么呢？你说说，京师朝廷中的那般贵人，哪一个的学问及得上你？现在你这般贫病交迫，自己不奋发向上、振作精神，反而这样哭泣，多没有出息啊。"王章听了自己妻子的这席话之后不禁暗自惭愧。后来病好之后，更加努力地读书了，最终成了有用之才。

故事心得

> 在妻子的鼓励下，王章最终学有所成，由此可见，贫贱不移夫妇真情，身边的伴侣对自己具有重要的影响。

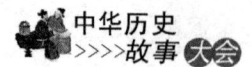
管鲍之交

本典故出自《列子·力命》，讲的是管仲与鲍叔牙深厚友情的故事。

春秋时期，齐国有一对好朋友，一个叫作管仲，另一个叫作鲍叔牙。

管仲和鲍叔牙在二十几岁的时候就认识了，最初，两个人在一起合伙做点小买卖，因为管仲家境贫寒，所以鲍叔牙就多出些本钱。生意红火，赚得也不少。后来，慢慢有人发现，管仲用一起挣的钱先还了些自己欠的债，而到年底分红的时候，管仲也接受鲍叔牙分给他的另一半红利。

鲍叔牙本钱出的多，分利却给管仲一半，管仲还用大家赚的钱还债。这样让鲍叔牙手下的人十分气愤，于是就有人向鲍叔牙反映说："管仲出资少，平时开销又大，在年底平分效益的时候他还欣然接受，很显然，他是一个十分贪婪的人。"鲍叔牙听了手下的话之后，斥责道："你们可真是满脑子的钱，难道你们就没发现管仲的家境十分贫困吗？他比我更需要钱，我和他一同做生意其实就是想帮帮他，我情愿这样做，这件事情你们以后不要再向我提了。"

后来，管仲和鲍叔牙两个人又一同投军，军队中，二人更是相依为命。一次，齐国和邻国打仗，双方军队厮杀得不分你我，在冲锋的时候，管仲总是跑在后面，而且跑得很慢，在退兵的时候他又像飞一样的奔跑。士兵都取笑管仲说他贪生怕死，领兵的就想杀一儆百，杀掉管仲威吓那些贪生怕死的士兵。而就在这关键的时刻，此时已经当上了军官的鲍叔牙又站了出来，替管仲辩护道："管仲的为人我是最了解的了，他家有八十岁的老母亲无人照顾，他就算是忍辱含羞，也要照顾他那年迈的母亲。"管仲听了鲍叔牙的一番话后，流泪说道："生我的是我的父母，而最了解我的，只有鲍叔牙啊。"

"管鲍之交"一直被誉为交友的最高境界，成为被历代传诵的佳话。可见真正的朋友应当患难与共，付出真心。

对牛弹琴

本典故出自《理惑论》，讲的是一位音乐家对着牛弹琴的可笑行为。

公明仪是战国时期的音乐家，自幼就对音乐非常有天赋，会作曲，能演奏，弹的曲子非常优美动听，很多人都很喜欢听他的演奏。

公明仪非常喜欢弹琴，有时遇到好天气，就带着自己的琴到郊外弹奏。有一天，他来到郊外，享受着徐徐的春风，仰头蓝天白云，低头青草垂柳，此时正好一头黄牛在草地上吃草。公明仪一时兴起，摆上琴，拨动琴弦，对着正在吃草的黄牛弹奏起了最高雅的乐曲——《清角之操》。一曲过后，公明仪被自己陶醉，而眼前的黄牛却依旧在低头吃草，像什么都没发生一样。

公明仪想，可能是这支曲子太高雅了吧，决定换个曲调试试。于是他又拨动琴弦，自我陶醉，一曲过后，黄牛依旧没有反应，还是在那里悠闲地吃草。公明仪纳闷，难道曲子弹奏的不对吗？于是又换了几首，再看黄牛，甩了甩尾巴，换到别的地方去吃草了。

失望的公明仪只好抱琴回家，后来他将这件事情同别人讲，人们就安慰他说："你不要因为这件事情生气啊，牛不理你不是因为你弹的曲子不好听，而是因为你弹的曲子牛根本听不懂啊。"

说话办事要看对象，不然只会出现对牛弹琴这样的尴尬。

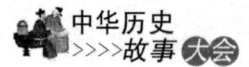
忘年交

本典故出自《后汉书·祢衡传》，讲的是孔融和祢衡相交的故事。

东汉末年时有两个很博学的人，一个叫作孔融，一个叫祢衡。孔融和祢衡相识的时候已经四十多岁了，在朝廷中担任少尉卿的职务。而那时祢衡才二十出头，才思敏捷，是个高傲的年轻人。

一次祢衡来到许昌，有人跟他建议说去拜会几个有声望的名士。祢衡说："在许昌城中，我只钦佩两个人，一个是杨修（东汉末年文学家），还有一个就是孔融，其他人都不值得我去拜访。"孔融听说这件事情之后，对祢衡很感兴趣，很想拜会他，于是就打听到了祢衡的住处，换上了便服去拜访。

两个人见面之后，一番攀谈，互感相见恨晚，甚至比相识多年的老朋友还要谈得拢。孔融深深感叹祢衡是"颜渊（孔子最器重的学生）复生"，而祢衡对孔融也称之为"孔子不死"。就这样，孔融和祢衡两个人超越了年龄的界限，结成了忘年之交。

故事心得

真正的友情，是没有年龄之分的。

急不相弃

故事出自《世说新语》，讲的是两个人共同搭船的故事。

华歆和王朗是东汉末年两个著名的人物。一次，华歆和王朗一同乘船避难，途中遇到一个人想搭乘，王朗热情地接纳，而华歆却很为难。于是王朗说道："船还很宽敞，这有什么可为难的呢？"

一段时间之后，因为船上多了一个人，所以船速慢了下来，眼看后面的贼寇就要追上来了，此时的王朗开始有些后悔让那个搭乘的人上船了，于是就想将其丢下。华歆说道："这就是我刚才犹豫的事情啊。可既然已经接纳了他上船安身，我们就不能在这种紧急的情况下丢弃他。"

故事心得

从这样一件小事上看出了华歆和王朗两个人的性格特点，华歆对待别人的请托谨慎考虑，一旦接受就不会轻易抛弃。而王朗虽然乐于做好事，但在危急关头首先想到的却是自己，机巧善变，有始无终。

一字之师

本故事出自《唐诗纪事》，讲的是唐朝时，郑谷为齐己的诗修改一字，便被尊为一字之师的故事。

唐朝有个和尚，法号齐己，很喜欢写诗。齐己有个好友名叫郑谷，是当时有名的诗人。因为两个人都喜欢写诗，所以很谈得来。

一次，齐己写了一首诗，叫《早梅》，诗中有这样两句："前村深雪里，昨夜数枝开。"几天后，郑谷来齐己这里串门，齐己将诗拿出来给郑谷看，并问其意见。郑谷将诗拿在手中看了半天后说道："意境很好，情致也很高，但有一处不是很恰当。你写的是早梅，早梅就是早开的梅花，一般不会数枝开，我觉得应该把数枝改成一枝。'前村深雪里，昨夜一枝开。'这样就完美啦。"

齐己和尚一听，向郑谷恭敬地拜了下说道："改得好啊！你可真是我的一字之师啊。"

故事心得

之所以郑谷只改动一个字就可以将齐己的诗改得完美，是因为郑谷对齐己的了解，所以说，与其说郑谷是齐己的老师，不如说郑谷是齐己的知音。

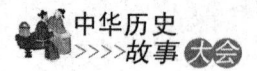
狼心狗肺

本故事出自明代冯梦龙的《醒世恒言》，讲的是扁鹊施救路人，反而被对方施以恶行的故事。

一天，神医扁鹊在路上看到一个刚死不久的人，便想把他救活。然而这个人的心肺俱已损坏，扁鹊只得分别取了路过的一只狼和一条狗的心、肺，安放在那人体内，这才救活了他。

不料那人刚醒，便一把抓住扁鹊，指责他偷盗了自己的钱财，两个人就这样互相扭着去了官府。当县令问他们缘由时，扁鹊便将事情始末讲了一遍，然后又领着县令和一众衙役，来到自己救治那人的地方。县令等人看到，路旁确实有缺了心、肺的狼、狗尸体，那人身上也有刀口痕迹。

直到这时，县令才相信了扁鹊的话，下令将他释放；同时又斥责忘恩负义的那人说："你还真是个狼心狗肺之徒啊！"

故事心得

世上有许多人虽名为人，但却比猛兽更加恶毒，心肠像狼和狗一样，比喻凶恶狠毒、忘恩负义。

债台高筑

本故事出自东汉班固的《汉书·诸侯王表序》，讲的是周赧王为躲债而逃到高台上的经历。

公元前256年，秦国大举进攻韩国，很快就逼近周赧王所居的王城。周赧王为了自保，只得以周天子的名义，召集六国联合攻秦。

此时，周天子只剩下很小一块领土了，虽然反复动员，也只集合了六千人马。为筹集这批人马的军费，他只好向国内的富商借债，并答应灭秦后会还清本钱和利息。

然而到了开战之日，除了楚、燕两国外，其余各国均毫无音信，军费也所剩无几。抗秦的计划就这样作罢，已集中的人马也各自散去。秦国得知周赧王的行动后，便发动大军讨伐，周赧王只得出城请降，被赶到新城一带。

众债主一齐赶到新城向赧王讨债，赧王只得躲进一处建在高台上的驿馆内，这处高台就被称为"逃债台""避债台"。

故事心得

向别人借贷之前，一定要仔细考虑好其中利害，以免到最后成为沉重负担。

一诺千金

本典故出自《史记·季布栾布列传》，讲的是秦末有个叫季布的人，信守承诺的故事。

秦朝末年，有个叫作季布的人，为人耿直且非常讲信用，只要是他答应的事情，就一定会帮人努力做到，因此受到很多人的称赞和尊敬。

季布曾在项羽的军中当过将领，并且率兵多次打败对头刘邦的军队，所以刘邦建立汉朝，当上皇帝之后，便悬赏千两派人捉拿季布。但因为季布的为人善良，所以当时很多人都想保护他。起初季布躲在好友的家中，一段时间之后，捉拿他的风声越来越紧，于是他的好友就将他的头发剃光，把他化装成一个奴隶样子，和几十个家僮一起卖给了鲁国的朱家当劳工。

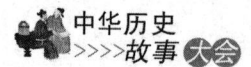
朱家的主人对季布十分欣赏，于是专程请人到洛阳去与刘邦说情，希望可以撤销追杀季布的通缉令。后来刘邦听了季布的为人之后，真的撤销了追查令，并且还给了他一个官职。后来有一个季布的同乡，名叫曹邱生，一向喜欢和有权有势的朋友来往，于是就托人给季布写信，希望可以和季布认识。季布不喜欢装腔作势的人，所以根本不想理会。可曹邱生却像什么都看不出一样的继续对季布说："您也知道，我们都是楚国人，人们常说'得黄金百两，不如得季布一诺'这句话就是我替您到处宣扬的结果啊。可您为什么总是拒绝见我呢？"季布听完了曹邱生的话之后，顿时改变了态度，将他当作上宾来招待。

故事心得

朋友既然放心地将事情托付给你，是因为对你信任，所以你就一定要言而有信的将事情做好，承诺，是人与人之间最好的沟通桥梁。

涸辙之鲋

本典故出自《庄子·外物》，讲的是庄子借米的经历。

庄子，战国时期宋国人，是我国著名的思想家，哲学家，文学家，是道家学派的代表人物，老子哲学思想的继承者和发展者，先秦庄子学派的创始人。

庄子的家里很穷，一次，家中没米下锅，于是庄子就去监河侯那里去借粮。

监河侯见到庄子登门求助，很爽快地就答应了庄子的请求，说道："我就要收到封邑中的收入，到时候借给你三百两银子好吗？"

庄子听了监河侯的话之后，一脸愤怒地说道："我昨天在来的路上，听到了有呼喊的声音，环顾四周，只见一个干涸的车辙中有一条鲋鱼。我就问它在做什么，这个鲋鱼回答说：'我原来是东海中的百姓，如今落魄到这个车辙当中，你有没有一升半斗的水给我活命？'我回答它：'可以，我现在要去南方游说吴、越，回来后引西江水接你，可以吗？'鲋鱼生气地说道：'我是失去了我平常所需要的水，没有可以生存的地方了，我只要一升半斗的水就可以活命，你竟然跟我说这些，还不如早点到卖干鱼的店铺里去找我呢。'"

故事心得

这个故事是用来说明人做事要当机立断，同时讽刺世人不从实际出发，做些无效的事。在自己有能力的情况下要帮助有困难的人。

引狼入室

本故事出自《罗李郎》，讲的是牧羊人将狼引入家中的故事。

从前，有个牧羊人在山谷里放羊。正在放羊的过程中，看到一只狼远远地在后面跟着，于是这个牧羊人就时刻提防着。几个月过去了，这个狼还是远远地在后面跟着，并没有要靠近羊群的意思，更没有伤害过一只羊。这让牧羊人逐渐对这只狼除去了戒心。又过了一段时间，因为狼在羊群后面跟着，其他的野兽都不敢靠近羊群，逐渐的，牧羊人觉着狼在后面跟着是对自己的羊群有益的。再后来，牧羊人索性把这只狼当作了自己的牧羊犬去看管羊群。这只狼将羊群看管得很好，而且也从来没有伤害过任何一只羊，牧羊人想：人们都说狼最坏，要我看，狼也没有很坏啊。

一天，牧羊人因为有事要进城一趟，于是就把羊群放心地托付给了狼看管。狼像往常一样在羊群后面跟着，不让其他野兽靠近，估摸着牧羊人已经差不多进城了，就冲着山林中大声嚎叫了几声，引来了许多的狼，最终将羊全都吃光了。

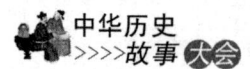

牧羊人是因为不了解狼的本性所以才被狼的伪善所欺骗。最后羊群被吃得一只不剩。在我们生活中交友也是一样的，因为不了解而引狼入室，最终受害的，只能是自己。

包藏祸心

本典故出自《左传·昭公元年》，讲的是春秋时期郑国与楚国之间恩怨的故事。

春秋时期，郑国国君想将大臣公孙段的女儿嫁给楚国的将军公子围，希望可以用这种结亲的方式同楚国建立友好的关系。然而，另一面的楚国却是想利用公子围到郑国迎亲的这次机会，带兵前往，一举将郑国吞并。

迎亲当天，公子围驾起战车，率领军队，浩浩荡荡直奔郑国。其实楚国的这份险恶早就被郑国的政治家子产识破了。所以在公子围迎亲的那天，子产特意派子羽出城婉言辞谢。见到公子围准备进城的大军，子羽谢绝说道："我们郑国的都城实在是太小了，盛不下你们楚国前来迎亲的军队，我们就在城外举行婚礼吧。"楚国说："婚礼是件大事，怎么能这样草率的就在野外举行？你们郑国不让我们楚国进城迎亲，那岂不是让全天下的人都笑话我们楚国的地位低于你们郑国吗？不但如此，我们的公子围在离开楚国之前，特意去祖庙恭敬地祭告祖先，你们不让我们进去迎亲，岂不是让我们的公子围犯下欺骗祖先的罪名？"

子羽见楚国代表已经将话讲到这个程度了，也就只好直言不讳地说道："我们的国家很小，所以希望仰赖大国。但这并不代表我们就不会加以防备。郑国同楚国的联姻，本来是想依靠你们这样的大国来保护我们小国，可你们却包藏祸心，想借机吞并我们。这岂是我们可以容忍的？"

听了这番话，公子围见阴谋已经败露，料想郑国也一定对此有所防备，所以只好放弃了偷袭郑国的打算。但却坚决地否认自己有吞食郑国的意图，坚持想进城迎亲，并表示，进城的楚兵一律不准携带武器。

子产和子羽见公子围已经有了这样的承诺，便同意了进城迎亲的要求。

就这样，公子围在郑国城中举行了婚礼，不久后便带着新娘子回到了楚国。

故事心得

不论是包藏祸心还是心怀鬼胎，只要你内心有"非分"的想法，最终都只会以"事情败露"而告终。

四海之内皆兄弟

本典故出自《论语·颜渊》，讲的是孔子与弟子司马牛之间的一次对话。

孔子有一个弟子叫司马牛，一次，司马牛向孔子请教该怎样做一个君子，孔子回答说："君子不忧愁，不害怕。"司马牛不是很明白孔子的意思，于是接着问道："不忧愁，不害怕，这就叫作君子了吗?"孔子回答说："君子就是要时常反省自己，所以内心没有什么愧疚，那还有什么可忧愁，可害怕的呢?"司马牛告别了老师，在路上遇到了师兄子夏。司马牛见到自己的师兄后便抱怨起自己的忧愁，说道："每个人都有自己的兄弟，那是一件多么快乐的事情啊，唯独我没有。"子夏听了司马牛的话之后安慰其说道："我曾听说，一个人的生与死都是要听从命运的安排的，富贵则是由天来安排的。君子对工作谨慎认真，不出差错，与人交往的态度也是谨慎而合乎情理的，那么，普天之下就到处都是兄弟了啊。是君

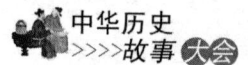

子，怎么会担心自己没有兄弟呢？"

故事心得

如果我们能用最真诚的态度去对待身边的人，那么，四海之内就都是兄弟了。

掣肘难书

本故事出自《吕氏春秋·具备》，讲的是春秋末期孔子的学生宓子贱被派往单父做官的故事。

宓子贱，春秋末期鲁国人，是孔子的学生。宓子贱曾在鲁国的朝廷做官，后来被鲁君派去一个叫作单父的地方治理。宓子贱在授命之后心里很不平静，他担心鲁君会听信小人的谗言而使他不能按照自己的主张去治理。所以在走马上任的时候请鲁君派了两名近侍随他同往单父。

到达单父之后，当地的官吏前来拜见，于是宓子贱便让这两名近侍书写记录。近侍刚要书写，宓子贱就从旁边去摇晃他的胳膊，以至近侍将记录书写的很不像样。宓子贱借机大发雷霆，这让两名近侍非常犯愁，便要求辞别回都，宓子贱说："你们两个的书法很差，回去努力自勉吧。"

两名侍卫回都之后，便将这件事情告诉了鲁君，鲁君听后，叹息说道："这是宓子贱在劝谏我改正不贤德的地方啊。一定是过去我们对宓子贱干扰太多，使他不能按照自己的主张办事，如果没有你们二位，我差点就做错事了啊。"

随后，鲁君立刻派遣了一名宠信官吏前往单父，并转告宓子贱说："从今以后，我不再兼管单父了，主权属于您，只要是有利于治理单父的，您就决策吧，五年之后，再回报您的政绩。"宓子贱恭敬地答应了，于是就这样顺利地在单父推行了他的政治主张。

于是，后人用"掣肘难书"这个词来说明充分的信任，放手使用部下，给他们一定得自主权，是关乎事情成败的重要环节。

故事心得

有时候给一些部下放手去干的机会，说不定会有一个意想不到的奇迹。

天无二日

本典故出自《汉书·高帝纪下》，讲的是高祖刘邦回乡拜亲的故事。

汉高祖刘邦做了皇帝之后，建立了西汉王朝，一次，刘邦回家乡看望自己的父亲，对自己的父亲五天拜见一次，非常的恭敬和孝顺。于是，有个邻居对刘邦的父亲说："天上没有两个太阳，一个国家也不可能有两个国君，皇帝虽然是你的儿子，但同时也是一国之主；你虽然是皇帝的父亲，但也是陛下的臣民，怎么可以让皇帝拜臣民呢？这样做，很难让皇帝在朝中树立威信。"听过这番话之后，当刘邦再次来拜见自己父亲的时候，父亲就拿着扫帚直往后退，以表示对刘邦的恭敬。这个举动让刘邦大吃一惊，马上弯腰去扶自己的父亲，父亲说道："皇帝乃一国之君，万民之主，怎么可以因为我就扰乱了天下应有的法度？"为此，刘邦非常赞赏那个邻居说的那番话，并赐给他黄金五百两。后来，刘邦发下一道诏书，尊称自己的父亲为"太上皇"。后来，人们便用"天无二日"这个词来形容一个国家不能有两个君主。

故事心得

从这则典故当中我们可以看到刘邦对自己父亲的孝心。因为"天无二日"，所以刘邦特封自己的父亲为太上皇，这份难得的孝心，实在值得我们学习与称颂。

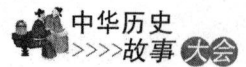
朝令暮改

本典故出自《汉书·食货志上》，讲的是汉文帝实施改革的故事。

汉文帝时期，国家的政令与农业相互矛盾的问题越来越严重，于是汉文帝采用太傅贾谊的建议，实行了抑商重农的政策，并同大臣们商议政策的实行。太子家令晁经过认真的调查过后指出："现在，一个五口之家，服役的人一般不会少于两人，能耕播土地的也不过百亩，全部的收获也不过百石，农民们春耕夏耘过后冬天还要砍伐柴薪送交官府，而且还要服徭役修筑城池。农民们就是这样，四季都不得清闲，日子实在是艰难劳苦。而这其中光受劳苦还不算，如果遇到一些自然灾害，那就更加难以度日了。如今我们要实行的政策又是急政暴赋，赋敛不时，朝令暮改，这样就会逼迫农民将还没有成熟的青苗卖出，有的甚至还要卖自己的子女来偿还债务。与此同时，一切富商大贾们又开始巧取豪夺，坐收渔利。这样，就造成了男不耕，女不织的现象，给农民的经济造成了极大的危害。"

汉文帝听了这一番话之后觉着很有道理，于是便采取了别的政策，仅仅在几年的时间里，就使国家的经济走出了低谷。

故事心得

一个国家制定的政策一定要保持连续性，这样百姓才会从中得益。

虎兕出柙

本典故出自《论语·季氏》，讲的是孔子弟子冉有与季路的一次对话。

春秋时期，圣人孔子的两个弟子冉有和季路都在帮贵族季氏处理朝政。一次，季氏想要攻打鲁国的附庸国颛臾，于是冉有和季路两个人就去见孔子说了这件事情。孔子听后说道："冉求（即冉有），这难道不是你的过错吗？颛臾处在我们鲁国的疆域之中，是我们国家的臣属，怎么可以去攻打它呢？"冉有回答说："是季氏想要这么做的，我和季路并没想这么做。"孔子说："有贤人曾经说过，能够施展自己的力量就任职，如果不行，就应该辞职。如果季氏遇到了危险你不去帮助，摔倒了你也不去搀扶，那又何必要用你这个助手呢？况且你刚才的话说错了，老虎和犀牛已经从笼子里逃出来了，龟壳和美玉在匣子里已经毁坏了，这又是谁的过错呢？"冉有接着说："现在颛臾的城墙坚固，而且离季氏的费邑很近，如果现在不将其占领的话，日后一定会给子孙留下祸害。"孔子说："君子都是讨厌那种不说自己贪心反而要找借口加以掩饰的态度。我听说过，对于那些有国的诸侯或者有家的大夫来说，应该担心的不是贫穷，而是财富的分配不均；应该担心的不是人民太少，而是担心国家的不安定。如果财富分配的均匀，就不会有贫穷，人们之间相处和平，就不会有任何的危险。如果真的是做到了这样，那么远方的人还不来归服，却也不能用文治教化招来他们；国家四分五裂，却也不能保全；反而想在国内使用武力。我恐怕季氏的忧愁不会在颛臾，反而会在自己的内部啊。"

故事心得

职责对于一个人来说，是一种本分，同时也是一种责任。虎兕出柙这样的状况是因为在其位的人没有尽职尽责，如果这样的话，怎么能指望这个人为百姓谋福利，为国家出力呢？

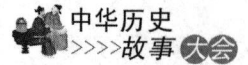

网开三面

本典故出自《史记·殷本纪》，讲的是商汤对有可能被捕的飞鸟施以仁慈的故事。

夏朝是从禹开始，经过了十五代的君王，传到了夏桀。夏桀是个荒淫无道的君主，他的统治引起了百姓们的强烈不满和怨恨。商的首领汤看到了这一切，于是便想争取民心将夏桀的统治推翻。

一天，商汤在外散步，看到一个人正在野外四面张网捕鸟，并且还祷告说："希望无论从哪个方向飞来的鸟都可以进我的网。"商汤见状，便上前对捕鸟的人说："你这样实在是太残忍了。恐怕所有的鸟儿都被你捕光了。"说完便拆掉了三面的网。并小声地祷告了一句说："鸟儿啊，你喜欢往哪里飞就往哪里飞，如果实在不想活了，那就飞进网里来吧。"

后来诸侯和部落首领们听说了这件事情，于是纷纷夸赞说："商汤是一位好君王，他对飞禽都是这样的仁慈，那对百姓一定是更加的仁爱。"于是很快，四十个氏族的部落就先后归顺于他。最后，商汤终于灭了夏桀。

故事心得

商汤之所以最后灭了夏桀，是因为他的仁爱，是一个好君主的标榜。

玩火自焚

本典故出自《左传·隐公四年》，讲的是春秋时期，卫国国君更替的故事。

春秋初期，卫国的公子州吁将哥哥卫桓公刺杀，自己当上了卫国的国君。州吁当政之后，一面不断搜刮民财，一面又拉拢宋、陈、蔡等诸侯国一起攻打郑国，并想借此树立自己的威望，转移国内百姓对他的反抗情绪。后来鲁隐公知道了州吁弑兄篡位这件事情，于是便问大夫仲众说："你认为州吁这次的夺权会成功吗？他国君的位置能长久吗？"众仲摇了摇头说道："州吁依靠武力兴兵作乱，这样就给百姓带来了灾难，百姓是不会支持他的。而且他又是这样的残忍凶暴，是没有人愿意跟随他的。众人这样反对他，要想取得成功是不可能的。"接着，众仲又换了另外一个角度说道："兵，就像是火一样，一味地去用兵而不知道收敛节制，最终的结果必然是烧死自己。依我看，等待州吁的一定是失败。"

果然，还不到一年的时间，卫国百姓就推翻了州吁的残酷统治，并且将他杀了。

故事心得

如果一个国君的统治不能得百姓的民心，那么最终的结局只能是走向灭亡。

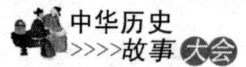

任人唯贤

本典故出自《尚书·咸有一德》，讲的是管仲在被押往齐国过程中发生的事情。

公子纠和公子小白是齐国国君齐襄公的两个弟弟，后来齐襄公被杀后，两人抢夺王位，在抢夺的过程中，公子纠的师傅管仲曾一箭将公子小白射伤。后来公子小白顺利当上齐国国君，也就是日后的齐桓公，便想报那一箭之仇——非亲手杀了管仲不可，于是派人将身在鲁国的管仲押到齐国。

管仲从鲁国被押送到齐国的过程中，受尽了苦头，被捆绑着，又饥又渴。后来到了绮乌这个地方，管仲去见在那里守卫边界的官员，请求他给点饭吃。不料，那个守边界的官员竟跪在地上将饭端给管仲吃，十分的恭敬。后来等管仲吃完饭之后，这个官员私下问道："如果您将来到了齐国之后，不仅没有被杀反而得封受到重用，那么您将怎么报答我？"管仲回答说："如果真的如您所说我可以得到重用，那么我一定任用贤人，使用能人，评赏有功的人。我能拿什么报答您呢？"

后来管仲被押送到齐国，齐桓公的老师鲍叔牙亲自前去迎接，而齐桓公不仅没有将管仲杀掉，反而任命他为相国，鲍叔牙也自愿去当他的副手。原来，是鲍叔牙知道管仲的才能大过自己，所以才说服齐桓公这样做的。

齐国之所以强大，正是因为帝王和重臣们可以任用贤才。

韦编三绝

本典故出自《史记·孔子世家》，讲的是孔子刻苦学习的故事。

春秋的时候，书是用竹子做成的竹简，一根竹简上面，多则能写下几十个字，少则只能写下八九个字。所以一部书的完成要用许多竹简，然后通过牢固的绳子按次序将这些竹简编连起来，就成了书，供人们阅读。通常，人们将用丝编连的叫做"丝编"，将用绳子编连的叫作"绳编"，将用牛皮编连的叫作"韦编"。就像《周易》这种厚重的书，就是由许许多多个竹简通过牛皮绳编连起来的。

孔子在晚年的时候非常喜欢《周易》这本书，反反复复将其读了好多遍，又在上面附注了许多的内容，翻开来、卷回去的不知道阅读了多少遍。因为孔子这样的读来读去，所以串连竹简的牛皮带子也给磨断了几次，不得不多次换上新的再使用。可即使读书已经读到了这样的地步，孔子还是谦虚地说："如果我可以多活几年，那么我就可以完全掌握《周易》的文与质了。"

故事心得

韦编三绝是我们提倡的一种读书精神，而同时，我们更提倡学以致用，理论与实际相结合，这样才能将知识琢磨得透彻、扎实。